本书得到了教育部人文社会科学研究项目"面向汉语国际教育的轻声词等级标准研究"和重庆中外人文交流学院的支持。

汉语国际教育
轻声词标准研究

曾 广 煜 ◎ 著

A STUDY ON
THE STANDARD OF NEUTRAL WORDS
IN CHINESE INTERNATIONAL EDUCATION

中国社会科学出版社

图书在版编目(CIP)数据

汉语国际教育轻声词标准研究/曾广煜著. —北京:中国社会科学
出版社,2021.7
ISBN 978-7-5203-8576-3

Ⅰ.①汉… Ⅱ.①曾… Ⅲ.①汉语—对外汉语教学—研究
Ⅳ.①H195.3

中国版本图书馆 CIP 数据核字(2021)第 110043 号

出 版 人　赵剑英
责任编辑　郭晓鸿
特约编辑　杜若佳
责任校对　师敏革
责任印制　戴　宽

出　　版　中国社会科学出版社
社　　址　北京鼓楼西大街甲 158 号
邮　　编　100720
网　　址　http://www.csspw.cn
发 行 部　010-84083685
门 市 部　010-84029450
经　　销　新华书店及其他书店

印　　刷　北京明恒达印务有限公司
装　　订　廊坊市广阳区广增装订厂
版　　次　2021 年 7 月第 1 版
印　　次　2021 年 7 月第 1 次印刷

开　　本　710×1000　1/16
印　　张　16.75
插　　页　2
字　　数　225 千字
定　　价　99.00 元

目　　录

绪论 ……………………………………………………………（1）

　第一节　汉语国际化与汉语国际教育 ……………………（1）

　第二节　汉语国际教育与汉语标准 ………………………（5）

　第三节　汉语国际教育轻声词标准 ………………………（8）

第一章　汉语国际教育轻声词标准研究现状 ……………（12）

　第一节　轻声词本体研究 …………………………………（13）

　第二节　轻声词教学与习得研究 …………………………（21）

　第三节　轻声词规范与标准研究 …………………………（25）

　第四节　"大华语"及其标准研究 ………………………（27）

　第五节　小结 ………………………………………………（29）

第二章　构建汉语国际教育轻声词标准的必要性 ………（33）

　第一节　汉语国际化现状 …………………………………（33）

　第二节　国际性语言的标准 ………………………………（40）

　第三节　语言变异理论视角下的汉语轻声词变体 ………（46）

　第四节　语言变异理论对轻声词变体及其标准的启示 …（65）

第五节　小结 ……………………………………………………（66）

第三章　构建汉语国际教育轻声词标准的可能性 ………………（68）

第一节　轻声词标准确立的基础：可理解度 ………………（69）

第二节　影响轻声词可理解度的因素 ………………………（78）

第三节　轻声词变体间的可理解度实验 ……………………（88）

第四节　小结 …………………………………………………（100）

第四章　"大华语"视域下的轻声词标准体系 …………………（102）

第一节　"大华语"视域下的多元标准 ……………………（104）

第二节　多元汉语国际标准的争议 …………………………（113）

第三节　"大华语"视域下轻声词标准的内容 ……………（120）

第四节　汉语二语者对"大华语"视域下轻声词标准的态度 ……（137）

第五节　小结 …………………………………………………（146）

第五章　面向汉语国际教育的轻声词教学 ………………………（149）

第一节　轻声词的课堂教学 …………………………………（149）

第二节　增加"调节适应策略"教学 ………………………（158）

第三节　面向国际的轻声词教学的建议 ……………………（174）

第四节　小结 …………………………………………………（187）

第六章　对汉语国际化的启示 ……………………………………（190）

第一节　加速汉语国际化的语言学途径 ……………………（192）

第二节　面向汉语国际教育的语音教学亟待研究 …………（205）

第三节　增强本土汉语教师的语言与身份认同 ……………（210）

第四节　小结 …………………………………………………（222）

第七章　汉语国际教育语音标准 ………………………………（225）

参考文献 …………………………………………………………（232）

外文术语索引 ……………………………………………………（253）

后记 ………………………………………………………………（256）

图表目录

图 2 - 1　《现代汉语词典》第 3 版和第 5 版共有轻声词

　　　　　数量变化 ……………………………………………（55）

图 2 - 2　《现代汉语词典》第 5 版和第 7 版轻声词数量对比………（55）

图 3 - 1　自底向上处理策略 ……………………………………（74）

图 3 - 2　自顶向下处理策略 ……………………………………（75）

图 3 - 3　汉语作为二语习得者 S 的言语输出过程 ………………（76）

图 3 - 4　汉语母语者 T 的言语理解过程 ………………………（77）

图 4 - 1　汉语层级示意 …………………………………………（103）

图 4 - 2　汉语使用者的三个同心圆 ……………………………（110）

图 4 - 3　大华语标准与普通话标准关系 ………………………（126）

表 1 - 1　各家对轻声词规律的总结比较 …………………………（17）

表 2 - 1　2007—2017 年汉语国际推广事业发展情况……………（35）

表 2 - 2　汉语方言轻声词变体例 ………………………………（49）

表 2 - 3　台湾轻声词变体例 ……………………………………（50）

表 2 - 4　《现代汉语词典》第 2 版和第 3 版轻声词口语变体例……（53）

表 2 - 5　《现代汉语词典》第 5 版轻声词变化情况………………（54）

表2-6 《现代汉语词典》第3版两读轻声词社会变体……………（57）

表2-7 轻声词读为非轻声的留学生基本信息 ……………（59）

表2-8 轻声词读为非轻声的偏误统计 ……………………（60）

表3-1 汉语为母语"说者"基本信息………………………（88）

表3-2 汉语为二语"说者"基本信息………………………（89）

表3-3 "听者"基本信息……………………………………（89）

表3-4 "听写转录"测试所用轻声词………………………（92）

表3-5 "听力理解"测试所用轻声词………………………（93）

表3-6 "缩写"测试所用轻声词……………………………（95）

表3-7 "听写转录"测试正确率……………………………（96）

表3-8 "听力理解"测试正确率……………………………（96）

表3-9 "缩写"测试正确率…………………………………（97）

表4-1 轻声词在《国际汉语教学通用课程大纲》中的
　　　 语言技能目标 …………………………………… （105）

表4-2 轻声词在《国际汉语教学通用课程大纲》中的
　　　 语言知识目标 …………………………………… （107）

表4-3 轻声词在《国际汉语教学通用课程大纲》中的
　　　 策略目标 ………………………………………… （108）

表4-4 HSK 词汇大纲中轻声词数量 ……………………… （121）

表4-5 十本汉语国际教育教材收录轻声词数量情况 ………… （129）

表4-6 汉语国际教学轻声词数量层级 …………………… （132）

表4-7 轻声词变体态度调查对象情况 …………………… （137）

表4-8 参与者所使用的汉语变体 ………………………… （139）

表4-9 参与者使用汉语变体的原因 ……………………… （139）

表4-10 教标准轻声词发音的重要性 …………………… （140）

表4-11 学成轻声词标准发音的重要性 ………………… （140）

表 4-12　轻声词发音的可理解性的重要程度 …………………（140）

表 4-13　教师是否有必要将轻声词的标准发音作为

　　　　　教学目标 ……………………………………………（141）

表 4-14　教师是否有必要将轻声词的可理解性作为

　　　　　教学目标 ……………………………………………（141）

表 4-15　是否有必要多听不同国家的留学生的轻声词

　　　　　发音情况 ……………………………………………（141）

表 4-16　是否愿意学习或教授轻声词变体语音 ……………（141）

表 4-17　更喜欢让哪种教师来教轻声词语音 ………………（142）

表 4-18　能接受哪种汉语母语者的口音 ……………………（142）

表 4-19　能接受哪种汉语二语者的口音 ……………………（142）

表 4-20　更愿意使用哪种语音教学材料 ……………………（143）

表 4-21　对"大华语"的理解………………………………（143）

表 4-22　对面向汉语国际教育的轻声词标准的态度 …………（143）

表 5-1　单语组和多语组在交际活动中的语音发展情况 ………（153）

表 5-2　师生之间交际和学生之间交际的区别 …………………（172）

表 5-3　《国际汉语教师标准》之汉语教学基础（部分）…………（176）

表 5-4　《国际汉语教师标准》语音教学标准（部分）……………（179）

表 6-1　1950—2006 年对外汉语教学研究论著成果数量 ………（196）

绪　　论

第一节　汉语国际化与汉语国际教育

习近平总书记在参观《复兴之路》展览时指出，"实现中华民族伟大复兴，就是中华民族近代以来最伟大的梦想。这个梦想，凝聚了几代中国人的夙愿，体现了中华民族和中国人民的整体利益，是每一个中华儿女的共同期盼"。[①]

改革开放以来，随着我国社会经济的持续发展，我国于 2010 年成为世界第二大经济体后，我们离实现中国梦的距离越来越近，也越发迫切地需要增强我国在世界各领域的影响力，提高我们在世界舞台上的话语权。《中共中央关于深化文化体制改革　推动社会主义文化大发展大繁荣若干重大问题的决定》就此明确提出："推动中华文化走向世界，开展多渠道多形式多层次对外文化交流，广泛参与世界文明对话，促进文化相互借鉴，增强中华文化在世界上的感召力和影响力，共同维护文化多样性。"[②] 经济的发展为中华文化走出国门，走向世界打开了门窗，

---

① 习近平：《承前启后　继往开来，继续朝着中华民族伟大复兴目标奋勇前进》，《人民日报》2012 年 11 月 30 日第 1 版。

② 中央政府门户网站，http：//www.gov.cn/jrzg/2011 - 10/25/content_ 1978202.htm，引用日期：2016 年 9 月 2 日。

而国家软实力的提升则为"走出去"战略铺平了道路。

国家的强大需要语言文化的支撑。李宇明认为二者关系并非单向依存，语言的强弱不仅仅是国家强弱盛衰的标志之一，同时语言也会促进国家的发展强大。语言是文化的基础、民族的象征，是"软国力"的核心①。从这一点上说，汉语国际化也是中国梦的一部分。目前中国在经济上已经是强国，但汉语在世界范围的影响力还不能与之匹配。中国文化"走出去"势必需要汉语"走出去"，成为国际领域的重要语言。汉语"走出去"的过程就是汉语国际化的进程。在汉语国际化进程中，有学者认为汉语要成为世界上的强势语言取决于多种因素，其中最重要的因素有二：一是根本性因素，国家在经济、政治和综合国力方面居于世界前列；二是关键性因素，需要国家的科技和教育事业高度发展（陆俭明，2013）。也就是说，使用汉语的中国成为世界上的强国时，汉语自然会成为全球强势语言。如果我国在世界各地均有投资，设有工厂，聘用人员必须会汉语；其他国家需要发展自己的科技，也需要派留学生来中国留学；各个领域的研究若要保持先进，必须得看汉语撰写的学术论文；世界各国的青年都想着来中国工作或留学，那时汉语自然成为各国人民的首选。

经济、政治和综合国力上，中国显然已经居于世界前列，科技和教育事业也处于高度发展的过程中。但是这些都是被动地等待，将汉语的国际化进程与中国的国家实力发展捆绑在一起，缺少主动性。历史上的中国曾经强盛过何止一朝一代，但汉语却没能像英语一样在全球范围内通行。诚然，经济发展和综合国力的提升是最重要的因素，但是除此之外，加速汉语国际化，汉语国际教育领域能做些什么？

作为国家软实力和中国文化"走出去"的代表之一，孔子学院近年来发展迅速，正是汉语国际教育领域为提升国家软实力，为推动中华

---

① 李宇明：《强国的语言与语言强国》，《光明日报》2004 年 7 月 28 日第 B1 版。

文化走向世界，为增强中华文化在世界上的影响力的表现。吴应辉认为，汉语国际教育与国家的"走出去"战略、"提升国家软实力"战略、"一带一路"倡议等均有密切关联，是实施这些战略与倡议的重要途径①。无论从学科还是事业的角度，汉语国际教育方面的研究都是加快汉语国际化进程义不容辞的责任和义务。

汉语国际教育作为一个专业和学科，是从原来的"对外汉语"或"对外汉语教学"发展而来的。名称的改变意味着内涵、体系、视野和范围都有所改变。虽然，目前学界在研究此领域问题时并不严格区分二者②，但是作为两个不同的术语，这一变化实质上也是对汉语走向国际化的不同看法的体现。"对外汉语教学"主要是以"外国人"为教学对象，这是因为我们是以国内为中心的视角看待的，以我们的共同语——汉语为中心来审视的，也是以普通话为标准来教学的。

"汉语国际教育"在视点上具有全球视野。

首先是对"汉语"的认识变了。"汉语国际教育"这一名称下的"汉语"是将全球范围内的"汉语"都纳入范围之内，改变了以往"对外汉语教学"中以标准的普通话为核心向世界范围推广或传播的思维。这意味着，"汉语"的拥有者不再限于说着普通话的汉族人民或中国人民，而是更广泛意义的全球范围内说"汉语"的人。如，全国各地的地方普通话、新加坡华语、中国台湾国语等，甚至是全球范围的华人华裔所说的汉语变体。

其次是范围更大。"对外汉语教学"是以教会外国人使用汉语进行交际，但没有明确交际的对象，实际上隐含的交际对象为"以汉语为母

---

① 吴应辉：《汉语国际教育面临的若干理论与实践问题》，《云南师范大学学报》（对外汉语教学与研究版）2016 年第 1 期。

② 作为一个学科或专业，它涵盖的范围包括所有汉语作为第二语言的学习者。关于学科名称的争论，可参考常见的"对外汉语教学概论"教材，如周小兵主编《对外汉语教学导论》，商务印书馆 2009 年版，第 10—12 页。

语的中国人"，似乎学汉语的目的就是来到中国使用汉语交际。按照中国梦的蓝图，汉语国际化的愿景，"对外汉语教学"的范围有些狭窄，倘若汉语成为国际性通用语言，汉语学习者就不能仅仅满足于使用汉语与以汉语为母语的中国人交际了，而是要和世界上任何说汉语的人交际。"汉语国际教育"正是将这一范围扩大到"国际"，既指国际范围的汉语教学和汉语学习，也指汉语交际的对象是国际性的，使用汉语交际的场合和范围也是国际性的。

最后，汉语教学的主体也在国际化。"对外汉语教学"名称上所反馈的信息就是以汉语为母语的中国人对汉语作为第二语言的人的教学。然而，自 2004 年开始，国家汉语国际推广领导小组办公室（简称"国家汉办"）在全球开办孔子学院和孔子课堂，截至 2016 年年底，全球已有 140 个国家和地区建立了 513 所孔子学院和 1073 个孔子课堂。2016年，各国孔子学院和课堂各类学员总数达 210 万人，近 70 个国家把汉语教学纳入国民教育体系①。也即，平均每个月全世界范围内就会有 10余所孔子学院或孔子课堂建成。而教育部国际合作与交流司根据以往的数据预测，到 2020 年全年来华留学的人数将达 50 万人次②。

这一数据的对比是明显的，海外汉语学习者的数量已大大超过来华留学生的数量，更何况来华留学生很大一部分并不直接以学习汉语为目的，而且海外汉语学习者的数量的增长速度也明显大于来华留学生增长速度。甚至，也有学者从世界范围内的汉语热与汉语师资短缺的角度提出，大力培养本土汉语教师才是解决世界各国汉语师资短缺问题的重要战略（李东伟，2014）。毫无疑问，未来汉语国际教育的主体应该是各国本土汉语教师，汉语国际化的生力军也是分布在世界各地的本土汉语

---

① 参见国家汉办/孔子学院总部《孔子学院研究年度报告（2016）》，http：//www. han-ban. org/report/2016. pdf，引用日期：2017 年 3 月 2 日。

② 教育部国际合作与交流司：《留学中国计划》，2010 年，http：//www. gov. cn/zwgk/2010 - 09/28/content_ 1711971. htm，引用日期：2017 年 3 月 2 日。

教师。

以普通话为核心向外推广汉语的时代已经随着汉语在世界范围内的传播而改变，取而代之的是以世界范围内的汉语教师为主体，以世界范围内的汉语为教学内容，以世界范围内的汉语使用者为交际对象的汉语国际教育。视角的转换，教学主体、教学内容和潜在交际对象的变换，要求以汉语为母语的我们在汉语国际教育各领域掌握话语权，也要求我们重新审视汉语国际化进程中的汉语标准。

第二节　汉语国际教育与汉语标准

汉语是汉民族的语言，也是我国各民族间的通用语，汉语的国际化则是汉语成为更大范围的通用语，这也是汉语国际化的应有之义。曾毅平从一种语言的国际通用程度将国际化语言分为低级、初级、中级和高级四个阶段[①]。这种划分主要是从通用的地理范围角度看的，比如，他认为处于低级阶段的国际化语言至少在两国间通用，初级则为区域若干国家通用。按此标准，汉语国际化的程度至多处于起点，也就是最低级别。汉语国际教育则直接承担着这一功能，目前在全球范围内的汉语教学和汉语应用就是汉语国际化的进程。

汉语国际化过程中，从对外汉语到汉语国际教育的转变，要求我们从全球视野看待汉语，要重新看待汉语的民族性和国际性。陈章太指出，某一民族语言虽然首先是为该民族使用和服务的，但也要考虑国际原则，因为现在的世界是开放的世界，一个国家、一个民族不能封闭自己、与世隔绝[②]。汉语标准在国内探讨已久，形成了较为清晰的普通话的界定，也指导着国内普通话推广工作实践。汉语国际教育中汉语标准

---

① 曾毅平：《汉语国际化略论》，《世界华文教育》2013 年第 2 期。
② 陈章太：《语言规划研究》，商务印书馆 2005 年版，前言。

的确立和规范，不仅要遵循国内的语言文字政策，也要兼顾和尊重世界各地汉语教学的实际需要，从而使海内外的汉语教学规范发展、共同发展（李泉，2015）。

　　总体来说，汉语国际教育的发展过程是汉语国际化进程的必要成分。汉语国际化过程中，我们需要积极掌握汉语教学和汉语标准的主动权。王建勤曾论述，"在全球化背景下的汉语国际推广过程中，标准显得越来越重要。因为标准不仅仅是规范，而且是目标和导向"。[①] 而现实是汉语教学与评估标准体系的研究和建设严重滞后，使汉语国际推广处于非常被动的局面。中华人民共和国成立以来的对外汉语教学是以普通话为标准，将汉语推向全世界，而从对外汉语到汉语国际教育的转变则要求我们将汉语放在世界范围之内，也要求汉语标准的重建。但是，汉语标准的重建会不会使得汉语在全球范围的规范和统一受到冲击？

　　如果按照侍建国、卓琼妍的观点"我们国家的语言包括通用语和标准语两种形式，将通用语跟标准音脱钩是汉语国际化的一条终南捷径"，[②] 或者李泉的"双轨制"设想，对国内外汉语教学的语言和文字标准采取不同标准。国内适用"普通话"和"地方普通话"两个标准，海外适用"普通话"和"大华语"两个标准；甚至文字上，汉语拼音也可以算作标准或规范[③]。这样的多重标准会不会像有些学者所质疑的那样：汉语"当地化"与科学的、统一的语言教学和评估体系相冲突，不利于汉语国际教育整体水平的提升（戴昭铭，2014）。那么，我们究竟需要一个怎样的汉语和汉语标准来促进汉语国际教育，加速汉语国际化进程呢？

　　由前述可知，一方面我们需要改变目前思路，将国内的汉语教学与

---

　　① 王建勤：《汉语国际推广的语言标准建设与竞争策略》，《语言教学与研究》2008 年第 1 期。
　　② 侍建国、卓琼妍：《关于国家语言的新思考》，《语言教学与研究》2013 年第 1 期。
　　③ 李泉：《国际汉语教学的语言文字标准问题》，《语言文字应用》2015 年第 5 期。

海外的汉语教学区别对待；一方面我们又需要保证汉语国际化过程中的标准统一，避免造成无效交际，最终不利于汉语国际化；另一方面还不能简单地将国内普通话标准搬挪至海外语境之下。学界在探讨解决上述矛盾时基本形成了一致的意见。

首先就是"大华语"概念的提出。陆俭明最早提出这一概念，他所说的"大华语"，不是时空范围上包含世界各地华人所说的各种方言、汉语变体的总和，是"以普通话为基础而在语音、词汇、语法上可以有一定的弹性、有一定宽容度的全球华人的共同语"①。它是一种概念上的综合体，而且是前置概念，是在世界范围内尚未形成这种共同语的时候提出的。这一概念的提出，对普通话标准不适用于海外汉语实际有一定程度的帮助。正如前文所述，之前的对外汉语教学是以普通话为规范语言将汉语传播至全球，但这一标准要求过高，不利于汉语国际化，而且对全球华语使用者的心理认同和身份认同不利。"大华语"是重新建构一种共同语，但是要以普通话为基础。它在语音、词汇和语法这三个要素层面都有一定的弹性和宽容度，也即并不要求所有汉语学习者的语音达到目前普通话规定的语音标准，在一定范围内容忍其有一定的变异。由此可见，"大华语"概念，本身就是基于汉语标准国际化的问题而提出的。

其次，"大华语"概念的提升。李宇明在《汉语的层级变化》中将"大华语"列入汉语的层级中，认为汉语的层级变化是共同语增加层次，方言减少层次，现在或不久的将来，"大华语"将成为最高的一层。李宇明（2017a）后来又专文论述"大华语"，将其定义为"以普通话或国语为基础的全世界华人的共同语"②。比起之前的概念，其内

---

① "大华语"概念首先见于陆俭明《关于建立"大华语"概念的建议》，《汉语教学学刊》第一辑，北京大学出版社2005年版。

② 李宇明：《大华语：全球华人的共同语》，《语言文字应用》2017年第1期。

涵减少，其外延则扩大了。外延扩大的范围即是汉语国际化的最终愿景，正如李宇明（2017b）所说的"汉语是中国的，也是世界的"。

再次，"大华语"框架之下的汉语标准研究逐渐增多。早在对外汉语教学学科建立之初，就有学者提出简化留学生汉语教学的语音系统，在声母、韵母和声调系统上均实行简化系统（赵金铭，1985）。由于当时的汉语教学主要以来华留学生为对象，教学目的自然以和说汉语的中国人交际为主，这种提法并没有得到过多的响应。随着近年来"大华语"概念的形成，越来越多的海内外学者对汉语标准提出了有益的看法（郭熙，2002；王汉卫，2002；彭俊，2012；侍建国、卓琼妍，2013；徐杰、董思聪，2013；李泉，2015）。众多学者趋于一致的看法是，应该建立一种相较于普通话更宽松的汉语国际标准，或言之国际汉语标准，或本书所用的"大华语"标准。

最后，汉语国际化后的"大华语"应该成为全球范围内汉语使用者的通用语。陆俭明和李宇明等学者提出的"大华语"仍然以全球华人为对象进行界定，若汉语走向国际，在国际范围的使用类似甚至超越英语在世界上的交际地位，则"大华语"理应成为全球所有汉语使用者的通用语。在这种情况下，"大华语"自身应该成为一种国际标准。虽然"大华语"仍是前置概念，尚未形成事实，但"大华语"视域之下，汉语标准应该调整已是不争的结论。轻声词标准自然也不例外，也应以适应汉语国际化为目的进行调整，且在"大华语"框架之内进行调整。

第三节　汉语国际教育轻声词标准

如前文所述，学界在讨论"大华语"与汉语标准问题时存在不少争议，毕竟汉语标准是个关涉汉语国际化全局的问题，并非一朝一夕就能解决。也正因为如此，目前可见的关于汉语标准的讨论多是宏观层面的呼吁和理论探讨，缺少可操作的，可以实证检验的变革内容。

　　轻声词在普通话和"大华语"中数量有限，且在普通话教学和对外汉语教学中分歧较多，可以作为"大华语"视域下汉语标准研究的突破口。轻声词是汉语语音系统上的一个显著特点，但在中国大陆和台湾以及海外等地存在较大分歧，普通话标准与境内外轻声词习得结果多不匹配，依据普通话标准，目前被误读的轻声词在交际领域并未出现交际障碍，因此轻声词的规范与标准值得探讨（邵敬敏，2016）。

　　另外一个事实是，普通话轻声词也缺乏严格意义上的标准。即使是规范词典和教材也没有形成一个共识，即，普通话中到底有多少轻声词，哪些是必读轻声词？张洵如、陈刚（1956）编写的《北京话轻声词汇》收录了 4351 条轻声词，这个数量几乎达到了《汉语水平词汇等级大纲》的一半；徐世荣（1963）在《普通话轻声词汇编》中收录了1028 条轻声词；而孙修章（1985）在同为《普通话轻声词汇编》的书中收录的却是 1400 条。由此可见，北京话的轻声词数量最多，而以北京语音为标准音的普通话也只是选取其中部分。但即便如此，权威词典对轻声词的收录也不尽相同。《现代汉语词典》各版中轻声词数据都不一致，第 3 版收录了 3302 条，第 5 版收录了 3436 条，其中必读轻声词为 2905 条[①]。然而，作为普通话推广和教学的重要依据《普通话水平测试用普通话词语表》中规定的必读轻声词仅 780 余条。作为对外汉语教学的标准依据之一的《新 HSK 词汇大纲》中又只有 281 条。

　　从北京话到汉语国际教育，其中的轻声词数量差异巨大，这显然给国际汉语教学带来了困扰。一方面，国际汉语教师自身的普通话会因水平差异而对轻声词的认知不同，在教学中难以按照统一标准进行；另一

---

　　① 与第 3 版相比，第 5 版新增轻声词语 134 个，其中 53 个是第 3 版删除的，实际新增轻声词 81 个。参见朱宏一《〈现代汉语词典〉第 5 版轻声处理评析》，《中国语文》2008 年第 6 期。

方面，汉语国际教育用的教材编写时也无法依据一个统一标准进行规范，教材会因为编写者的语感不同而对轻声词有不同的认定。

依据"大华语"在语音上有一定弹性，有一定的宽容度的说法，对轻声词标准是否可以使用弹性标准或宽松标准呢？邵敬敏（2016）考察了大陆和台湾轻声词的规范和使用现状，得出台湾轻声词式微是明显的事实，而且即使在台湾规范词典中规定的轻声词在口语中也未按照轻声读，这些并未影响交际。因此邵敬敏认为，无论轻声词标准如何拟订，从汉语国际化的角度看，允许两读，减少轻声词数量是可以确定的方向。

"大华语"概念提出之后，汉语标准的全球视野逐渐成为研究对象，无论是国内方言之间还是海外各"华语"变体①之间，语音的差异是最明显的，也是最需要规范统一的部分。而轻声词、儿化词这些存在较大差异、数量相对封闭的音变现象极易成为突破口，因此，面向汉语国际教育的轻声词标准研究是一个由小见大的切入口。

本研究以汉语国际教育的全球视角，从轻声词的习得数据出发，探讨轻声词在"大华语"范围中的标准，以《现代汉语词典》《普通话水平测试用普通话词语表》中的 780 多条轻声词，《新 HSK 词汇大纲》一级到六级共收录的 281 条轻声词为基础数据，拟订轻声词不同层级的应用标准。研究成果可以支撑前贤学者在汉语国际化道路上的协调、规范等理论研究，为对外汉语教材编写、课堂教学和评估测试提供依据。

"大华语"概念自提出已有十余年，理论框架已初步建立，该理论框架对汉语国际化进程与汉语国际传播的影响缺乏实证与全方位的研究。本研究依据该理论框架，研究"大华语"视域下轻声词层级标准，为该理论提供实证支撑。

---

① 对"华语"名称的说法不同，如，国语、华语，但所指的内涵是一致的，此处使用"华语"一词统摄。

　　本研究以语言学为基础探讨汉语国际化进程加速的可能性，丰富应用语言学和社会语言学理论的汉语材料。以此为基础，本研究的成果可以直接指导国际汉语教学实践。

　　以轻声词标准为切入口，后续研究可以拓展至面向汉语国际教育的语音教学研究、汉语标准研究，进而建立汉语国际化中的国际汉语标准，提升我们在汉语教学甚至第二语言教学领域的国际话语权。

　　加速汉语国际化进程，让汉语成为国际性语言，是基于我国经济实力发展的预期，也是实现中华民族伟大复兴的中国梦的一部分。无论是教学方法的革新还是第二语言习得的研究的不断深入，最终都是为了帮助更多的人更好地学会汉语。本研究亦立足于这一宏观背景，从海内外汉语学习者轻声词习得的现实出发，探讨加速汉语国际化进程的一种语言学路径。

第一章　汉语国际教育轻声词标准研究现状

　　本研究是从加速汉语国际化进程的语言学角度，以汉语国际教育的全球视角，从轻声词的第二语言习得数据出发，探讨轻声词在"大华语"范围中的标准。这些研究是建立在前人已有的研究基础之上的，因此本章将梳理与本研究相关的已有成果，包括轻声词的本体研究，这是汉语国际教育乃至汉语国际化都必不可少的重要前提；轻声词的教学研究，无论是在国内推广普通话还是在全世界传播汉语，轻声词的教学研究都是致力于寻找科学的方法有效地实施教学行为；轻声词的习得研究，以学习者为中心，从学习者学习过程和习得结果来反思轻声词的教学，目的仍是促进普通话推广和汉语国际传播。"教什么"、"怎么教"和"怎么学"三者缺一不可，前辈学者有的侧重"教什么"，认为"教什么"决定了"怎么教"和"怎么学"，因此本体研究得到较多重视。也有学者认为"怎么学"决定了"怎么教"和"教什么"，因此会以轻声词的习得研究为重点。本研究则以全球视野审视轻声词标准，将之纳入"大华语"视域之下，因此，"大华语"研究以及轻声词规范方面的研究也需要考量。除此之外，英语在世界范围内的传播给汉语未来的传播提供了不少借鉴，英语的国际化也为汉语国际化提供了可以扬弃的经验。因此，本章的国外研究部分重点评述世界英语框架下的英语标准方面的研究成果。

第一节　轻声词本体研究

　　轻声词，顾名思义是读轻声的词。因此，轻声词的概念总是与"轻声"有关。赵元任于 1922 年在《国语罗马字研究》中论及声调时首次提出"轻音"一词①，并举例"先生"一词，说"先生"中的"生"是轻音，和"先胜"念快了差不多。根据赵元任所举的例子，我们知道，"轻音"就是我们现在所说的"轻声"。赵元任自己于 1923 年的《国语新诗韵》中正式使用了"轻声"这一概念②。之后学界对"轻声"的研究有两条路径，一为语音学方面的研究，一为音系学方面的研究。

一　语音学方面的研究

　　语音学（Phonetics）研究包括发音语音学、声学语音学和听觉语音学三个分支，涵盖了语音的发出、传播和接受三个过程，对一种语言语音特点的描写和分析也属于此类。语音学视角下的轻声研究大概有三类：轻声产生的历时研究、轻声（词）的描写与功能研究、轻声的本质研究。

　　作为记录汉语的符号，汉字并不是表音文字，汉语中读轻声的词语就无法反应在书面系统中。在声调符号使用之前，口语中读轻声的词是什么时候产生的就难以判定。王力③认为，有些虚词，如动词词尾"了""着"，语气助词"的"和语气词"吗""呢"从一开始就是读轻

---

　　①　赵元任：《赵元任语言学论文集》，商务印书馆 2002 年版，第 58 页。
　　②　转引自吴为善《汉语"重轻型"韵律模式的辨义功能及其系统价值》，学林出版社 2015 年版，第 4 页。
　　③　本书依据王力 2004 年版中华书局出版的《汉语史稿》，原书于 1958 年出版。

声的，而这些虚词是宋代才出现的，因此轻声应该是在宋代前后产生的。王力的观点建立在那些虚词在口语中本身就读成轻声这一假设的基础之上，然后从语法入手，推断其产生的年代。其推论过程无误，但假设本身需要验证。陈国根据鸠摩罗什（Kumārajīva）翻译的《金刚般若波罗蜜经》对应的婆罗米字母（Brahmī alphabet）推论，东晋时期西北地区的汉语方言便有了轻声①。梵文中的轻重音在使用汉字转写时留下了一些印迹，但由此推论那时便产生了轻音可信度并不高。毕竟，一种语言在翻译为另一种语言时要受到目标语言系统的制约。直至今日，我们对外语中的借词的翻译也未能按照原有语言的语音系统严格对应。相反的是，音译的借词最终都以适应汉语的语音特点而被改变。

　　国内学者也有从历史文献中推断轻声产生的时间的。李荣根据《金瓶梅词话》里部分词语的异文与现代汉语语音对比，认为那些词至少在《金瓶梅》写作时期便已读作轻声②。李思敬同样根据异文比较了《红楼梦》的七种刻本，举出一些异文词语，从而认为至少在《红楼梦》写作年代，北京话中的轻音已经很普遍了③。二人的研究方法严谨，但结论并不相同，因为二者选取的材料不同，因此他们的研究只能作为轻声产生时间的佐证。张树铮依据蒲松龄《聊斋俚曲集》严格的格律对应当今鲁中地区的方言实际读音，认为 17 世纪鲁中地区方言就有轻声现象④。孙景涛依据方言（顺平话）由轻声引发的逆向连读变调探究了连读变调与轻声产生的年代，他认为中唐至北宋时期，汉语产生了轻声⑤。孙景涛发现了顺平话中有些字单念没有分别，变调却有分别，这些字又与古音中清浊音相对应，由此推论轻声产生的年代，符合规律。

---

① 参见［匈牙利］陈国《汉语轻音的历史探讨》，《中国语文》1960 年第 3 期。
② 李荣：《旧小说里的轻音字例释》，《中国语文》1987 年第 6 期。
③ 李思敬：《现代北京话的轻音和儿化音溯源》，《语文研究》2000 年第 3 期。
④ 张树铮：《蒲松龄〈聊斋俚曲集〉所反映的轻声及其他声调现象》，《中国语文》2003 年第 3 期。
⑤ 孙景涛：《连读变调与轻声产生的年代》，《方言》2005 年第 4 期。

然而，汉语的轻声究竟是某一种方言先有然后扩散，还是汉语自古就有，其后随着社会和地域的分化在不同地方的方言中有所保留，尚未可知。张树铮和孙景涛二位学者研究方法都没问题，结论却不同，虽没有相悖，但至少说明了这种方法不能准确推论出轻声产生的确切时间。

以上学者使用不同的方法和材料，对轻声产生的年代做了不同的推论，得出的结论也不尽相同，各有各的局限性。综合起来，学界比较倾向的是汉语并不是一开始就有轻声的，应该是在某个时候受语言接触的影响逐渐发展出来的一种语音现象。

而关于汉语轻声产生的原因，也有不少学者做了探究。林茂灿、颜景助（1990）对轻声做了声学实验，结果表明读轻声的音节或多或少地向央元音靠近。而当舌位处于央元音位置时，口腔肌肉的紧张程度最低，也最省力。基于此，轻声的产生实则是语言的省力原则结果，在不影响语义表达的情况下①，人们总是倾向于省力。吴为善从语言韵律的节奏角度认为汉语"重轻型"韵律模式有辨义的功能②。不少学者认为汉语词汇双音化是轻声产生的重要原因，轻声与意义虚化相关，语音轻读的意义较虚，反之，意义虚的读音也较轻，读音较轻的词需依附在其他词上，而双音化则提供了这一可能（巴维尔，1987；赵杰，1996；王志洁，1999；邵宜，2004）。

传统语音学对汉语轻声的历时研究总结起来有以下几点：

（1）肯定了汉语轻声现象存在的事实；

（2）使用了多种方法和材料考察轻声产生的时间，但并未得出一致结论；

---

① 有些后续研究成果表明，轻声词与语义虚化有关，间接地表明了交际过程中的省力原则。

② 吴为善：《汉语"重轻型"韵律模式的辨义功能及其系统价值》，学林出版社2015年版，第2页。

（3）对轻声产生的原因也未达成一致意见。

以上观点于当下汉语国际教育的启示则是：

（1）轻声是汉语的一种语音现象，不可因海内外学习者习得该项困难而刻意降低标准，更不能直接取消轻声词；

（2）轻声产生的动因和形成的时间并不影响汉语轻声词的教学，因此共时层面的描写和功能分析显得尤为重要。

赵元任在首提"轻声"概念之时，就将"轻声"分为永远轻读的和偶尔轻读的两大类。后继学者对轻声词的分类也基本上在此框架范围之内，如：必读轻声词、两读轻声词或者有规律的轻声词和无规律的轻声词等。赵元任举出 6 类有规律的轻声词，分别是语助词、虚字词尾（"后头""我们"的后一个音节）、动词后的趋向词、表方位的后置词、不特指的宾语代词以及"动词 + 不 + 动词"结构中"不"和后一个动词。张洵如提出 8 条读轻声的规律，分别是语气词、方位词、量词、词尾（"有的""红的""坐着"中后一个音节）、作止词的代名词（"扶我一把""称呼他"中的"我"和"他"，"买来的"中的"的"）、动词后的介词（"挂在""说到"中的"在"和"到"）、重叠词的后一个音节、复合词中必有一字或两个字读轻声①。轻声词规律的总结一方面是为了研究其功能，一方面也是为了教学方便。在赵元任、张洵如之后，又有不少学者总结轻声词的规律，各有异同（蒋维崧、殷焕，1957；承融，1959；高玉振，1980；石佩雯，1984；张晓勤，2003）。详见表 1 - 1 各家对轻声词规律的总结比较。

从表中我们看出，从 1933 年至 2003 年这 70 年来，学界对汉语读轻声规律的总结从未停止。但各家的规律少至 6 条，多至 15 条，相同的虽多，不同的也有。这并不是对轻声词规律的发现，而是归纳，因此不属于学术观点歧见，单纯是大家对读轻声的情况的归纳角度不同而已。

---

① 张洵如：《北京话轻声的功用》，《中国语文》1956 年第 5 期。

　　承融归纳的 15 条读轻声的规则①，欲涵盖前人未发现之规律，实则太多。如果按照他的 15 条规则来对应，例外之词恐也不胜枚举，如，表应诺的词在表达不同情感和态度时，就有不少是重读带有声调的，而不能轻读；又如，表约数的词按照普通话标准也不能都轻读。石佩雯总结的又不免过于细琐，如，"是……的"结构中"是"和"的"读轻声。规律既然只有一条，与其按规律记，不如按例外记。

表 1-1　　　　　　　　各家对轻声词规律的总结比较

序号	赵元任（1923）	张洵如（1956）	蒋维崧、殷焕（1957）	承融（1959）	高玉振（1980）	石佩雯（1984）	张晓勤（2003）
1	语助词	词尾	虚字	助词	语助词	助词	助词
2	虚字词尾	语气词	虚字词尾	虚字词尾	词尾	"个"	语气词
3	动词后的趋向词	作止词的代名词	动、形容词后趋向补语	动词后表处置补语	方位词的后一个字	表类别、范围词素	叠音和重叠词后字
4	表方位的后置词	动词后的介词	名词后的方位定位词	某些表单位的量词	动词后的介词	重叠式中重叠部分	构词用的虚语素
5	不特指的宾语代词	方位词	代词做宾语	"不"和"一"	动词后的趋向词	名词、代词的词尾	"个"
6	"动词＋不＋动词"结构中"不"和后一个词	重叠词的后一个音节	动词和形容词重复，中间有"不"的，"不"和后一个词	两个对立的词构成联合式合成词后面一个字	正反问句中的"不"和"得"	名词、代词后的方位词"上""下""里"	名词和代词后的方位语素或词
7		复合词中必有一字或两个字	重叠动词的第二个字	双音节单纯词后一个音节	作宾语用的单数人称代词	"是……的"结构中"是"和"的"	一些习惯读轻声的双音词
8		量词		表应诺的	数量结构中的"个"	表趋向的补语	

---

①　参见承融《念轻声的规律》，《文字改革》1959 年第 2 期。

续表

序号	赵元任(1923)	张洵如(1956)	蒋维崧、殷焕(1957)	承融(1959)	高玉振(1980)	石佩雯(1984)	张晓勤(2003)
9				代词宾语	嵌在同一动词中间的"一"	合成词里的虚词素	
10				有些习惯读轻声的	动、名词间的量词		
11				嵌词			
12				趋向动词			
13				方位词			
14				迭词			
15				表约数的			

　　对轻声词做规律性总结的本旨是以少量的规则统摄大量存在的轻声词，因此，规则太少则无法统摄；规则太多又难以达到"规律"的层次，也不方便记忆和利用。所以，各家对轻声词规律的总结不免要解决这些现实问题，且要达成共识。

　　（1）轻声词有哪些？这需要规范方面的研究来支撑，否则各家依据自己的语感和标准来归纳，总结出的规则自然不尽相同。

　　（2）某一条规则下，读轻声的和不读轻声的比例有多少，也即在多大程度上可以算是"规律"？

　　（3）总结轻声词规律的目的何在？是为了教学需求还是语音分析？轻声或轻声词有没有独特的功能需要总结？

　　不少现代汉语教材和专著对轻声的功能的介绍都是"区分词性"和"区别词义"这两项①。轻声词有的能区别词性，有的能区别意义，有时候既区分了词性也区别了意义。但是如果从这一点上说，普通话教

---

　　① 黄伯荣、廖序东：《现代汉语》（增订四版），高等教育出版社2007年版，第87页。鲁允中在《轻声与儿化》一书中的说法是"区别词汇、语法意义"的作用，意思相同，详见该书第19页。

学和汉语国际教育中必须区分轻声词，未免牵强。汉语中有大量的同音词，有些还是同形词，然而并没有通过语音手段来区分，而在实际交际中并不影响交际。何况前述文字中关于轻声词产生的原因和时间尚未确定，我们并不能肯定是先有的意义和词性区别，才有后来的人为地规定那些词读轻声，还是因为这些词读轻声才衍生出词性和词义的区别。林焘从语法的角度看待了轻声现象，认为轻声音节与前一个音节已经合成了一个语音单位，这是因为轻声音节处在不同的语音层次上，其独立性逐渐消失而依附在前一个音节之上；而普通话中有结构轻声和语调轻音两类，结构轻声能反映出语音结构的层次，于语法结构分析有帮助①。这是超越词汇层面对轻声的功能研究为数不多的成果之一。

语音学方面对轻声词的描写与功能的研究总结起来有以下几点：

（1）学者致力于总结归纳轻声词的规律，但结果各不相同；

（2）对轻声词的描写分析为推广普通话或教学奠定了基础；

（3）轻声词的功能有限。

以上学者的研究对汉语国际教育的启示有：

（1）避免严苛的轻声词标准要求，因为在交际中（书面交际无法体现，主要是口语交际），轻声词的词性辨别功能无法发挥作用，区分词义的功能也因上下文语境而价值不大；

（2）轻声词规律宜少不宜多，应以该规则包含的轻声词数量，以及例外的数量为参考依据，适度归纳。

二 音系学方面的研究

学界对轻声的音系学（Phonology）研究也有不同的观点，有的认为轻声实则属于轻重音系统，有的却认为轻声是一个调类。

---

① 林焘：《声韵学》，台北三民书局股份有限公司1997年版。

厉为民从历史文献中寻找证据，认为汉语存在词重音，而轻声或轻声词是较早失去词重音的词，从历时的观点来看，现代汉语的轻声词跟古代汉语中存在的词重音有着密不可分的关联①。曹建芬发现轻声音节的时长是其前面音节的60%，但二者之间没有始终一致的比例关系②。林茂灿和颜景助利用实验的方法检验了轻声字读音时的能量，发现轻声字音只有普通话四声读音的能量的40%，以此认为轻声就是弱读音节③。王理嘉在《音系学基础》一书中阐释轻声的声学特征主要是音长变短，相较于非轻声音节，轻声所占据的时长较短，而轻重音的主要区别也在于时长的对立④。

常用的现代汉语教材和对外汉语教材中一般把轻声描述为普通话四个声调在一定条件下的声调变体，并不是一个独立的声调。因此，一般地说，含有普通话四声的音节，在一定条件下都可以读成轻声。与上述音系学对轻声的声学性质认识不同，将轻声视为四声的变调的学者普遍认为，轻声在音长、音高、音强和音色上均有变化。轻声的音长变短、音强变弱、音色变化不定、音高随其前面的音节音高而变化（鲁允中，1995；劲松，2002）。

尽管在通行的教材中，轻声被视为变调，也有学者对此提出怀疑并论证轻声是第五个声调。徐世荣将轻声音节的声调单独称为短弱声调，相对于此，非轻声音节的声调则是正常声调⑤。冯胜利在论述北京话的轻声及其韵律变量的语法功能时，也认同轻声是普通话的第五声这个说法⑥。也有人对台湾普通话中的轻声做了详细的考察，得出结论为台湾的轻声可以视为第五个声调（Karen Huang，2012）。但是

---

① 厉为民：《试论轻声和重音》，《中国语文》1981年第1期。
② 曹建芬：《普通话轻声音节特性分析》，《应用声学》1986年第4期。
③ 林茂灿、颜景助：《普通话轻声与轻重音》，《语言教学与研究》1990年第3期。
④ 王理嘉：《音系学基础》，语文出版社1991年版。
⑤ 徐世荣：《普通话语音知识》，文字改革出版社1980年版。
⑥ 冯胜利：《北京话的轻声及其韵律变量的语法功能》，《语言科学》2012年第6期。

朱宏一曾专门撰文《轻声不是第五调类》批评将轻声视为第五个声调的说法，认为轻声是意义虚化而导致的语音变轻，不具备独立的音位资格①。

学术研究中的分歧暂时并未影响到汉语国际教育中轻声词的教与学，各家研究的结论虽不尽相同，但其所描述的关于轻声音节的诸多事实，为教学提供了参考。在常见的对外汉语教材中②，轻声都是从发音时长和强度上控制，读得又短又轻。毕竟，"又短又轻"也是有据可循的，倘若在教学中将轻声视为第五个声调，反倒不知如何展示和教授这个声调了。

轻声和轻声词的本体研究给汉语国际教育中轻声词的研究留下了充足的余地。至于轻声词的汉语本体研究为汉语国际教育的实践提供了多大程度的支撑，还要根据轻声词的教学和习得情况而定。

第二节　轻声词教学与习得研究

轻声词的教学研究也可以按照汉语作为第一语言教学和汉语作为第二语言教学两大类进行。本研究是面向汉语国际教育的轻声词研究，故不再赘述普通话中轻声词的教学研究成果。面向汉语国际教育的轻声词教学研究一方面从教学的方法入手，注重利用轻声词的本体研究成果，在汉语国际教育领域确定轻声词的范围、数量和规律，分析难点以便有针对性地教学；另一方面从对外汉语教材入手，找出轻声词教学存在的问题，据此提出教学建议。

---

① 参见朱宏一《轻声不是第五调类》，《语文研究》2009 年第 2 期。
② 例如，康玉华、来思平编著的口语教材《汉语会话 301 句》（第三版）第一课课后的解释，北京语言大学出版社 2011 年重印版，第 6 页。再如，杨寄洲主编的综合教材《汉语教程》（修订本）第二课课后解释，北京语言大学出版社 2012 年重印版，第 15 页。

一　轻声词教学研究

　　张燕来根据汉语作为第二语言习得的结果，建议除了在语音层面教学外，在词汇教学中，可以仿照汉语普通话教学，在语音教学大纲中制定一个"必读轻声词语表"①，在轻声的调值方面不妨利用原有的四个声调，并且对轻声的标注问题提出了建议。崔言对新 HSK 大纲中轻声词作了量化研究，提出将有规律的和无规律的轻声词分类教学②。王敏以《现代汉语词典》（第 5 版）为标准参照，结合对外汉语教学用的三个大纲，分析了五套对外汉语教材中的轻声词，其结论之一便是舍弃两读轻声词，只教必读轻声词③。霍冀娇则以《发展汉语》系列教材为材料，比较综合课、口语课和听力课三套教材中轻声词的数据，对轻声词的数量和复现规律作了探讨④。毕婧考察的都是综合课教材，分别选取了《新实用汉语课本》和《博雅汉语》，对教材中轻声词的分布、解释等作了统计，最后对轻声词注音和教学提出了一些建议⑤。曾广煜通过分析常见的三套对外汉语教材中轻声词注音问题，发现各家教材对轻声词注音上有不少分歧，而且存在共有的问题：在注音方式上均不利于学生的习得⑥。

　　面向汉语国际教育的轻声词教学研究虽有共识，但并未突破普通话教学的局囿，将轻声词分为有规律的和无规律的两类。这些研究都是从

---

　　① 张燕来：《对外汉语的轻声教学探讨》，《语言教学与研究》2009 年第 6 期。

　　② 崔言：《新 HSK 大纲轻声与教学研究》，《现代语文》（语言研究版）2014 年第 10 期。

　　③ 王敏：《对外汉语轻声词教学研究》，硕士学位论文，中国海洋大学，2010 年。

　　④ 霍冀娇：《〈发展汉语〉（第二版）综合、口语、听力系列教材中的轻声词研究》，硕士学位论文，吉林大学，2014 年。

　　⑤ 毕婧：《对外汉语综合教材中的轻声词处理研究》，硕士学位论文，北京外国语大学，2015 年。

　　⑥ 曾广煜：《汉语国际教育教材中的轻声词注音问题》，《教育教学论坛》2018 年第 8 期。

方便教学者的角度，即"易教性"提出解决，而未从方便学习者角度，即"易学性"进行。当然，的确有学者从"易学性"提出自己的看法，较早地提出了简化对外汉语教学音系和缩小面向汉语国际教育的轻声词教学范围（赵金铭，1985；米青，1986）。也有后继者通过对比香港、台湾等地学习者对标准普通话轻声词的感知、习得偏误问题，提出减少轻声词数量，放宽轻声词标准等有益的观点（邵敬敏，2016）。

对轻声词的教学研究成果可以总结为：

（1）教材方面难以确定轻声词数量，各家选取的词条和数量以及注音方式不尽一致，不利于不同的学习者之间的交际；

（2）普通话教学中的轻声词规律和分类方法并不适合汉语作为第二语言教学的现实，而且普通话中轻声词规则较多，不利于面向汉语国际教育的轻声词教学；

（3）减少轻声词的数量和放宽轻声词的标准，目前只是方向，需要解决放宽标准与规范之间的矛盾，同时需要汉语国际教育领域轻声词习得数据和研究成果的支撑。

二 轻声词习得研究

以汉语作为第二语言的轻声词习得近年来以实验语言学方法为主，这是因为轻声词或轻声的习得结果不能仅仅停留在听感差异上。而实验语音学借助一系列科学仪器，如频率分析器、语图仪等，能够让我们直观地看到或客观地记录下学习者习得汉语轻声（词）的输出结果，相当于将原本稍纵即逝的语音转化为可视读语言。

较早进行轻声音高偏误实验的王功平、周小兵等选取了留学生习得普通话中含轻声的双音节词语的产出结果作为实验数据，结果发现留学生习得双音节轻声词的偏误表现在各个方面，在调型、调域上都存在问题：调型上偏向水平，调域普遍偏窄；轻声音节在四个不同声调后发生的调型错误率不同，调域偏窄的幅度也不尽相同，而轻声音节前的音高是其重要因素①。之后，汤平以日本留学生为样本范围，验证了王功平和周小兵等的实验结果，他的实验发现日本留学生在双音节轻声词语上的发音确实存在调型升降幅度不够，调域偏窄的现象；尤其是三声后的轻声音节常被读为降调，一声和二声后的调域完全不够；除此之外，他还发现日本留学生在轻声音节的时长上读得过长②。

　　另有诸多研究生选择轻声词习得作为毕业论文内容，使用实验语音学的方法检验了泰国、越南、俄罗斯、印度尼西亚等国留学生习得轻声词的情况，语料也基本一致，都是选取轻声与不同的声调组合成的词语作为实验材料，分别在调型、调域或调值方面考察偏误，作出分析（刘潇，2011；黄麒，2013；吕虎，2014；周高丽，2015；李乐乐，2016）。

　　略有不同的是在材料的选择或实验的对象方面，如，王璐选取印尼非华裔学生作为对象，然后比照中国教师相同轻声词语的发音来分析留学生习得轻声的偏误情况③。陈洪倩以 HSK 三级大纲中的轻声词为范围，通过教材统计、教学调查的数据比较，分析留学生习得轻声词的偏误原因④。

　　近十年来，对留学生轻声词习得的研究有一定的成果，且取得较为一致的看法，即：

　　（1）留学生在轻声词的习得方面普遍存在问题；

---

① 具体实验数据参见王功平、周小兵等《留学生普通话双音节轻声音高偏误实验》，《语言文字应用》2009 年第 4 期。

② 汤平：《日本高级汉语学习者汉语轻声韵律习得偏误分析》，《华文教学与研究》2014年第 4 期。

③ 王璐：《印尼非华裔汉语学习者声调习得实验研究》，硕士学位论文，华中师范大学，2015 年。

④ 陈洪倩：《新 HSK 三级词汇中轻声词习得偏误研究》，硕士学位论文，西北师范大学，2016 年。

（2）留学生习得轻声词的偏误在调型、调域上均有体现，只是偏误率不同；

（3）汉语轻声的独特性以及留学生母语缺乏声调等原因是轻声词习得效果不好的主要原因。

但是这些并未突破偏误分析和教学建议之局囿。归结起来，是因为研究者始终以标准的轻声词、规范的轻声词为参照视点去审视留学生习得的偏离情况，然后根据偏离标准的具体情况提出针对的教学建议，以期留学生达到我们要求的规范的轻声词标准。

第三节　轻声词规范与标准研究

对轻声词规范的问题研究是从语言学界对轻声的认识就开始的，早期语言学家主要对轻声词的规律进行总结，可以看作是轻声词规范的发端。虽然总结轻声词规律是为推广普通话服务，并在内容上分门别类概括读轻声的词语，但的确在一定程度上为轻声词规范确立了方向。

有学者对必读轻声词的规律作出总结，也就是认为这些必读轻声词是规范的，不能不读为轻声。尽管学者们概括的规律纷繁复杂，但都表明了规范的态度（张洵如，1957；承融，1959）。鉴于各家提出的不同的轻声词规律，有的学者意识到轻声词规范的难点不在于规律总结得是否全面，分歧主要是那些两读（可读轻声也可不读轻声）的词语上，这些才应是规范的内容。规范的重点逐渐转移到哪些词必须读轻声，哪些词不能读轻声，哪些词可读可不读轻声方面，无论是教学还是社会使用，规范急需的是确定必读轻声词的数量。

现代汉语各类词典历来被视为规范词典，因此不少学者以词典收录的轻声词为范围，对轻声词规范问题提出了意见和建议。宋欣桥根据是否该读轻声音节的前字音高以及该字的实际读音判断该词是否属于轻声词①。鲁允中认为所谓规范，就是规范那些不确定的内容，已经确定为轻声词的无论规律如何都是必读轻声的，而那些两可的词语是规范无法容忍的，从规范的角度看，两可的词语要么属于必读轻声词，要么属于非轻声词②。

　　而后，不断有学者对轻声词规范的内容、词典中轻声词收录条目进行研究。对轻声词规范的原则也随之展开了讨论。劲松在评析《现代汉语规范词典》中收录的轻声词和儿化词时，认为该词典做到了语言规范的现实性、动态性和前瞻性三个原则，这也是他认为轻声词规范的三条原则③。其中，现实性是指要符合语言生活实践，动态性是指规范不是固定不变的，而前瞻性则是要看到轻声词的发展变化趋势。蔡新中和汪化云也提出了类似的原则，认为轻声词的规范要遵从必要的原则、明确的原则，还要符合发展趋势。他们据此将轻声词按照比例分为三类，最低限度的轻声词占 72.9%，推荐读轻声的占 25.2%，归为非轻声的占1.9%④。

　　对轻声词的规范目的是为了推广普通话，尤其是为了使得教学中有统一参照的标准。故此，前贤学者讨论轻声词的规范原则、梳理规范内容、总结规律都是为了教学方便。然而，有些学者也发现，轻声词规范的依据始终以北京话为基础，并不符合现实性原则。陈小燕通过对现代汉语词典中轻声词的词长、类型、结构、词性等方面的量化统计分析，认为虽然普通话语音仍应以北京语音为标准，但是轻声词不应仅以北京话为标准，还要同时兼顾轻声词在其他北方方言中的分布情况，而且普

---

① 宋欣桥：《普通话轻声词规范的语音依据》，《语文建设》1990 年第 5 期。
② 鲁允中：《轻声和儿化》，商务印书馆 2001 年版，第 32—37 页。
③ 劲松：《语言规范的现实性、动态性和前瞻性——评〈现代汉语规范词典〉轻声和儿化词的规范》，《语言文字应用》2004 年第 2 期。
④ 蔡新中、汪化云：《普通话轻声规范的原则》，《浙江学刊》2005 年第 1 期。

通话语音的发展趋势是趋于南北方言的融合，而非不断靠近北京话①。除了轻声词的语内变体以外，邵敬敏比较了两岸汉语中的轻声词，发现大量的轻声词在台湾的辞典中已被规范为字的本调，或至少两读，而非轻声②。朱宏一也认为规范不应使用一个标准，而要根据不同对象提出不同的标准要求，从最低标准到最高标准，要求规范的轻声词的数量是逐渐增多的③。

　　轻声词的语内变体以及习得情况共同表明了轻声词的规范标准应该也要有"国际视野"，也即，在汉语国际化的时代，面向汉语国际教育的轻声词研究，我们应该跳出以北京语音为标准参照的普通话标准的范围，将范围扩大到全球的"大华语"中去。

第四节　"大华语"及其标准研究

　　"大华语"的研究目前主要以其概念内涵、与汉语国际化或汉语国际传播的关系、大华语标准研究为主。陆俭明最早提出"大华语"的概念④，这一概念是基于汉语在国际化过程中普通话与其他汉语变体的矛盾关系而构建的。李宇明把"大华语"定义为"以普通话或国语为基础的全世界华人的共同语"⑤。区别于目前的汉语概念，"大华语"主要是在语音、词汇和语法层面都有一定的弹性和宽容度。面向世界的汉

---

① 陈小燕：《论轻声词界定的必要性、一致性原则——现代汉语词典轻声词的计量研究》，《语言文字应用》2004 年第 1 期。

② 邵敬敏：《两岸汉语轻声词异同比较研究》，《语言文字应用》2016 年第 1 期。

③ 朱宏一：《轻声的特征和轻声词的规范原则》，《语言文字应用》2009 年第 2 期。

④ 以"大华语"为词语形式首次出现于陆俭明《关于建立"大华语"概念的建议》，《汉语教学学刊》第一辑，北京大学出版社 2005 年版。而这一概念内涵学界早有讨论。

⑤ "大华语"的定义是李宇明在《全球华语大词典》的序言《华人智慧，华人情怀》中写到的，并非专文论述，李宇明在其发表的学术论文中另有阐述。由于"大华语"术语并未普及，且有类似概念称之为"华语""大汉语"等，本书在使用时加上引号时表示术语，后面不加引号时则是以其内涵为主。"大汉语"一词参见赵金铭《国际汉语教育的本旨是汉语教学》，《汉语应用语言学研究》2013 年第 1 期。

语教学应该有全球视野，面向全球的汉语标准也应该存在一定的弹性和容忍度（李宇明，2014；陆俭明，2017）。

不少学者据此建议将全球范围内的汉语纳入考查范围，从语言文字标准、教学要求、教材、测试等多个角度制定分层分级的汉语标准，以便加速汉语国际化进程（王若江，2013；郭熙，2014；李泉，2015）。值得一提的是，2017年《语言战略研究》第4期开辟"大华语"相关研究专题讨论，卢德平、刁晏斌、施春宏等数十位学者提出了有益的建设性观点。这期专栏以简短的文字讨论了"大华语"的概念、形成的历史成因、未来的逻辑指向、当下的教育价值及其传播问题。

更多学者近十年来一直关注汉语全球化过程中的规范、标准以及"大华语"的发展趋势，认为全球范围的"大华语"融合是不可避免的趋势，"大华语"的研究也应树立全球视野，汉语研究也应随之扩大研究范围（周清海，2007&2017）。学者们普遍认为面向国际的汉语教学应该从全球范围的汉语入手，制定不同的标准。王建勤认为汉语要走向世界，就必须更新教学观念，尽快研制面向国际的汉语标准①。李泉建议针对面向国内的与面向国际的汉语教学应采用不同的标准，国内以"普通话"和"地方普通话"为不同层次标准，海外以"普通话"和"大华语"为不同层次标准②。在放宽标准的讨论上，戴昭铭认为面向汉语国际教育的标准应该树立的理念是"中国立场、华夏本位、全球视野"。毫无疑问，学者们之间愈益频繁的观点争鸣既是汉语走向国际化必然会出现的结果，又是加速汉语国际化的动力之一③。

---

① 王建勤：《汉语国际推广的语言标准建设与竞争策略》，《语言教学与研究》2008年第1期。

② 李泉：《国际汉语教学的语言文字标准问题》，《语言文字应用》2015年第5期。

③ 戴昭铭：《汉语国际教育中的规范冲突问题——与郭熙先生商榷》，《求是学刊》2014年第2期。

关于"大华语"的研究与讨论，给面向汉语国际教育的轻声词研究提供了以下启示：

（1）轻声词的使用对象是全球范围内的汉语使用者，其研究范围应扩大到全球范围；

（2）制定轻声词的标准与规范应该区别以普通话为核心的现代汉语和以普通话为基础的"规范"；

（3）"大华语"视域下的轻声词标准应有一定的弹性与宽容度。

第五节　小结

汉语的国际化还处于起步阶段，与本研究直接相关的国外研究成果目前鲜见于世。然而，英语在逐渐成为国际性语言的历程中积累了一些经验可资借鉴。英语作为国际性语言后，国外学者使用了不同的名称来指称这一现象，如，Global English，International English，English as Lingua Franca，English as International Language，World English，World Englishes 等①。Global English 是伴随着20世纪90年代全球化术语的普遍使用而出现的；International English 这一名称主要是用来区别美国英语、英国英语、南非英语等有一定标准形式的英语变体，泛指国际上不同国家的人使用的非标准的英语变体；English as Lingua Franca 是指英语作为国际通用的交际语言，突出了它的工具属性；单数形式的世界英语（World English）是指存在于各种具体使用中的通用的英语变体，而复数形式的世界英语（World Englishes）则指代各种英语变体本身，包括标准语、方言，甚至包括英语与其他语言混合的克里奥尔语（creole）等。

---

① Tom McArthur，"World English and World Englishes：Trends，Tensions，Varieties，and Standards"，*Language Teaching*，2001（34），pp. 1 - 20：doi：10. 1017/S0261444800016062.

除了概念之外，英语的标准也是世界英语的研究课题之一。在英语国际化的道路上，也曾出现了关于语言标准的学术讨论。讨论主要集中在作为国际性的语言，作为国际间通用范围最大的语言，英语是否应该坚持以英国或美国规范的英语为标准。目前的研究成果多倾向于以世界范围的英语使用现实为原则，接受各种英语变体作为"合法"的存在，也即作为世界英语，其标准应不同于母语者标准（Crystal，1999；Kanavillil，2004；Mufwene，2010）。其中，英语作为国际性语言后的语音标准研究得最为充分，主要集中在以下几个方面。

不同的英语变体的语音标准应该由谁来制定？鉴于英语作为非母语者的使用者日渐增多，非母语者的研究者也不断增多，英语不再从属于母语者，因此其标准的制定也不一定都由母语者负责（Widdowson，1994）。

放宽世界英语的语音标准后如何确保不同变体之间的有效交际？倘若不以母语者标准为依据制定世界英语的语音标准，那么"可懂度"就应该成为判断所有的第二语言使用者的语音标准（James，1998：212）。

作为国际性语言的英语语音标准如何确立不同变体之间的"可懂度"以及语音核心？Jennifer Jenkins（2007）通过实证确认了不同母语者之间可以找到语音核心要素，并以此构建了核心标准，提出了与已有的母语者标准不同的标准。

国外对世界英语的研究与近年来学界提出的"大华语"有相同点，于面向汉语国际教育的轻声词研究而言，类似的问题也亟须研究。

（1）面向汉语国际教育的轻声词标准是否应该异于国内普通话的标准，应该有一定的弹性与宽容度？

（2）倘若可以有一定的弹性，如何确保不同变体之间的可懂度？

（3）弹性标准是否会造成缺乏规范，不利于汉语国际传播？

（4）放宽标准会不会造成多个标准，对国际汉语教学实践有何影响？

本章回顾了前人关于本课题的相关研究，本课题主要涉及轻声词本体研究，轻声词的教学研究和习得研究，"大华语"研究和轻声词的规范标准研究，以及相关的国外研究。

轻声词的本体研究成果丰富，在轻声的本质、声学性质方面描写得相当详细，前人分别在语音学和音系学领域取得了一定的成果，但本体研究的成果转化为汉语国际教育实践的理论支撑时，还没有取得相应的效果。

轻声词的教学研究，尤其是汉语作为第二语言教学中的轻声词教学研究，基本上根据轻声词本体研究的成果，遵循第一语言教学的模式，按照轻声词规律的分类进行教学，没有突破"以普通话为中心"的视野。因此轻声词教学研究的成果对面向汉语国际教育的轻声词教学指导作用不大，这些也可以从轻声词的习得成果看出。

轻声词的习得研究多以实验的方法，对不同国家的汉语学习者习得轻声词的结果和过程进行考察，从轻声的感知、分辨到产出，都做了相应的研究。大部分研究结果表明，汉语作为第二语言的轻声词习得普遍存在偏误，偏误的原因则是多方面的，既有母语语音迁移的影响，也有轻声词本身难以掌握的因素。当然，轻声词在交际中区别意义的功能减弱进而导致学习者和教师都不太重视，也是重要原因之一。

有鉴于此，我们也查阅了近年来"大华语"方面的相关研究，尤其关注了"大华语"的语音方面研究，其中，关于面向国际的汉语标准应该有一定的弹性和适度的宽容是首要前提，而"大华语"视域下的轻声词标准很可能是可以率先实现的，如果面向汉语国际教育的轻声词标准能够研究透彻，它必将为面向汉语国际教育的汉语语音，甚至整个汉语体系带来启示，最终促进汉语加速走向世界，实现汉语国际化的目标。由于汉语走向世界必然要从目前国际性语言——英语走向世界的过程借鉴经验，所以，本章最后一部分简单综述了世界英语的研究，以期得出对汉语走向世界的有益启示。

本书将在前人研究的基础上，分析面向汉语国际教育的轻声词标准拟订的必要性、可能性，探讨如何构建面向汉语国际教育的轻声词标准，并以此为切入点，提出面向汉语国际教育的汉语标准的建议，以加速汉语国际化进程。

第二章　构建汉语国际教育轻声词标准的必要性

目前对外汉语教学的目标是更快更好地培养出使用汉语进行交际的人才。这一目标所指的对象显然是汉语作为第二语言学习者，交际的对象也都是指向说普通话的中国人。但是，汉语要实现国际化，就不仅是各国汉语学习者使用汉语跟我们中国人（母语者）交流，也会出现不同国家的人使用汉语进行交流的情况。当汉语成为国际机场、出入境处、跨国公司、奥运会、世界杯赛场、国际贸易、国际会议领域的语言时，"国际"就不只是中国和他国，也应该包括他国与他国之间的"国际"。① 正如英语在世界化进程中出现了"中式英语""印度英语"等"世界英语"一样，说着"中式英语"的中国人和说着"印度英语"的印度人同样可以使用"世界英语"进行国际间交流与合作。

第一节　汉语国际化现状

汉语国际推广事业自 2004 年在全球首建孔子学院以来得到了极大

---

① 曾广煜：《汉语国际化需要树立"大华语"观》，《中国社会科学报》（语言学版）2018 年 1 月 2 日。

的发展。根据国家汉办（孔子学院总部）2017 年年度报告，截至 2017 年年底，共有 146 个国家和地区建立了 525 所孔子学院和 1113 个孔子课堂。由中外专兼职教师构成的师资队伍已达 4.62 万人，培养本土汉语师资 117454 人次。学习汉语的注册学员多达 230 余万人，其中，面授学员 170 万人，网络学员 62.1 万人。有 432 所孔子学院的汉语课程纳入了所在学校的学分体系，汉语逐渐成为孔子学院所在国的常规课程或被纳入所在国的教育体系。另有 10 个国家 12 所孔子学院成立汉语师范专业。共有 109 个国家的 435 所孔子学院和孔子课堂开发了适应当地教学大纲和考试标准的本土教材 2615 册。全球汉语考试考点达 1100 个，分布在 130 个国家和地区，全年各类汉语考试考生多达 650 万人次。另一方面，我国派往世界各地的汉语国际教育师资近 8600 人，向"一带一路"沿线国家派出教师 1076 人，派出汉语教师志愿者 6306 人。

近十年来，汉语国际教育推广事业发展迅速，在师资队伍、学员数量、教材编写、汉语考试人数等方面都取得了令人惊喜的成绩。详见表 2－1：2007—2017 年汉语国际推广事业发展情况。

经过十余年的建设发展，孔子学院已经完成了全球布局，数量增长进入放缓阶段，其质量和内涵提升愈显重要。汉语国际推广事业的蓬勃发展为孔子学院自身发展提供了机遇，也对目前孔子学院的功能提出了挑战。根据国家汉办近 10 年的年度报告，我们可以看出，目前孔子学院的主要功能是围绕着汉语国际教学的几个环节开展工作。汉语国际教学的环节主要有大纲制定、教材编写、课堂教学、成绩测试。2007 年，国家汉办发布了《国际汉语能力标准》、《国际汉语教师标准》和《国际汉语教学通用课程大纲》，这一系列标准和大纲参考了世界其他国家语言教学的框架，首次在全球范围内确立了汉语教学大纲。"教材开发和推广"和"汉语考试"是孔子学院每年的工作报告必不可少的内容，也是目前孔子学院主要功能的一部分。而与课堂教学直接相关的功能，则是由孔子学院每年多次选拔汉语教师和汉语志愿者教师活动实现的。

表 2 – 1　　　　　　　　2007—2017 年汉语国际推广事业发展情况①

年度	孔子学院/课堂数量（所）	师资数量（万人）	学员数量（万人）	汉语考试参加人数（万人）	文化活动受众数量（万人）
2007	226	0.40	4.6	13.8	110
2008	305	0.61	13.0	31.0	140
2009	554	0.78	23.0	54.8	260
2010	691	0.80	36.0	68.9	500
2011	858	1.00	50.0	201	700
2012	935	2.00	65.5	352	948
2013	1086	2.87	85.0	502	926
2014	1326	3.37	111.0	542	1000
2015	1500	4.40	190.0	600	1200
2016	1584	4.60	210.0	600	1300
2017	1638	4.62	232.1	650	1272

孔子学院从 2004 年开始，首次将汉语教学单位建在海外，让世界各国人民在自己家门口学习汉语。这一举措无疑是伟大正确的，迄今为止，分布在全球的孔子学院每年增加的注册学员数量不断攀升。数量庞大的外派教师和志愿者在满足汉语学习需求的同时，也给孔子学院可持续发展带来了挑战。从国内外派出去的教师（含志愿者）的任期短则 1 年，长则 3—4 年。师资队伍的流动性非常大，不利于长期稳定的汉语推广。而且，不同的教师专业背景不同，教学理念、教学方法和偏好均不相同，对海外学习者来说，每一轮教师的换岗就需要一段调整适应的时间。加之，从国内派出的教师并不熟悉所在国的教育制度、学生特

---

① 本表数据来源于国家汉办/孔子学院总部 2007 年至 2017 年年度报告。其中，孔子学院和孔子课堂的数量是由该年度累计开办的二者数量之和形成的，师资数量包括中外兼职人员，保留两位小数，学员数量指注册学员，保留一位小数。

点、课堂管理等差异性要素，这些因素无疑给汉语国际推广带来了不少困难。

培养本土汉语教师则可以最大限度地避免上述问题出现。我们反观英语在世界范围内的传播和推广，也可以看出，英语在全球的推广主要依靠母语非英语的师资队伍。比如，在中国，从事英语教学的人主要是我们中国人，而不是来自说英语国家的教师。换言之，本土汉语教师将是汉语国际推广的主要力量。如果汉语教学主要由各国本土教师来承担，那么，这一现象也必然给孔子学院目前以汉语教学为主的功能带来挑战。

现阶段每年向全世界的孔子学院派出的教师和志愿者成千上万，因为现在汉语国际化的推动者是靠我们"走出去"，缺乏各国本土汉语教师的参与。2016 年第 11 届孔子学院大会曾公布过孔子学院接下来的主要任务[①]，其中就包括加大培养各国本土汉语教师力度。目前，来华留学攻读汉语国际教育专业的各个层次留学生规模都在不断增加，尤其是"一带一路"沿线国家。将来，会有越来越多的人成为本土汉语教师，从事汉语国际教育事业。本土汉语教师的加入，无疑会助力汉语国际化进程。但是，没有"国际汉语"的视野，本土汉语教师如何获得教授汉语的资格？抑或是对那些尚未达到普通话标准的本土教师继续培训，假以时日，待他们达到普通话标准后再上岗。这样会不会影响汉语国际化的进程？我们可以试想，汉语国际化过程中，必然会出现这样的情况：一位母语非汉语的汉语教师在非汉语环境下教一些母语非汉语的学生汉语（例如，一位来自美国的汉语教师在意大利教不同国籍的人汉语）。此时，他们从事的正是汉语国际教育，所教授的汉语也只能是"国际汉语"。本土汉语教师和国际汉语教师不仅仅是"国际汉语"的

---

① 参见国家汉办官网，http://conference.chinesecio.com/conference/huigu/11.html. 引用日期：2017 年 9 月 13 日。

使用者，他们也是"国际汉语"的内容提供者。

一　汉语成为国际性语言的差距

按照目前汉语国际推广的情况发展，汉语有可能成为继英语之后，甚至取代英语，成为国际性语言。

首先，以汉语为母语的人数超过 10 亿，大部分分布在我国大陆地区，台湾、香港等地，新加坡等海外也有一定数量。与目前的国际通用交际语（Lingua Franca）英语相比，以汉语为母语的使用者远远超过以英语为母语的使用者。把英语作为母语的人数约为四亿，分布在美国、英国、澳大利亚、新西兰、加拿大、南非等国（Crystal，2006）。然而，以英语为母语的使用者在世界范围内的分布要远比汉语为母语使用者的分布广泛许多。McArthur（2002：414）曾论述过二者的不同，他认为，尽管汉语母语者数量远多于英语母语者，但汉语使用者主要是民族和文化的统一体，在世界范围内的分布有限①。

海外华人、华侨或许为破解汉语的世界分布问题提供了一个可行的方案。据统计，以汉语为母语的海外华人、华侨数量至少有 865 万，最高估计达 1320 万，均值可达到 1095 万人，他们广泛分布在世界 164 个国家和地区（邹嘉彦 & 游汝杰，2001）。汉语虽然目前没有达到英语在世界范围内的分布那么广泛，但人数优势依然是个得天独厚的条件，因此，汉语若在世界国家分布上超越英语，则成为国际性语言亦指日可待。

其次，将汉语作为官方语言的国家和地区的数量仍然不足，与英语作为官方语言的国家数量相差较多。目前以汉语作为官方语言的仍然限于中国（包括香港特别行政区、台湾地区）和海外的新加坡。然而，大陆和香港使用"普通话"作为汉语标准语，台湾则使用"国语"作

---

① McArthur, T., *The Oxford Guide to World English*, Oxford: Oxford University Press, 2002.

为标准语，新加坡使用"华语"作为标准语。三种标准语虽大同小异，但确实存在分歧。近年来，随着我国经济的快速发展，汉语国际推广的实施，以"普通话"为汉语标准的范围越来越广。

即便如此，与英语相比，汉语作为官方语言的国家和地区仍然太少。将英语作为唯一官方语言或和其他语言共同作为官方语言的国家超过70个，分布在世界各地（Crystal，2006）。不仅如此，英语存在大量的国别变体，如西非英语、东非英语、新加坡英语、印度英语、菲律宾英语等，这些变体也被广泛使用于该国或地区的官方语言。由此可见，汉语在成为国际性语言的道路中，将汉语作为官方语言的国家数量方面仍然有很大的差距。

最后，将汉语作为外语或第二语言的国家和地区仍然较少。自2004年我国在海外建立孔子学院，推广汉语的成果显著，海外学习汉语的人数虽已超过4000万①，但根据美国现代语言协会（Modern Language Association）的估算，美国大学学习汉语的人数从2002年的34000人增长到2006年的51500人左右，四年间几乎增长了一倍，近800所大学开设了汉语课程，占了美国大学数量的四分之一。韩国有347所大学开设了汉语课程。泰国有超过1000所小学开设了汉语课程，中学也有约30万学生在学习汉语。日本有超过500所学校提供汉语作为外语课程，40余所大学开设了汉语学位专业。

在看到汉语国际推广成绩的同时，我们也必须认识到，将英语作为第一外语的国家达100多个，欧洲、亚洲和美洲多以英语作为第一外语。不仅如此，以汉语为母语学习英语的人远多于以英语为母语学习汉语的人。因此，无论是国家地区的分布还是人数，汉语作为外语或第二语言的教学距离英语的现在地位也有不少差距。

---

① 4000万是《人民日报》2009年的数据，截至2017年年底，孔子学院学习汉语的注册人数为232万，海外汉语学习者总人数尚未达到5000万。

二 汉语成为国际性语言的可能

汉语在作为别国官方语言和主要外语方面仍然和英语存在差距，但未来汉语成为国际性语言的可能性很大。中国经济的持续增长和国际影响力可能会促使较多国家将汉语作为首选外语、第一外语。随着使用汉语的人数增长，汉语则可能利用这一机会成为其他国家的官方语言之一。加之，汉语为母语的人口数量优势，我们应该对汉语成为国际性语言的可能持乐观态度。

加大汉语作为外语和第二语言的推广力度，巩固现有汉语推广成果，是加速汉语成为国际性语言的必经之路。正如英语成为多个国家的第一外语一样，英语与英语国家的国际影响力和广泛的使用范围相关。汉语也逐渐成为有吸引力的语言，因为与之相连的中国，在国际事务各领域越来越重要，国家的综合实力处于世界领先地位，军事力量也逐渐强大，国际影响力不断增强。愿意学习汉语的人不断增多，会促使很多国家将汉语作为主要外语，甚至将汉语纳入国民教育体系之中，推动更低年级的学生学习汉语。

以"汉语作为外语"为基础，拓展更多国家和人群将汉语作为双语之一。在英语仍是世界范围内的通用语的今天，即使有越来越多的国家将汉语作为外语教授，甚至纳入基础教育体系，但汉语仍然无法取代英语作为通用语的地位。可以预见的是，随着汉语作为外语教学的国家和地区不断增多，学习汉语和使用汉语的人数必然不断增长，这将给汉语和英语或者汉语和其他语言的共同使用提供了可能。在将汉语作为第一语言之前的阶段，汉语作为双语使用者使用的语言之一，或许是一个过渡阶段。

以汉语作为双语之一为基础，拓展更多国家和区域将汉语作为第一外语或官方语言之一。尽管将汉语作为双语之一不能直接增加汉语作为第一外语的人数，但会间接地改变这一现状，最终加速汉语国际化。正如 Crystal（2006）分析英语国际化过程时指出的那样，以英语为第二语言的父母们逐渐在家庭使用英语，在与他们的孩子们交流时使用英语，以帮助孩子们尽早习得英语，最终这些孩子会以英语作为第一语言。汉语同样会经历这样的过程。韩国有些家庭已经开始这样做了，他们或许自己还不会说汉语，但在寻找会说汉语的工作人员到家里给年幼的孩子营造汉语环境。

现在韩国的父母们急于寻求受过教育的国内人员，要求他们既会说汉语又会做家务。一个保姆中介公司一周内会接到一到两个寻求既能教汉语又能照顾小孩的人。他们在海外发布的工作信息也要求既能做家务，照顾小孩又能教汉语的人才。①

虽然这些行为并不直接是将汉语作为第一语言来对待，但长期来看，这必然会导致更多人将汉语作为第一语言来使用。倘若这一事实形成，以使用汉语作为第一语言的人口基数为优势，推动汉语作为更多国家和地区的官方语言也并非不可能。

第二节　国际性语言的标准

根据上述分析，结合汉语国际推广的现有成果以及汉语成为国际性语言的可能性，我们发现，海外学习和使用汉语的人数已经超过来华学习汉语的留学生人数。而且，汉语国际化过程自身也要求更多使用"国

---

① 资料来自朝鲜日报官网，原文为英文，详见 http：//english. chosun. com/site/data/html_dir/2007/10/02/2007100261012，引用日期：2017 年 8 月 5 日。

际汉语"的人产出"国际汉语"。教学的对象更多在海外，教学主体也将有更多的本土汉语教师，教学环境也逐渐国际化，这些变化最终会给作为国际性语言的汉语教学的目标带来挑战，它导致我们不得不重新审视作为国际性语言的教学目标与传统的对外汉语教学目标有何不同。

一　国际性语言使用的几组术语

汉语国际教育学科的历史不长，但与之相关的术语却很多，这些不同的术语本身就反映出了学界对汉语国际教育学科的本质认识尚未取得一致。在描述汉语国际教育这一事实时，也出现了不同的术语①，包括：汉语作为外语（Chinese as a Foreign Language）、汉语作为第二语言（Chinese as a Second language）、汉语作为国际语言（Chinese as an International Language）②。

汉语作为外语这一名称是以政治上国别为前提的，外语即外国的语言。在一些国家，汉语不是官方语言，也不是民族语，当学习者在这样的语境中学习汉语时，汉语就是作为外语来学习的。汉语作为第二语言，是从语言习得的角度来命名的，既然有第二语言则必然有第一语言。这个名称包括境内外以汉语作为目的语学习的学习者，不受国别、民族等概念限制。汉语作为国际语言，则是较为新颖的概念，学术界甚至尚未完全普及使用。国际语言是指国际间交流所用的语言，等同于国际通用交际语。

三个术语的主要区别不仅仅是教学对象的差异，他们在具体的教学

---

① 对外汉语教学也有类似的问题，名称不一，主要是教学对象属性复杂，没有一个术语能够完全涵盖对外汉语教学事实。

② "汉语作为国际语言"或"汉语作为国际通用交际"等中文名称还不常见，其英文"Chinese as an International Language"已有著作使用，见新加坡学者吴英成，*Teaching Chinese as an International Language*：*A Singapore Perspective*，Cambridge：Cambridge University Press，2017。

内容上也有所不同。以本书所涉及的轻声词为例，在语音教学层面，三者的主要区别有：要教的语音特征不同、适应调节（Accommodation）策略不同、对待偏误的态度和方法不同。

　　作为国际语言的汉语语音教学首先要考虑的是要教的语音特征有哪些，是否与普通话语音特征保持一致？从前文分析得知，非目的语环境下汉语学习者已经超过来华留学生学习汉语的人数，海外众多的汉语学习者使用汉语交流的对象也在国际化，而不仅仅限于以汉语为母语者。那么，作为国际性语言，我们所教的语音特征，有多少需要与母语者保持一致，尤其是与标准普通话的语音特征保持一致呢？另外，如何促进不同母语者在学习汉语语音后，能够顺利交际，也就是说，当国际上出现了其他汉语语音变体，如何保证国际间不同变体的可理解度（Intelligibility）？这种情况下，作为国际语言的教学，必须教授适应调节策略，以增加不同变体间的可理解度。当然，如果我们能够保证不同变体之间的可理解度，也就是承认这些变体的合法性，那么我们对待有些语音偏误的态度也要随之改变。因为偏误是依据标准形式来认定的，当标准形式发生了改变，对偏误的态度也必然会随之改变。

二　国际性语言标准与身份认同

　　如上所述，汉语作为国际性语言教学时，教学目标要随之改变，需要增加可理解性的策略教学。李泉（2015）曾对汉语国际教育中汉语标准做过设想，即设立最低标准、合格标准和理想标准，这些标准不是针对不同学习对象的，而是从教学者角度和标准制定者角度提出的，本质上是对国际性语言教学标准的弹性和宽容度的应用。

　　然而，在汉语国际教育领域，无论是来自母语者教师还是本土汉语教师，没有教师愿意教授普通话标准以外的变体。教学上的改变也要求学习者转换思路，改变学习理念，也即，学习者不再期望习得标准的普通话，教师也允许学习者使用习得的汉语应用于自己所处的语言环境，创造一些汉语变体。总之，学习者不能被限定于模仿标准汉语，而是创造性地使用汉语表达世界知识。

另一个问题是语音特征（口音）与身份认同。社会语言学的研究表明，口音与个人身份认同、集体身份认同关系密切（Edwards，1982）。人们对口音所代表的身份有着顽固的刻板印象（Stereotyped Image），很难改变。汉语作为第一语言也有很多方言，而方言之间差异最大的就是语音，即使说汉语的第一语言者能够听懂不同方音特征的普通话，但对带有口音的说话者仍存歧视。对第一语言口音尚且如此，对第二语言习得者来说，口音更是成为承载了负面信息的名片。

近年来，也有一些学者对普通话标准，尤其是轻声词、儿化等语音特征较为明显的要素提出质疑。轻声、儿化等音变现象在以汉语为母语者中，也只是少数人的口音，汉语母语者大多数并不使用轻声和儿化这样的语音变体。加之，普通话中轻声的发展本身也在变化，并有衰颓趋势（高景成，1959）。

随着本土汉语教师大量加入汉语国际教育事业之中来，将有大量带着口音、使用汉语普通话变体的教师教授汉语。根据访谈①，我们发现，本土汉语教师和当地学习者并不是特别要求学会标准普通话语音，但自身对带有口音的汉语还是持负面态度。

我们国内派往柬埔寨的汉语志愿者教师大部分在华校任教，而且至少从三年级开始教授汉语。三年级以前的汉语都是由本土汉语教师负责，他们的普通话并不标准，主要是语音方面。他们认为他们的普通话无法改变了，不可能说成大陆的标准普通话那样。但

---

① 根据柬埔寨志愿者管理教师的反馈得知，反馈时间为 2017 年 7 月。

是，在教学时，他们也强调标准普通话的重要性，并要求学生尽量学成标准的普通话，他们懂得如何演示和发出标准的普通话，但自己不再改变。

本土汉语教师通过自身学习汉语的经验得出标准汉语口音重要的结论，也即，不带口音的标准普通话对说话者和听话者双方的交际可懂性有重要作用。他们也因此在教学中更加重视语音教学，相较于汉语母语者教师而言，他们在课堂中更能针对性教授标准语音，也更注重纠正那些"不正确"的发音。

同样，学习者自身出于身份认同需求，也努力习得标准口音。但口音关乎学习者自我形象的问题，学习者在努力习得标准口音的同时愿意保持自身的口音以保持自我身份，获取周围人的赞许和认同，以便建立集体认同（Dalton & Seidlhofer, 1994）。

三 国际性语言标准与交际适应理论

如上述分析所示，国际性语言主要服务于国际交流，尤其是服务于第二语言习得者之间的交际。而国际性语言的标准通常由母语者制定，现实的情况却是第二语言使用者之间的交际可能超过与母语者人的交际数量，因此，适用于母语者的标准不一定适合二语者。汉语普通话标准也是一样，当然，普通话标准仍然是最理想的标准。

普通话标准作为最理想的标准，提供了一个标准模型，让所有汉语学习者努力达到以便交际。基于这样的认识，第二语言习得者的中介语（Interlanguage）和石化现象（fossilization）以前被视为影响交际、导致误解产生的情况，也要重新看待了。中介语是第二语言习得者受到第一语言的迁移影响，在靠近第二语言标准形式时形成的独特系统，它会导致交际障碍。其中，语音是最重要的因素。二语习得者在解码中介语时更多使用自底向上（bottom-up）的方法，而不是自顶向下（top-down）的方法（详见第三章）。

> 由于复杂的社会和心理因素，二语习得者很难在交际开始时抓住话题主旨，说话者想要表达的观点以及说话者的动机。他们也很难将自己过去已有的经验和正在谈论的话题联系起来。也即，他们很难快速熟悉第二语言的形式。……基于以上多种原因，二语习得者很少使用自顶向下的方法来解码信息，更多使用自底向上的处理方法。[①]（Brown，1990：59 – 60）

二语习得者的中介语导致的交际障碍包含产出性（productive）的和接受性（receptive）的，也即输出端和输入端都可能存在。因此，如果我们能确定哪些因素会影响听话者的可理解性，那么我们就可以根据这些因素，设计针对性的教学方法。以轻声词为例，如果我们能确定影响轻声词交际可理解性的核心要素，而且这些核心要素也存在于汉语习得者的中介语体系，我们就可以调整策略来适应不同的变体。也因此，适应调节策略显得尤为重要了。

交际适应理论（Communication Accommodation Theory）认为说话者在交际过程中，要么调整自己的言语以适应听话者，要么刻意与听话者的言语保持距离（Howard Giles，1991）。前者相当于趋同（Convergence），而后者相当于分化（Divergence）。趋同的动力源自交际双方力求相似，这种需求可以发生在两个人身上，也可以出现在一群人之中。然而，出于自我身份意识，交际者更可能使用分化策略，以区别自己与

---

① 原文为英文，参见 Brown, G., *Listening to Spoken English* (2nd Edition), London：Longman, 1990。

群体中其他人，保持身份认同意识。

　　因此，国际性语言的发展似乎更多取决于交际者趋同的力度大小。一方面，这要求说话者能够根据交际对象和交际情景调节适应，以促使他所说的更容易被听话者理解；另一方面，也要求听话者对语言习得的变体有更高的容忍度，同时能够根据交际对象和交际情景进行调节适应。总之，国际性语言的发展依靠交际者双方的共同努力，在面对语言习得变体的时候愿意使用趋同策略，对交际言语进行调节适应。

第三节　语言变异理论视角下的汉语轻声词变体

一　语言变异理论

　　语言变异理论属于社会语言学范畴，由美国社会语言学家威廉·拉波夫（William Labov）首创。该理论对语言本质的看法截然不同于结构主义、功能学派、转换生成学派等，将语言视为异质有序的系统。对变化中的语言来说，只有"变化"才是唯一不变的。

　　自 20 世纪 80 年代末语言变异理论被引进国内以后（王德春，1982：37)，国内不少学者用该理论解释、描写、预测了汉语变化情况。随着一些学者对语言变异理论的研究逐渐深入（祝畹瑾，1992；陈松岑，1999；徐大明，2006)，更多的学者开始使用该理论来解释语言各要素在区域、国别的变体。例如，李文中使用语言变异理论考察了英语在中国的变体①，认为英语的中国变体已经发展成一种系统的变体，称之为中国英语。

　　语言变异理论与语言规范并不是互相矛盾的，相反，国内不少语言规范研究的成果正是在该理论的框架内取得的。本书要探讨的轻声词标

---

① 李文中：《中国英语与中国式英语》，《外语教学与研究》1993 年第 4 期。

准，也要处理轻声词规范与轻声词变体之间的问题，语言变异理论为此提供了理论基础。

语言变体（Language Variety）是指具备相同社会特征的人在相同的社会环境中所普遍使用的某种语言表现形式，包括地域变体、社会变体、社群变体等（游汝杰、邹嘉彦，2004：24）。变体或变异这一概念本身就是相对于标准而言的，因此，语言变体也可以理解为在一定程度上偏离标准形式的语言表现形式系统。由于语言和身份、态度密切相关，那么不可避免地会出现使用标准形式的人群来制定一系列规范和限制，并将其他变体视为有待规范的语言形式。

母语使用者在使用母语时是能感受到内部变异的，但并不是有意识认识到的，尤其是语音层面，这种事实存在的变异非常明显，以至于同一个人在不同的语境下会扮演不同的角色，有时候使用标准形式，有时候使用变体。变体是当代语言普遍存在的形式，有些学者认为，语言本身就是可变的，变体的选择具有明确的社会意义（Milroy，1994：167）。这种情况在语音层面尤为明显。

母语者虽然很难意识到他们的内部变体，但对第二语言习得者的变体却非常敏感，因为在母语者眼中，母语者所说的语言都是标准的，第二语言习得者所说的仅仅是对标准的偏离。在第二语言习得领域，学者们都很清楚共时变异的存在，他们对"自由变体"① （Free Variation）和"系统变体"（Systematic Variation）也持相同态度，都认为这是偏离了标准形式的，教学的主要目标便是消除偏离的距离，使其回到正确的标准形式中来。汉语在国际化进程中，也必然会出现诸多变体。作为国际通用的语言，我们在面对变体时，要重视两个问题。

其一，不同的汉语二语习得者各自形成的汉语变体之间可接受度如

---

① 第二语言习得过程中产生的"自由变体"指没有规律或规律不明显的偏离标准形式的变体。

何？我们知道，即使是第一语言，汉语使用者也有很多变体，这些变体之间也不能完全保证彼此互懂。以轻声词为例，如果能通过研究汉语二语者的中介语中轻声词变异的类型对可理解性的影响因素，我们就能确定哪些变体可以作为区域性变体，哪些变体不能接受。然后，以此为据，我们可以重新界定面向汉语国际教育的轻声词标准，并思考其对国际汉语教学的建议和启示。

其二，如何利用语言变体，使其成为有利于交际者的调节适应策略，而不再是交际时出现的问题？正如前面提到的，国际性语言的发展需要说话者和听话者双方的趋同意愿，而二语习得者对变体的态度本身可能是抵触的，因其与身份认同有关。在第二语言使用者之间的交际过程中，国际汉语（也即，前文所用的前置概念"大华语"）需要提供给变体使用者一套解决方案。

本书以轻声词为对象，故上述问题需要在考察轻声词在第一语言和第二语言的变体后才能解答。

二　轻声词在第一语言中的变体

轻声词只是承载轻声的词汇，本节讨论的轻声词在第一语言中的变体也涉及轻声的变体。第一语言的轻声变体可分为共时性变体、历时性变体和社会性变体。共时性变体，也即原发性变体，指汉语方言中原本就与普通话轻声不一致的现象，如普通话中读为轻声的，方言中不读轻声，或方言中读为轻声的，普通话中不读轻声；历时性变体，是汉语系统内部发展出来的变体，是指在同一套语言或方言系统内，不同时期轻声的分布不同；社会性变体是不同社会属性的人们在学习普通话轻声时未能正确掌握而出现的变体，也包括婴幼儿习得普通话轻声时出现的变体。

　　我们以普通话的轻声标准为参照来辨别共时性变体，但对汉语轻声的讨论尚未结束，学界依然有很多争议。我们根据目前学界对其取得的认识，简单概括为：轻声字有其本调，在读轻声时失去原有调值；轻声的音高变化几乎为零，读轻声字的音高由其前面的字音高决定；轻声的音长较短，几乎是前一个字的时长的一半；轻声音节不仅在轻声字上有变化，也会引起前后音节中某些音素的变化。

　　首先，有些汉语方言中没有轻声词，读轻声的仅限于语法上的功能词。《汉语方言词汇》共收录 20 种方言，其中，包括北京话在内的 13 个方言有轻声，其他 7 种方言则没有轻声。即使有轻声的方言，大部分南方方言也没有复音节轻声词，如厦门话、潮州话、福州话里的轻声主要是语气词和助词，《汉语方言词汇》一书中 1230 条词语中，有 281 条复音节词在北京话里读轻声，可是这 281 条在厦门方言、潮州方言和福州方言里都不是轻声（李晓凡，2006）。

表 2－2　　　　　　　　　　汉语方言轻声词变体例

	西安	武汉	太原	合肥	济南	长沙	扬州	南昌	温州
石头	+	+	/	+	+	+	+	+	/
木头	+	+	/	+	+	+	+	/	/
码头	+	+	/	+	+	/	+	/	/
芝麻	+	+	/	+	+	+	+	+	/
狐狸	+	+	/	+	+	+	/	+	/
尾巴	+	+	/	+	+	/	+	+	/
烟筒	+	+	/	+	+	/	+	/	/
太阳	+	+	/	+	/	/	+	+	/
时候	+	+	/	+	+	/	+	/	/
葡萄	+	+	/	/	+	+	/	/	/
棉花	+	+	/	/	+	/	/	/	/
算盘	+	+	/	/	/	/	/	/	/
天气	/	+	/	/	/	/	/	/	/
打算	+	+	/	/	+	/	+	/	/

续表

	西安	武汉	太原	合肥	济南	长沙	扬州	南昌	温州
值得	+	+	+	/	+	+	+	+	+
清楚	/	+	+	+	+	/	+	/	/
容易	+	+	/	/	+	/	+	/	/

注：表中"＋"表示表头所在的该方言点对应的表左侧该词语读为轻声，"/"表示不读轻声，空白表格表示该词语在所在方言中没有。

资料来源：李晓凡《汉语方言的轻声变调》，《中国方言学报》2006 年第 1 期。

其次，具有轻声的方言在数量和轻声词分布上也不相同。我们以《汉语方言词汇》所统计的方言轻声词为例，可以看到，各地方言中轻声词数量完全不同，其中北京话轻声词数量最多。详见表 2 - 2 汉语方言轻声词变体例。

表中所选的 17 个词语是以北京话为基础的，在北京话里都是轻声词。在其他 9 个方言点中，除了武汉话也全部读为轻声以外，没有一个方言点全部读轻声，也没有一个词在所有方言中都读为轻声。轻声词最少的是温州话，在所选的 17 个例词中，仅有"值得"一词读为轻声。其次是太原话，仅有 2 个例词读为轻声。再次是湘方言的代表性方言点长沙话和赣方言代表性方言点南昌话，17 个例词中仅有 6 个读为轻声。

表 2 - 3　　　　　　　　　　台湾轻声词变体例

例词	普通话	台湾	说明
大爷	+ &/	/	普通话中读轻声与否，词性相同，词义不同
大方	+ &/	/	普通话中读轻声与否，词性不同，词义也不同
明白	+	/	台湾规范为轻声，播音和民众读为非轻声
价钱	+	/	台湾规范可以两读，播音和民众读为非轻声
聪明	+ /	/	普通话可以两读，播音和民众读为非轻声
喜欢	+ /	/	普通话和台湾规范都可以两读，播音和民众读为非轻声
巴不得	+	/	普通话后两个音节都读轻声，播音和民众读为非轻声
乡巴佬	+	/	普通话中间音节读轻声，播音和民众读为非轻声

续表

例词	普通话	台湾	说明
不在乎	+	/	普通话最后一个音节读轻声，播音和民众读为非轻声
前边	+	/	方位词后一个音节，台湾读为非轻声
回来	+	/	趋向动词后一个音节，台湾读为非轻声
妈妈	+	/	台湾不读为轻声，也没有读本调，读为"mǎmá"

　　注：表中"＋＆／"表示同一词形，分属两个词；"＋　／"表示规范读音为两读，可以读为轻声，也可以读为非轻声；"＋"表示读轻声，"／"表示不读轻声。

　　资料来源：邵敬敏《两岸汉语轻声词异同比较研究》，《语言文字应用》2016 年第 1 期。

　　邵敬敏（2016）考察了台湾广播电视的实际播音语料，与大陆普通话的轻声词作了详细对比，得出台湾居民日常交际中的轻声词（字）实际发音与大陆的差异：除了少量的语法轻声词和口语轻声词以外，其他大陆规范为轻声词的，在台湾广播电视的播音里，也即台湾居民日常交际中都读本调，不读轻声。详见表 2-3 台湾轻声词变体例。

　　表中虽只列举了 12 个词语，但代表了不同类型的轻声词。从表中可以看到，台湾播音和民众实际读音中读轻声的词语比普通话少得多，几乎没有轻声词。然而，台湾规范"国语"也规定了一些词语必读轻声或两读。如"明白"在台湾规范词典中，应该读成轻声，口语中却读作本调；"喜欢"台湾规范词典中可以两读，但台湾播音和民众也选择了读作本调。

　　再次，不同方言点的轻声在音高、音长、音强等属性上也不相同。已有学者考察了不同方言点的轻声变异现象。曹德和发现新疆巴里坤话里轻音词的最后一个音节不弱不短，由此得出巴里坤话的轻音词的音强与普通话不一致，而且在新疆普遍存在[①]。曹志耘发现敦煌话里的轻声"既不轻也不短"，也就是说在音强和音长上都是普通话轻声的变体，

---

　　① 曹德和：《巴里坤话的轻音词》，《新疆大学学报》（哲学·人文社会科学汉文版）1987年第 3 期。

而且这种现象在西北方言中较为普遍①。王韫佳考察了海安话的轻声，认为海安话的轻声虽然总的说来短于非轻声，但在某些声调后却可以不读短，轻声与非轻声在时长方面的差异也没有北京话那么明显②。还有诸多学者都论证了多个方言点中轻声的变异情况，如神木话轻声调值是固定的，不是根据前面的音节音高变化而变化的（邢向东，1999）；山东部分方言点的轻声不轻不短（钱曾怡，2001：102），河北迁西话有些轻声读得不轻也不短（江海燕，2004）。

王嘉龄以北京话、海安话、上海话、吉首话、天津话、徐州话为对象，分别考察了这几个方言点的轻声音高，发现汉语方言中轻声的音高是各不相同的③。各方言轻声音高不同是受轻声音节前后音节的影响所致，有的受前面的音节影响，有的受后面的音节影响，还有的受前后音节的影响。

在共时层面，汉语各方言和台湾的轻声词都与普通话的轻声词有所不同，或者是有无轻声词的差异，或者是数量的差异，又或者是分布的差异，甚至是在轻声音高、音强、音长等物理属性方面的差异。若以普通话轻声词为标准，则可以认为，汉语中存在大量的轻声词共时变体。

现代汉语轻声的历时变体语料无法从口语中直接获取，只能依靠规范词典中描写的轻声词作出统计，根据不同时期规范轻声词的变化来窥见其历时变体状况。

劲松在其专著《现代汉语轻声动态研究》一书中考察了第 2 版和第 3 版的《现代汉语词典》中收录的轻声词的变化情况，然后选取了 33 名不同年龄、不同职业、不同文化程度的北京人，以口语的方式念读轻声词

①　曹志耘：《敦煌方言的声调》，《语文研究》1998 年第 1 期。
②　王韫佳：《海安话轻声与非轻声关系初探》，《方言》1998 年第 3 期。
③　王嘉龄：《汉语方言轻声音高的几种类型》，《南开语言学刊》2006 年第 1 期。

语，以此描写出轻声词六年间的变体情况。调查结果如表 2 – 4《现代汉语词典》第 2 版和第 3 版轻声词口语变体例。

表 2 – 4　　《现代汉语词典》第 2 版和第 3 版轻声词口语变体例①

例词	读轻声		不读轻声		两读	
	人数	比例（%）	人数	比例（%）	人数	比例（%）
支撑	2	6	26	79	5	15
松动	7	21	25	76	1	3
面食	5	15	24	73	4	12
周到	7	21	21	64	5	15
近视	9	27	19	58	5	15
得罪	7	21	19	58	7	21
底细	9	27	18	55	6	18
残疾	8	24	17	52	8	24
白天	7	21	14	42	12	37
知道	12	36	11	34	10	30
跳蚤	11	33	10	30	12	37
出息	22	67	8	24	3	9
亲戚	13	40	7	20	13	40

表 2 – 4 中 13 个轻声词全部来自第 2 版和第 3 版《现代汉语词典》收录的有变化的 256 个轻声词。即使在轻声词较多的北京话（参见前述章节共时性变体）里，13 个代表性例词中，也仅有"出息"和"亲戚"两个词读成轻声的人比不读成轻声的人多，"知道"和"跳蚤"读成轻声和不读成轻声的基本一样多，其余词语都是不读轻声的多于读成轻声的。如果加上两读人数的统计，我们可以看到，仅有"出息"一个轻声词，超过半数的人认为必读轻声，其他所有词都有超过半数及其以上的人不认为必读轻声。而且，所有的例词，没有一个词是所有的

---

①　本表数据来源于劲松《现代汉语轻声动态研究》，民族出版社 2002 年版，第 147—148 页，例词表顺序根据不读轻声的人数和比例由高到低重新排列过，与原文顺序略不一致。

33 名试验人员都认为必读轻声的。这些数据可以看到轻声词的变化趋势是不断减少，无论规范词典中如何规定，但在实际的口语中，轻声词越来越少是客观的事实。

朱宏一（2008）比较了《现代汉语词典》第 5 版和第 3 版在轻声词收录方面的情况，认为总体上，轻声词数量逐渐减少，而且这种减少的变异是符合轻声词变异的实际情况的。第 5 版一共收录了 2592 个轻声词词条，其中 1441 个必读轻声词，删减了第 3 版的 112 个轻声词，增加了 81 个，在总体数量上实际减少了 31 个。增加的 81 个轻声词，有些属于新词语，有些是多音节词语中包含了已读轻声的词语。因此，总体说来，《现代汉语词典》第 5 版处理轻声词的方向是减少轻声词，这也符合语言应用的实际情况。

第 3 版和第 5 版共有的 110 个轻声词，最终规范为读轻声的仅 18 个，占 16%。其余的 84% 的轻声词，依照弹性标准，都可以不读轻声了，这种变异趋势总体上呈现出了朱宏一（2008：569）指出的："所谓轻声词的动态变异，主要表现为轻声向可轻声、非轻声的演化和可轻声向非轻声的演化。"

表 2 - 5　　　　　　《现代汉语词典》第 5 版轻声词变化情况

	轻声变非轻声	两读变非轻声	非轻声变两读	轻声变两读	两读变轻声	非轻声变轻声
数量	17	26	24	25	11	7
总计	规范为非轻声的 43 个		规范为两读的 49 个		规范为轻声的 18 个	

具体变化情况见图 2 - 1《现代汉语词典》第 3 版和第 5 版轻声词数量变化。第 5 版《现代汉语词典》非轻声词增加了 12 个，两读轻声词增加了 12 个，这 24 个变化的轻声词均由第 3 版的轻声词变化而来。由此可见，轻声词在规范过程中是不断减少的，在此基础上，轻声词的历时变体也是朝着非轻声化的方向发展的。

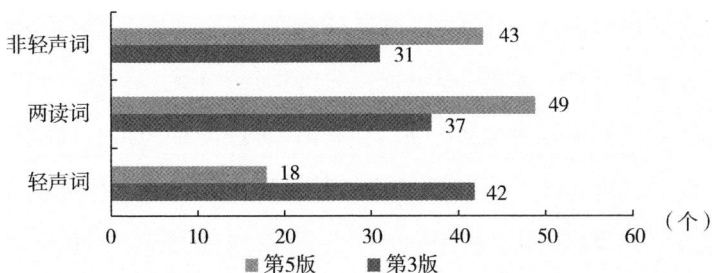

图 2 − 1　《现代汉语词典》第 3 版和第 5 版共有轻声词数量变化

最新出版的《现代汉语词典》（第 7 版）（2016 年）对轻声字（词）的态度也延续了《现代汉语词典》（第 5 版）的规范路径，总体表现为轻声词减少。

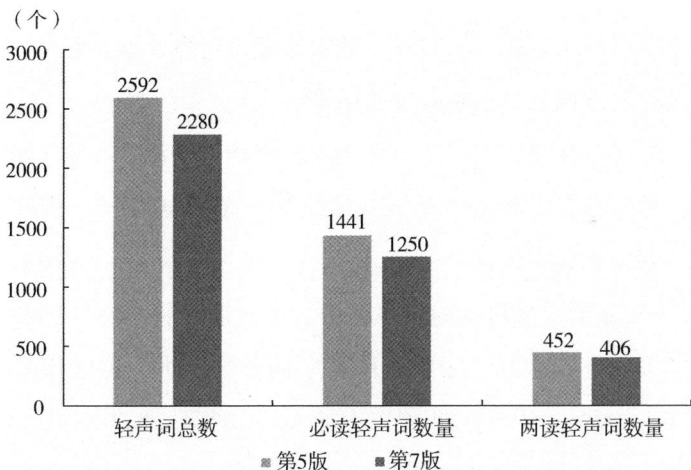

图 2 − 2　《现代汉语词典》第 5 版和第 7 版轻声词数量对比

我们根据《现代汉语词典》（第 7 版）对轻声字的规范要求——词典中注音未标调号，且该音节拼音前面加有圆点，统计了《现代汉语词典》（第 7 版）中的轻声词数量。而一般轻读、间或重读的字注音上标调号，但前面也有圆点，我们将其归入两读类。还有一类插入其他成分时，某些音节读为轻声的也在读轻声的字词注音前面加了圆点。

故此，我们初步只统计了加有圆点的词条，共 2280 条。其中，标注为方言的（如：背静 bèi jing）约 320 条，标注调号的约 270 条，再去掉包含关系的词条（如：玻璃 bō li，标注为轻声词，玻璃丝、玻璃体、玻璃纤维、玻璃纸、玻璃砖也都是轻声词词条）390 余条，一般不读为轻声的（如：暗里 àn lǐ），不同汉字但属于同一词条的（如：比画 bǐ hua 和比划 bǐ hua）等条目，必读轻声词仅有 1250 条左右。

从第 3 版到第 5 版再到第 7 版的《现代汉语词典》，必读轻声词的数量不断减少（见图 2 - 2《现代汉语词典》第 5 版与第 7 版轻声词数量对比），这也体现了《现代汉语词典》在规范轻声词上的态度和取向。负责普通话审音的专家学者自然考虑到了语音规范的"从众"要求，正是由于轻声词在人们实际生活中的变异趋势是越来越少，才有了规范词典中轻声词数量不断减少的结果。

第 2 版《现代汉语词典》规范为必读轻声的词语，在第 3 版规范为两读的，劲松也做了相应的社会变体统计，详见表 2 - 6《现代汉语词典》第 3 版两读轻声词社会变体。

表 2 - 6 显示，在两读的轻声词中，是否读为轻声在性别和新、老北京人以及文化程度这三个社会因素层面差异不大，但在年龄分布上呈现出明显差异。相较于 50 岁以上的人（32%）和 30—50 岁之间的人（20%），30 岁以下的人读成轻声的只有 12%，明显变少。这说明，越来越多的年轻人不习惯将两读轻声词读为轻声。除此之外，在所有社会因素下，无论性别、年龄、文化程度、是否长期居住在北京，针对第 3 版《现代汉语词典》中两读轻声词，必读轻声的都不足三分之一，大部分人在面对两读轻声词时，选择不读或偶尔读轻声。

表 2-6　　　《现代汉语词典》第 3 版两读轻声词社会变体①　　　单位：%

	性别		年龄（岁）			文化程度			居住史	
	男	女	<30岁	30—50岁	>50岁	小学	中学	大学及以上	老北京人	新北京人
读轻声	29	25	12	20	32	25	28	27	28	24
不读轻声	40	54	50	57	39	25	43	48	42	53
两读	31	21	38	23	29	50	29	25	30	23

范珊珊采用视觉注视法（Visual Fixation）测试了 59 名普通话婴儿对轻声和非轻声的感知，结果发现 4—6 个月的婴儿和 10—12 个月的婴儿都不能感知轻声和非轻声的差异②。也就是说，普通话婴儿在习得轻声的时候也并不是像习得母语声调那样自然。她还使用了"普通话儿童语音词汇发展数据库"对 18 个月和 2 岁的幼儿产出轻声做了实验，实验结果表明，18 个月的普通话幼儿能掌握轻声的音高模式和变调规则，但还无法习得时长在轻声中的特点，轻声的时长模式要到 2 岁才能逐渐习得。

成人普通话习得结果也能反映出轻声词在习得过程中存在普遍的变异现象。已有多篇教学类论文针对不同地区、不同方言点的人们学习普通话时如何正确掌握轻声作了论述。30 余年来，关于普通话轻声教学的文章不曾中断，正说明了普通话轻声词在第一语言习得中产出的变体较多（米青，1986；杜秦还，1992；吴术燕，2005；孙海娜，2007；李爱军，2017）。

我们从社会因素、婴幼儿习得和成人习得轻声词的结果，可以看出轻声词社会性变体是一个普遍存在的现象。除此之外，轻声词在共时层

---

① 本表数据来源于劲松《现代汉语轻声动态研究》，民族出版社 2002 年版，第 158 页，读轻声的比例是本书添加的，社会因素类别也是根据原文内容添加而成的。

② 范珊珊：《普通话婴儿的两字组轻声词感知》，博士学位论文，中国社会科学院研究生院，2016 年。

面的变体、历时层面的变体也都普遍存在。这些变体一方面给普通话推
广与普及带来了问题，另一方面也为汉语走向国际带来了挑战。挑战之
一便是，面对如此众多的轻声词变体，普通话教学标准是否应该适应轻
声词减少的趋势而调整？挑战之二是，以普通话为标准的汉语国际教学
是否应该适当放宽标准？

三　轻声词在第二语言中的变体

第二语言中的轻声词变体主要指以汉语作为第二语言学习的人在输
出轻声词时偏离轻声词标准形式的语言变体。这部分语料主要来自汉语
作为第二语言习得者的轻声词习得偏误数据。

汉语作为二语习得者在习得轻声词时的偏误，大致可以归为两类。
一类是完全没有读成轻声，将规范为必读轻声的读为本调或其他声调；
一类则是虽读为轻声，但在音高、时长、调型、调域方面距离标准形式
有所偏差。不少对留学生习得轻声词的偏误统计研究发现，留学生在掌
握轻声词的难度级别顺序上基本与汉语母语者学习普通话的一致（海
洋，1993；郑秀芝，1996；郭振伟，2005；贾晓玲，2010；范丹丹，2010；
陈洪倩，2016）。最难习得的是无标记的轻声词，这些词大部分属于普
通话中规定读为轻声的词语，也就是无规律的，习惯读轻声的词；其次
是有词汇标记的轻声词，比如重叠词，或者带有明显轻声标记的词缀
"子""头"等轻声词；最后是带有语法标记的轻声词。我们也按照留
学生习得轻声词偏误的程度分别阐述轻声词在第二语言中的变体情况，
分为读为非轻声的变体、轻声音高变体（包括轻声调型和调域变体）、
轻声时长变体三部分，最后总结对比轻声词在第二语言和第一语言中的
变体有何差异。

留学生将轻声词读为非轻声词的偏误情况，其一是因为留学生完全

没有掌握汉语声调，整体上呈现"洋腔洋调"，因此，轻声词读为非轻声词的偏误跟其他声调偏误性质一样，这种偏误于本研究来说没有参考价值，故不在此讨论。其二是，轻声词中前一个音节或轻声音节前后的音节能正确发出（不考虑调值），但轻声音节未能正确发出，这种情况我们称之为"轻声词变体"。

我们根据一位汉语教师与6名留学生口语表达的自然语料统计出他们在产出轻声词时的偏误情况。6名被试留学生都能发出正确汉语声调，口语表达中字调也基本正确，其基本信息如表2-7所示。

表2-7的6名留学生中，5名为女性，1名为男性，并非因性别因素影响轻声词习得结果，因为在被试对象的选择上，首要条件是能在口语表达上正确发出汉语声调。6名被试者的汉语水平包括HSK三级、四级和五级，没有选择HSK一级和二级的留学生是因为他们在口语表达中受到词汇量的限制，不利于统计。另外，在被调查的汉语教师所教的学生中还没有HSK六级的学生。

表2-7 轻声词读为非轻声的留学生基本信息

留学生	性别	国籍	汉语水平	汉语学习史
L1	女	泰国	HSK 三级	中国 1 年半
L2	女	韩国	HSK 三级	韩国 1 年，中国半年
L3	女	印度尼西亚	HSK 四级	印尼 2 年，中国 2 年
L4	男	卢旺达	HSK 四级	卢旺达 1 年，中国 2 年
L5	女	泰国	HSK 五级	泰国 6 年，中国 1 年
L6	女	柬埔寨	HSK 五级	柬埔寨 4 年，中国 1 年

由于是自然口语语料，6名留学生的轻声词偏误辨别是以同一位汉语教师（普通话一级乙等）的生理听觉辨别为依据的。我们认为，对于留学生在口语表达中是否将轻声词读为非轻声，这位汉语教师的辨别是可以相信的。表2-8是6名留学生将轻声词读为非轻声的偏误统计表。

表2-8　　　　　　　　　　轻声词读为非轻声的偏误统计

轻声词	读为本调	读为其他声调	读为轻声	偏误率（%）
哥哥	4	1（去声）	1	83
爷爷	4	0	2	66
姐姐	0	6（阴平）	0	100
弟弟	5	0	1	83
东西	5	0	1	83
舒服	5	0	1	83
清楚	6	0	0	100
衣服	6	0	0	100
朋友	6	0	0	100
便宜	1	5（去声）	0	100
眼睛	6	0	0	100
椅子	2	0	4	33
故事	6	0	0	100
告诉	6	0	0	100
漂亮	5	0	1	83
学生	6	0	0	100
意思	5	0	1	83
明白	6	0	0	100
得（de）	2	0	4	33
着（zhe）	0	2（阴平和去声）	4	33
平均	4.3	0.7	1	83

注：读为本调、读为其他声调、读为轻声的平均值是由总人次除以共现的轻声词数量"20"得来。读为其他声调的括号内注明了留学生读的声调。

从表2-8可以看出，留学生习得汉语轻声词的非轻声变体平均值达到83%，6名被试留学生的汉语水平从中级到高级，汉语水平的变化对轻声词习得的影响不明显。而且超过80%的人将轻声读为本调。

如第一章所述，学界普遍将轻声描述为"读得又轻又短"，这就是说轻声在声学物理属性上主要表现为音高较低、音长较短的特征。汉语二语习得者在习得轻声时，音高方面也普遍出现偏误。

　　周小兵、王功平等在其合著文章《留学生普通话双音节轻声音高偏误实验》中，比较了 20 名中国学生（普通话二级甲等及以上）和 20 名留学生（中级）的汉语轻声发音情况。所用的材料包括 92 个含轻声音节在内的共 125 个普通话双音节词语，这 125 个双音节词语包含了阴平、阳平、上声和去声四种声调和轻声的组合，而且组合的出现频率均在 20 次以上。实验结果发现，留学生习得轻声词时，轻声音节的音高偏误主要受前字影响[①]。

　　在此之后，有不少针对不同国别学生习得汉语轻声词的实验研究，如越南、韩国、美国、泰国、俄罗斯、日本、苏丹等。

　　泰国学生习得轻声词的调型基本正确，升降明显。但调域和普通话发音者的调域差距较大，总体呈现出较窄的调域。如果轻声音节之前的一个音节音高调位不够高，则轻声音节的音高就较高（黄麒，2013）。

　　普通话轻声音节的音高均值大概在 128Hz—256Hz 区间内。而俄罗斯学生在习得轻声词时，如果双音节词的前字音节是阴平和阳平，则轻声音节的调型为降调，呈缓慢下降趋势。而如果前字音节是上声和去声，则轻声音节的调型为平调，其中前字音节为上声时的轻声音节的调型有缓慢上升趋势。俄罗斯学生轻声音高掌握较好的只有"去声＋轻声"组双音节轻声词（周高丽，2015）。

　　整体来说，留学生习得普通话双音节轻声组合时既存在调型上的偏误，也存在调域上的偏误。留学生习得普通话双音节轻声词，仅调型的总体偏误率就达 46.7%，这也印证了普通话轻声是留学生学习的难点之一。将四种组合中轻声字音高的起点、终点、调域以及前字的终点联系起来看，再与普通话学生的相应数据综合比较，则可以发现，留学生轻声字的调域同普通话学生的差距不大，而轻声字起点和前字终点同中

---

　　① 王功平、周小兵、李爱军：《留学生普通话双音节轻声音高偏误实验》，《语言文字应用》2009 年第 4 期。

国人的差距较大。也即，留学生习得轻声词时，音高主要受轻声词中轻声音节前字音节的音高影响。

　　普通话轻声词中轻声音节的发音时长较短，曹建芬认为轻声音节的时长是其前字音节的60%[①]。林茂灿和颜景助发现轻声字字音只有普通话四声读音的能量的40%[②]。王理嘉认为轻声的声学特征主要是音长变短，相较于非轻声音节，轻声所占据的时长较短[③]。汉语二语习得者在习得汉语轻声词时是否掌握了轻声发音时长的特点呢？产生了哪些变体？在介绍"轻声音高变体"时提到的实验研究，有一部分也对留学生习得轻声的时长变体做了调查研究。

　　越南学生在读不含轻声音节的双音节词语时，与普通话使用者相比，前一个音节的时长太长。而在含轻声的双音节词语中，后一音节时长跟普通话使用者大致一样，都是缩短时长，但缩短的幅度不够（刘潇，2011）。

　　泰国学生的轻声发音在时长方面基本没有变化，无论是否是轻声音节，每一个音节的发音时长几乎同样长（黄麒，2013）。

　　俄罗斯学生在发四种声调和轻声组合的轻声词时，时长标准率较高的为"阴平＋轻声"组，其标准率为24%，而标准率较低的为"上声＋轻声"组，其标准率为11.1%，也即，时长偏误最高达88.9%，最低也超过了76%，总体来说，俄罗斯学生基本没有掌握汉语轻声音节的时长特点（周高丽，2015）。

　　日本学生整体上注意到了轻声音节时长较短的特点，但对比普通话参照组，日本学生所发的轻声时长还是"长"。从轻声与四种声调和组合而成的轻声词实验情况来看，"第一声＋轻声"组和"第三声＋轻

---

①　曹建芬：《普通话轻声音节特性分析》，《应用声学》1986年第4期。
②　林茂灿、颜景助：《普通话轻声与轻重音》，《语言教学与研究》1990年第3期。
③　王理嘉：《音系学基础》，语文出版社1991年版。

声"组合发音情况最为理想。日本学生轻声时长变体的共性在于，轻声音节的时长与其前字非轻声音节的时长趋于均等（李乐乐，2016）。

苏丹学生和中国学生在汉语双音节轻声字的时长方面差距在 70 毫秒左右，总体而言，苏丹学生轻声音节发音持续时间比中国学生长，特别是轻声前为上声时（李艳婷，2016）。

时长缩短、音高降低或者音高和时长交互作用都对泰国学生轻声的感知有比较明显的影响。这三个条件的影响并不相同，影响最大的是时长缩短和音高时长交互作用，其次是时长缩短，最后是音高降低（吕虎，2014）。

轻声词在第二语言习得过程中出现的各种变体，总体表现为没有按照轻声词"又短又轻"的标准习得，读为轻声字本调或在音高、时长方面出现变异皆为具体体现。这些变体与中介语不完全相同，它们并没有石化状态，各国学生在习得轻声词出现的变体中带有各自的特点，而这些是否影响交际，还需要进一步研究。但是这些变体为确定不同二语习得者之间可理解度提供了数据参考，也为二语习得者的中介语提供了参照。

第一语言变体通常被视为是在"正确"范围内的变异，正如普通话本身是一种标准，但其自身的标准分为三级六等，只要在这三级六等范围之内，我们都认为它是普通话，也就是从某种意义上不再是方言了。在三级六等的普通话范围之内的变异，都还算"正确"。然而，对于二语习得者来说，只要是变异就属于"错误"的范围。在某种程度上，第二语言教学的目标是使学习者的语言标准化，是指符合想象中的母语者理想标准。

在轻声词的教学中，教师通常先示范标准的轻声词读音，然后领读，学生跟读，再齐读，这样做的目的就是为了使学生的发音尽可能地接近汉语母语者的发音，也即，标准的轻声词发音。如果有学生在这一环节产出了自己的"变异项目",那么老师则试图纠正"错误"。这种纠正既发生在单独操练环节(语音训练为重点的时期),也发生在语言运用环节(注重表达流畅度时期)。对于某些学生来说,如果老师不纠正他们的变异,放任不管,反而被视为不负责任,进而充满抱怨。

如本书绪论所言,上述情况必须满足汉语作为二语习得者所习得的汉语应该是单一的,没有任何变体的,他们所交际的对象也应该是单一的,即说着标准普通话的人群。但是,上一小节专门论述过,轻声词在第一语言和第二语言中均存在变体,他们并不是单一形态的标准语言。

第二语言习得过程中所产生的中介语,是一种既不同于母语,也不同于目的语的独立的系统,它具有动态性、可塑性(鲁健骥,1984)。中介语并非人造语言(Artificial Language),也是一种"自然语言(Natural Language)",它和所有的自然语言一样,是动态的而不是静态的,因此受到各种影响,而这些影响又反过来促使语言产生系统性的变化。

不少学者曾做过中介语变异的研究,并将其与母语使用者的变异进行比较,认为社会动机和语境是二者相同的因素(Ellis,1994)。然而,二者相似之处主要在于变异过程,而不是变异结果,因为学习者有时会以母语或第二语言中不存在的方式来改变他们自己的语言(Cook,1993:82-92)。此外,第二语言变体除了高级水平之外,语言变异的数量比第一语言口语语体中随意性表达时更多,变异也比第一语言更普遍。

Tarone(1982:73)使用"语体转换"(Style-shifting)和"语域转换"(Register-shifting)两个术语来描述第一语言和第二语言中的变体现象,以此来区分二者变异的不同①。语体转换指的是在非正式场合或正式场合随意说话的社会语言能力。而第二语言习得者可能只学习一个目的语语域,因为他们通过课堂学习第二语言,很有可能只能接触到一个单一的语域,学习者无法认识到哪些语言形式和社会因素与目的语规

---

① Tarone, E., "Systematicity and Attention in Interlanguage", *Language Learning*, 1982 (32).

范相关（Tarone，1983）。

虽然轻声词在第一语言和第二语言变体中都有变体，且变体存在差异，但二者差异并不是泾渭分明的。首先，汉语母语者的轻声词变体不仅仅存在于语体转换之中，也普遍存在于语域转换之中，标准本身就存在变体，如普通话标准。其次，第二语言教学早已从关注语言形式的正确性转向语言表达的得体性，许多学习者有机会接触到不同的语域，也即不同的语言形式和社会因素之间的对应关系。

第四节 语言变异理论对轻声词变体及其标准的启示

施春宏论述过语言变异与语言调节的关系，指出语言调节是在交际需求的制约下，对语言系统或语言现象作出一定程度的调整，以满足交际需求①。他认为，语言变异是语言调节的前奏，而语言调节则是语言变异的取向。普通话标准与汉语规范化行为都属于"他调节"，但也做到了符合语言变异的合理需求。汉语轻声词变体是其在第一语言或第二语言的使用中，随着交际需求和结构功能的变化而出现的变异结果。

面向汉语国际教育的轻声词标准正是对汉语轻声词在第一语言和第二语言已然出现的变体进行调节的实践尝试。大量存在的轻声词变体在实际交际中不断地变化，逐渐趋于一种较为稳定的状态。而普通话规范在这一过程中发挥了积极而重要的作用。但由于普通话推行的主要场域发生在大陆，以第一语言使用者为主要对象，与海外汉语使用者所使用的汉语接触不够，未能形成较为一致的变异结果。

因此，在汉语成为国际性语言的愿景下，我们需要考量的还有广泛

---

① 施春宏：《语言调节与语言变异》（上），《语文建设》1999 年第 4 期，该文下篇刊载于《语文建设》1999 年第 5 期。

存在且被使用的海外汉语使用者的情况，既包括华人、华侨与华裔使用者，也包括汉语作为第二语言使用者。轻声词在第一语言中、第二语言中，以及第一语言和第二语言的交际中所形成的变体，应该成为汉语国际标准调节的动因和取向。也即，在"大华语"视域之下，有必要构建一套面向汉语国际教育的轻声词标准，以适应不断国际化的汉语交际需求。

第五节　小结

本章主要从汉语国际教育的目的之一——加速汉语国际化出发，讨论汉语国际化过程中如何面对和处理语言变体的关系，主要是轻声词在第一语言和第二语言的变体。进而论述了构建面向汉语国际教育的轻声词标准的必要性。

汉语国际推广十余年来取得了可喜的成绩，让我们看到了汉语成为国际性语言的可能。但是对比目前的国际通用交际语——英语，汉语在成为其他国家的第二语言或主要外语，成为其他国家的官方语言方面仍然存在不少差距。只要在上述两方面作出努力，加之使用汉语的人数优势，汉语成为国际性语言则充满希望。然而，国际性语言的教学要求我们转变观念，将视野扩展至国际范围，关注国际范围内的语言变体。也要求我们重新审视教学主体和教学对象的变化，教学主体应该以本土汉语教师为主，教学对象也变成了为了国际交流而学习汉语的人。因此，教学内容"汉语"也要随之改变，向"大华语"转变。然而，国际性教学也面临着难题，首先便是语言标准的变化，如果以普通话为标准，势必造成汉语国际化进程减缓，但不以母语者标准为根据，可能会导致没有标准参照。而且，学习者和教师对语音变体（口音）与身份意识之间的态度，也会让其他标准难以实施。汉语国际化面临的矛盾在于，以普通话为标准在国际范围内推广汉语，会带来教学主体（主要是本土汉语教师）的职业认同与发展困境，学习者也难以习得的问题；不以普通话为标准，则又造成多个变体交际障碍的问题。交际适应理论（Communication Accommodation Theory）在调节策略方面的研究为二者之间的平衡提供了解决策略。考虑到汉语习得者和汉语使用者交际对象的两种情况：一种是汉语作为第二语言习得者使用汉语和汉语母语者之间进行交际，另一种是汉语二语习得者之间使用汉语的交际，我们考察了轻声词在第一语言和第二语言中的变体，为找到影响轻声词在汉语交际中影响可理解度（Intelligibility）的核心要素提供依据。轻声词在第一语言和第二语言中普遍存在变体，但第一语言中轻声词的变体发展趋势是不断减少，多为接受性的变体；第二语言中轻声词的变体也普遍存在，但多为产出性的。

本章研究表明，要顺利实施面向汉语国际教育的轻声词标准，首先，我们需要弄清可理解度的本质，它与第二语言使用的具体语境有关。其次，根据作为国际交际的汉语中轻声词的核心语音特征，确定标准范围，以便"大华语"范围内所有汉语使用者（包括母语者）都可学习。最后，必须设计出可行的课堂教学方法，以帮助交际者在具体的言语交际情景中能够适应交际对象的语音变体，也即，面向汉语国际教育的轻声词教学方法。

第三章 构建汉语国际教育轻声词标准的可能性

在上一章中，我们知道汉语国际化目前面临的矛盾主要在于，按照普通话中轻声词的标准在汉语国际教育领域应用，不利于汉语国际化进程；不以母语者标准为标准，则又可能造成多个变体间交际障碍的问题。因此，在不同标准之间寻求一种平衡，需要制定面向汉语国际教育的轻声词标准。面向汉语国际教育的轻声词标准，要满足汉语二语习得者与母语者之间的交际，还要满足不同二语习得者之间的交际，这需要我们确定影响轻声词在不同使用者之间，尤其是不同的二语习得者之间可理解度的核心。

本章首先阐释可理解度，探讨第二语言习得者的中介语体系中的可理解度问题，并借鉴英语的世界变体间可理解度概念，讨论可理解度与汉语国际化的关系。其次，讨论影响汉语轻声词可理解度的核心要素，包括学习者母语迁移因素、普遍顺序因素、发展难度因素、认知因素和交际因素等，为制定面向汉语国际教育的轻声词标准奠定基础。最后，通过调查实验，我们考察汉语作为第二语言习得者对轻声词可理解度的影响因素，也即面向汉语国际教育的轻声词标准的可能性。

第一节　轻声词标准确立的基础：可理解度

一　可理解度的概念

语言交际中的"可理解度"①，也可称为"可理解性"或"可懂性/度"，主要是指非母语者在使用目的语和母语者交际时能否让母语者理解的单向过程，也是非母语者之间交际相互理解的程度，一般情况下，母语者决定了可理解度的评判依据（Bamgbose，1998：10）。这种观点代表了很多人的看法，无论是母语者还是二语者，无论是教师还是学生，大家理所当然地认为母语者是"绝对正确的"。所以，交际产生障碍一定是二语者的输出（output）没有达到一定的"可理解度"，所以造成了母语者无法理解。汉语的可理解度也是一样，在第一语言中，我们以普通话为标准，如果交际双方在交际过程中产生了交际障碍，那一定是方言使用者没有努力让他的言语达到一定的可理解度，导致普通话使用者无法理解。

在语言传播和使用情况如此复杂的今天，上述观点就显得过时了。无论是现在的国际通用交际语——英语，还是正在国际化的汉语，二语习得者之间的交际很可能超过二语习得者与母语者之间的交际。上述观点不仅忽视了二语者作为"听者"的观点，而且也没有承认"听者"的任何积极作用。

近些年，对可理解度的研究焦点已经从"说者"转移到"听者"身上，并考虑了听者的背景知识和语言处理技能等要素。遗憾的是，到目前为止，学界还没有对"可理解度"的概念形成共识。

① Bamgbose, A., "Torn between the Norms: Innovations in World Englishes", *World Englishes*, 1998, 17（1）.

Smith & Nelson 认为"可理解度"是"听者"对"说者"说话意图的理解，它包含可理解性、能理解性和可领会性①。可理解性是指"听者"识别单词或句子的能力（语法能力），能理解性是指听者在特定的语境下理解单词或句子的能力（语篇能力），即言内之意，可领会性是指听者理解单词或句子背后意思，即言外之意（语用能力）。可理解性所涉及的变量最少，指在语音层面将句子分解成可识别的单词。

Bamgbose 对"可理解度"的定义为"是一个包括识别表达、理解意义并知道该意义在社会文化背景下意味着什么的综合体"②。他认为，可理解度包括说者和听者两个因素，交际双方在交际过程中为交际内容的"解释"而做出的沟通，那么二者的行为都是有助于"可理解度"的。因此，与之相反的词"不可理解性"专指单词和句子的识别失败，而"可理解性"用来指话题和主旨内容，也即听者能够抓住说者的说话意图。

James 则从"说者"的角度探讨可理解度，他所用的术语是"能理解性"（comprehensibility），他认为可理解度是指交际内容的方方面面，而不是语言形式，而且交际内容的可理解度仅指"基本的、字面意义的传达"③。他还将可理解度与"可交流性"（communicativity）做了比较，认为可交流性概念更丰富，包括内容更多，涉及正确的社会信息传递。Lanham（1990）从第二语言使用者的偏误研究出发，认为可理解度与二语习得者使用错误的语言形式相关，而可交流性则与错误的交际效应

---

① 三个词分别对应 intelligibility、comprehensibility、interpretability，详见 Smith, L. E. and C. Nelson, "International Intelligibility of English: Directions and Resources", *World Englishes*, 1985, 4 (3)。

② Bamgbose, A., "Torn between the Norms: Innovations in World Englishes", *World Englishes*, 1998, 17 (1).

③ James, C., *Errors in Language Learning and Use*, London: Longman, 1998.

相关①。

　　Jenkins 在多位学者研究的基础上，特别强调语音对于可理解性的重要程度，她认为语音的识别是言语交际成功的前提。对于可理解性的理解，我们有三点需要注意：其一，交际中经常存在误解（misunder-standing），这是不可避免的。但是"可理解度"因素只是产生误解的可能原因之一，也有可能是交际者不愿意理解造成的。其二，无论是何种原因造成了误解，交际双方都应该认识到，并且需要知道如何去弥补。其三，理解并不等于认同，听者懂说者的意思，但可以持不同的观点。

　　尽管学界尚未对可理解度取得一致的看法，但是综合上述观点，我们认为，可理解度涉及说者和听者两方面，不仅仅是单向处理过程，而且涉及二语习得者之间的相互可理解度，故需对二语习得的中介语可理解度进行考察。

二　中介语间的可理解度

　　之前对可理解度的研究要么是针对说着流利的母语者之间的交际，要么是二语习得者与母语者之间的交际，忽视了二语习得者之间的交际可理解度问题。大量关于听力技能的研究也只是针对二语习得者和母语者之间的理解，很少有研究针对二语习得者的说者和听者之间的可理解度进行。根据海姆斯（Hymes）的理论，交际能力有四个维度②：

　　（1）是否以及在什么程度上的形式是可能的（possible）；

　　（2）是否以及在什么程度上是可行的（feasible）；

　　（3）是否以及在什么程度上在一定语境下使用和评估是适当的

　　① See Jenkins, J., *English as a Lingua Franca*: *Attitude and Identity*, Oxford: Oxford University Press, 2007, p. 70.

　　② Hymes, D., *Sociolinguistics*, Harmondsworth: Penguin, 1972.

（appropriate）；

（4）是否以及在什么程度上是已经实现了的，表现出来的（performed）。

（海姆斯，1972：12）

第三和第四条涉及中介语之间的可理解度。第三条是则是指社会语言能力，成功的交际需要交际双方共同拥有一定程度的社会文化背景知识，无论是在母语环境中自然熏陶出来的，还是在二语习得中长期浸润在目的语文化环境中，能流利地使用一种语言，就说明他已经掌握了在特定的言语环境中，哪些是合适的交际行为，哪些是不合适的。二语习得成功者不仅能流利地使用目的语，它们通常还具有较多的目的语知识，这种语言能力包含了较强的语法能力和语音敏感度。因此，它们能够处理交际过程中一些表达模糊（包括语音模糊和语义模糊）的言语。

在汉语母语者与汉语二语者的交际中，汉语二语者自然地倾向于去调用目的语（汉语母语者）相关的社会文化背景知识。然而，当汉语二语者之间发生交际时，他们只能调用自己已有的社会文化背景知识，这些背景知识以交际双方的国别文化为基础。换言之，当汉语作为国际性语言被用于交际时，使用者双方都是汉语二语者，汉语就不再和中华文化、中国社会文化背景知识等紧密相连了，也不会和交际双方各自的社会文化背景知识相连，汉语学习就脱离了中华文化背景，而仅仅作为交际工具来学习。中介语会话中，交际双方缺少相同的社会文化背景知识，交际的目标往往集中于某个单项任务，如，信息的有效传递。

因此，中介语的可理解度更像是 Smith 和 Nelson 描述的那样，它涉及词汇和话语形式的输出和识别，尤其是输入和输出语音形式方面。意义协商（negotiation）是语义处理过程中常见的方法，尽管它在中介语的可理解度中作用有限，但依然是中介语可理解度的重要因素之一。"协商"突破了之前母语者和二语者之间交际的单向过程，它是一个双向过程，包括说者和听者两方面以及双方交际的全过程。"可理解"包括建立和维持达成理解的必要条件，而中介语可理解度的必要条件首先是可理解的发音，说者时刻评估并监控着它们的语音输出是否达到了听者可理解的程度，并在他们认为必要的范围内随时调整和修正。与此同时，听者也要积极响应，主动对说者的口音作出让步，也即趋同性接受。

总之，中介语的可理解度是建立在说者和听者交际双方相互协商的基础之上的，而且是动态的，而不是在说者语言形式中固有的静态问题。

三 中介语的理解策略

对交际过程中言语信息处理过程，有两种完全不同的模式。Lynch认为言语理解是一个自底向上（bottom-up）的处理过程，是由一个个独立的单位的解释构建的，从最小的单位（如，音素分解）逐步推导出说者的意义的解释[1]。Pinker 认为交际信息的处理过程是使用知识和已有经验去猜测、预测或填补已感知到的信息或事件，从而全面理解整个言语意义，这是自顶向下（top-down）的处理过程[2]。

目前，即便是流利的汉语二语习得者也多是使用自底向上的处理模式来处理语音。作为听者，他们在语言知识层面和语言之外知识层面，都很难充分利用他们所听到的语言背后的信息和语境因素。这与母语者在交际中利用语境推断、预测并不断评估、填补的策略完全不同。

二语习得者由于缺乏相同的社会文化背景知识，这迫使他们更加依

---

① Lynch，T.，*Communication in the Language Classroom*，Oxford：Oxford University Press，1996.

② Pinker，S.，*The Language Instinct*，London：Penguin，1994.

赖于他们所听到的语音信号，从而使用自底向上的策略来处理语言信息。不过，交际双方并不是只有共同的社会文化背景知识可以利用，他们还可以通过共同的上下文语境提供的信息。因为，交际会话不是一个单一的信息传递过程，在交际过程中，双方不断地补充信息，通过重复、确认、再解释等手段完成交际。中介语交际是一个循环过程，交际双方由于缺乏共同的社会文化背景知识，加之他们缺乏语境信息，从而使交际者集中处理言语的声学信号。

我们以"你知道他的电话号码吗？"这句话为例，看看两种处理策略有何不同，见图 3-1 自底向上处理策略和图 3-2 自顶向下处理策略。

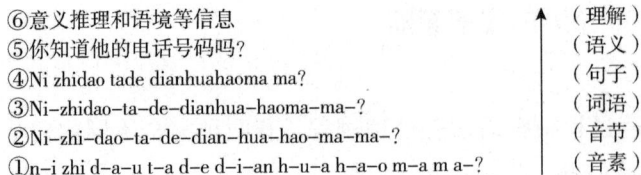

⑥意义推理和语境等信息　　　　　　　　　　　（理解）
⑤你知道他的电话号码吗？　　　　　　　　　　（语义）
④Ni zhidao tade dianhuahaoma ma?　　　　　　（句子）
③Ni-zhidao-ta-de-dianhua-haoma-ma-?　　　　　（词语）
②Ni-zhi-dao-ta-de-dian-hua-hao-ma-ma-?　　　　（音节）
①n-i zhi d-a-u t-a-d-e d-i-an h-u-a h-a-o m-a m a-?　（音素）

图 3-1　自底向上处理策略[①]

图 3-1 显示的自底向上处理策略是中介语交际中普遍的模式，由于缺乏共同的社会文化背景知识，听者在接收说者的语音信号后，需要根据目的语知识和规则，按照从小到大的顺序逐步解码说者的信息，最后综合理解说者的意思。这与我们的汉语作为第二语言教学的顺序一致，在对外汉语教学中，我们从音素开始教，等学生在音素的感知、分辨、发音等方面都没有问题后，进入音节，然后是音节组合，再然后是句子、会话、语篇，语言单位逐步扩大。

---

① 图中仅显示交际过程中听者在接收到说者的语音信号后大致的处理过程，未显示声调等超音段音位处理过程，第一阶段通常在熟练掌握语音后可达到自动化处理。

教师所用的外国式语言①（Foreigner Talk）在语音上放慢速度以适应学生的水平，实际上就是方便学生使用自底向上策略，来分解语言单位，并留下充足的时间来组合成更大的单位，在已有的目的语知识库中寻找可能的意义，最终达成理解。

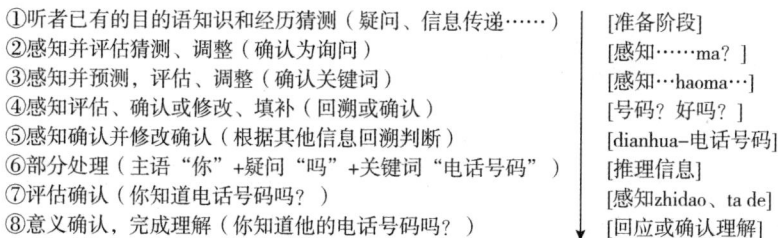

①听者已有的目的语知识和经历猜测（疑问、信息传递……）　　　[准备阶段]
②感知并评估猜测、调整（确认为询问）　　　[感知……ma？]
③感知并预测，评估、调整（确认关键词）　　　[感知…haoma…]
④感知评估、确认或修改、填补（回溯或确认）　　　[号码？好吗？]
⑤感知确认并修改确认（根据其他信息回溯判断）　　　[dianhua-电话号码]
⑥部分处理（主语"你"+疑问"吗"+关键词"电话号码"）　　　[推理信息]
⑦评估确认（你知道电话号码吗？）　　　[感知zhidao、ta de]
⑧意义确认，完成理解（你知道他的电话号码吗？）　　　[回应或确认理解]

图 3 - 2　自顶向下处理策略

母语使用者之间或母语者和二语者交际时，对目的语知识掌握较为丰富者普遍使用自顶向下处理策略，流利的二语使用者也常采用这种策略。这也解释了为什么留学生在课堂学习的汉语可以顺利地与对外汉语教师交际，也可以和同样学习汉语的二语者交际，但无法顺利地运用于课堂之外。教师作为母语者使用的是自顶向下的处理策略，加上教师拥有和学生共同的语言背景知识，换言之，教师知道学生知道了什么，所以，教师可以凭借交际过程中少有的关键词推断出来学生要表达的意思，完成理解。

汉语作为二语习得者之间的交际（有共同学习的背景，如，同班同学）也常采用自顶向下的处理策略，因为每个学习者都有自己的社会经历，具备猜测推理的能力，加上拥有共同的学习经历，也就拥有了相同的目的语背景知识，甚至交际者知晓彼此的发音特点（含偏误），所以，在交际中可以使用预测、纠正、填补等手段完成交际。

---

① 也叫保姆式语言，是指说话者根据听话者的水平，主动降低自己的语言水平以适应对话者，降低后的语言在语音上放慢速度，词汇上尽量符合二语者的水平，语法上可能在规范范围之内，也可能不规范。见 Tarone，E.，Communication Strategies，Foreigner Talk，and Repair in Interlanguage，*Language Learning*，1980，30（2）。

　　然而，当汉语作为国际性语言，流通于国际范围时，汉语二语习得者就很难有共同的学习背景，也不知道交际者的语音特征，不知道交际对象的偏误倾向，所以很难使用自顶向下处理策略，更多倾向于自底向上的处理策略，以理解交际时的言语意义。

四　可理解度与交际障碍

　　成功的言语交际除了需要交际双方有一些共同的背景信息知识以外，还跟使用的策略相关。我们也可以从一个具体的案例①看出自顶向下和自底向上两种处理策略的区别以及可理解度带来的交际障碍是如何形成的。图3-3显示了汉语作为二语习得者S的言语输出过程。

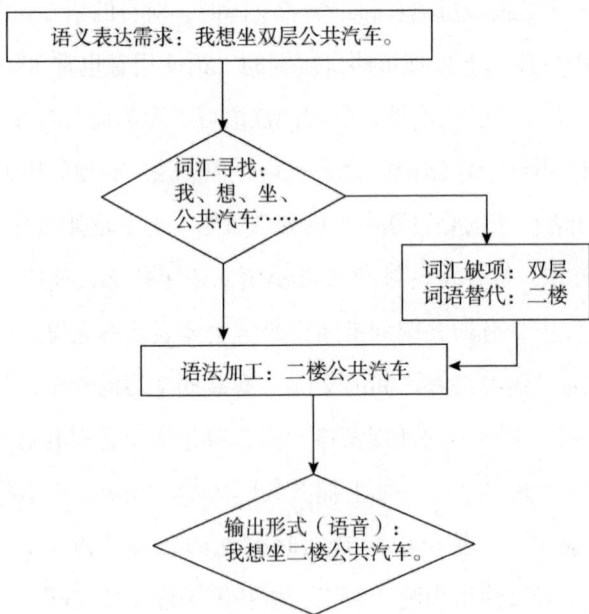

图3-3　汉语作为二语习得者S的言语输出过程

---

　　①　本案例为作者在从事汉语作为第二语言教学时亲历的事件。文中使用"S"代表汉语作为第二语言习得者，韩国人，8岁，学习汉语三个月；"T"代表教师，母语为汉语。

图 3 - 3 显示的是汉语作为第二语言习得者在词汇缺项的情况下，使用特定交际策略来完成交际时输出的中介语过程。单独看这一句话，并不能看出在交际过程中导致交际障碍产生或交际失败是由于词汇音素还是语法、语音因素，甚至是交际双方的共同交际背景知识。图 3 - 3 中 S 的语音输出形式"我想坐二楼公共汽车"在母语为汉语的教师 T 的理解过程中也会发生变化。见图 3 - 4 汉语母语者 T 的言语理解过程。

```
①感知语音形式：我想坐二楼公共汽车。
②词汇分解：我、想、坐、二楼、公共、汽车
③语义推导：二楼公共汽车（推导失败）
[母语知识、交际者已有经历共同作用]
④偏误分析：学习者S语音表达有误，"二路"输出为"二楼"
⑤再次语义推导：我想坐2路公共汽车。（语义合理，句子合法）
⑥交际策略（重复）：你想坐2路公共汽车?
```

图 3 - 4　汉语母语者 T 的言语理解过程

图 3 - 4 显示的是汉语母语者 T 在使用自顶向下处理策略时理解学生 S 的中介语过程，很显然，教师 T 的理解产生了偏差。然而，这种偏差正是基于母语者的语音优越感之上的，也是基于母语者对二语者语音不信任的基础之上的。"楼"和"路"在语音上有相似之处，甚至在某些方言中，二者就是混淆的①。如果"路"这一语音形式与"二"组合后，在句子中无法推导出有效的意义，那么，教师 T 也许会换一种策略，但在"我想坐 2 路公共汽车"这句话中，这两个词的语音形式组合是有效的，而且更符合教师 T 的认知。教师 T 使用的自顶向下处理策略也因此造成了交际障碍。

由于中介语的使用者在语音方面的问题，他们的言语表达很难可靠地引导交际者，也由于听者的自顶向下的处理策略无法有效地引导交际

---

①　江淮方言中有些方言点会将"lu"读成"lou"。

者，中介语使用者之间很难使用上下文语境信息和一些必要的交际策略来完成交际。换句话说，自顶向下的处理策略不适用于汉语作为第二语言交际之中，同样也不适用于汉语作为国际通用交际语之中。这就要求我们为汉语作为国际通用交际语制定一些适用于不同母语者的可理解度，就本课题而言，需要确立轻声词在"大华语"范围内的核心可懂要素，并且在教学中教授适应调节技能，以适应不同的交际对象。

第二节　影响轻声词可理解度的因素

如上所述，语音在汉语二语习得者的交际中对可理解度的影响较大，然而语音信号非常不稳定，不同母语的人在其母语的影响下表现出来的汉语中介语语音形式并不完全相同。如果我们需要确定不同母语者之间可理解度的核心特征，就必须考虑到二语习得者的母语或第一语言的影响。

对比分析假说（Contrastive Analysis Hypothesis）认为第一语言的习惯会迁移到第二语言的学习之中，形成对第二语言的干扰。根据拉多（Lado，1957）的解释，第一语言和第二语言的差异之处会给第二语言学习带来障碍，形成负迁移；而相似之处则会造成正迁移，促进第二语言学习①。本书讨论的是第二语言习得者之间可理解度的核心，因此只讨论第一语言迁移影响到核心可理解度的因素。探讨可理解度的目的是为了汉语轻声词的国际可理解性以及容易教学和习得，它涉及普遍顺序因素、发展难度因素、语体语境因素、认知因素和交际因素等。

一　普遍顺序因素

语言习得中存在普遍顺序（Universal Process）已被很多学者证明，

---

① Lado, R., *Linguisitic Across Cultures*, Ann Arbor: University of Michigan Press, 1957.

无论是第一语言习得还是第二语言习得，这种普遍顺序广泛存在于语法层面和语音层面（Jakobson，1968；马名权、徐桃发，1989；冯丽萍，2011）。

既然是普遍顺序，那么这种"内在大纲"（Built-in Syllabus）一定会在轻声词习得中起作用，之前对轻声词在第二语言变体研究中已有所体现，结合汉语普通话婴幼儿习得轻声词的变体，我们发现普遍顺序因素影响轻声词习得效果的确存在，且有共性。

范珊珊对59名普通话婴儿进行对轻声和非轻声的感知实验[①]，证明了4—6个月的婴儿和10—12个月的婴儿都不能感知轻声和非轻声的差异，18个月的普通话幼儿能掌握轻声的音高模式和变调规则，还无法习得时长在轻声中的特点，轻声的时长模式要到两岁左右才能逐渐习得。范珊珊还对比了荷兰语婴儿习得轻声词的表现，结果发现6个月的荷兰语婴儿可以感知轻声与非轻声的差异，但10个月的荷兰语婴儿逐渐丧失这种辨别能力，而荷兰语成人又可以区分普通话中的轻声与非轻声。婴幼儿早期的语言发展受到输入的语言特征的影响，可能使用的是"先掌握更为显著和更加重要的信息"机制，然后才习得像轻声这样的区别特征。婴幼儿的词汇仍然非常有限，因此词汇手段还无法有效帮助他们进行音位化。如果一周岁左右的婴幼儿已经习得了带标记的轻声词（词缀类，如，杯子等），词汇手段则可以帮助他们自顶向下地抽取轻声的音位特征。综合婴幼儿与成人习得轻声词的结果，普通话轻声词的习得受到声调、输入语言与词汇的共同影响，而且是多个因素共同交互影响作用。由此，她得出结论，轻声词的习得过程是动态的、多维的，是自底向上策略与自顶向下策略相结合的处理过程。

以汉语作为第二语言的学习者在习得轻声词时也呈现出了相同的问题，普遍来说，轻声词的时长模式较难习得，然后是音高模式。另外，

---

① 参见范珊珊《普通话婴儿的两字组轻声词感知》，博士学位论文，中国社会科学院研究生院，2016年。

受汉字一字一音的影响，汉语二语习得者将轻声词中轻声字读为本调也很常见。留学生习得汉语轻声词的非轻声变体平均值达到83%，汉语水平的变化对轻声词习得的影响不明显，而且超过80%的人将轻声读为本调。泰国学生习得轻声词的调型基本正确，升降明显。但调域和普通话发音者的调域差距较大，总体呈现出较窄的调域。如果轻声音节之前的一个音节音高调位不够高，则轻声音节的音高就较高。在时长方面基本没有变化，无论是否是轻声音节，每一个音节的发音时长几乎同样长。俄罗斯学生在习得轻声词时，如果双音节词的前字音节是阴平和阳平，则轻声音节的调型为降调，呈缓慢下降趋势。而如果前字音节是上声和去声，则轻声音节的调型为平调，其中前字音节为上声时的轻声音节的调型有缓慢上升趋势。基本没有掌握汉语轻声音节的时长特点，标准率较高的为"阴平＋轻声"组，其标准率为24%，而标准率较低的为"上声＋轻声"组，其标准率为11.1%，也即，时长偏误最高达88.9%，最低也超过了76%。[①]

迁移不仅发生在对比分析假说所认为的第一语言到第二语言的过程之中，它本身也是一个普遍性过程，因此，迁移会与普遍顺序共同作用于第二语言习得。在第二语言的语音习得中，第一语言知识不可避免地成为中介语的起点，其影响比词汇和语法要更大一些。这是因为人们在习得语音时更容易也更自动化地将第一语言的语音特征和语音知识应用于要习得的目的语，另外，第二语言的语音系统虽然有别于第一语言，但学习者会本能地将二者合并分类，并努力接近第二语言语音系统。学习者在将第一语言语音知识迁移至第二语言语音系统中时，不一定会成功习得第二语言语音，但没有学习者会放弃这种尝试，或许是有意识地尝试，或许是无意识地迁移。

对汉语作为第二语言教学的启示则是，我们需要接受语音迁移是一

---

① 详见本书第二章相关内容。

种普遍的现象，当它与可理解度相互作用时，我们要有选择地对其作出回应。在教学中，教师面临的具体问题则是。

（1）学习者第一语言的哪些音位（包括超音段音位）和哪些音位的迁移会影响"大华语"的可理解度？

（2）第二语言的哪些音位可以替代这些迁移？

如此，在国际汉语教学中，在"大华语"视域下，我们不再将学习者的第一语言迁移视为需要"改正"的部分，而是作为普遍顺序加以利用，以提高汉语在国际范围内的可理解度。

二 发展难度因素

迁移因素和发展难度（Developmental Process）对二语语音习得的交互影响有两种观点，一种认为第一语言和第二语言的发展顺序一致，第二语言的语音习得难度和第一语言一样；另一种认为第一语言不同的人在习得某一目的语（第二语言）时表现的难度是不同的。

Hecht 和 Mulford（1982）通过比较第一语言和第二语言习得者习得同一个语音项目时的顺序，得出结论，迁移因素是决定音素习得难易顺序的显著因素，但决定哪些音素会被另一些音素替代的则是发展难度因素[①]。在二语习得者的中介语中，最有可能被替代的音素是迁移和发展难度同时作用的音素。

汉语作为第二语言习得的大量研究表明，在汉语语音习得时，某些项目在几乎所有习得者的习得过程中都出现了偏误，而这些习得者的母语或第一语言完全不同。本书在讨论轻声词在第二语言中的变体时，引用过不同国家留学生习得轻声词时的偏误，结果证明，汉语作为二语习

---

① Hecht, B. F., Mulford, R., "The Acquisition of a Second Language Phonology: Interaction of Transfer and Development Factors", *Applied Psycholinguistics*, 1982, 3 (4).

得时，轻声词的习得遵循音高模式—时长模式—音高、时长相互作用模式的顺序。而这一顺序在感知轻声词和输出轻声词方面也基本一致，但在输出轻声词时会受到学习者个体因素的影响而略有不同。如前文所述，第一语言的轻声词习得过程也呈现出类似的顺序。

在第二语言习得的早期阶段，迁移过程阻止了发展难度因素的影响，使其不会体现出来，但随着时间的推移，第一语言迁移的影响越来越小，发展难度因素逐渐显现，而且发展难度因素也会随着时间发展而逐步减少。但是，无论迁移因素和发展难度的顺序如何，大部分第二语言习得者在习得目的语语音时，都会遇到困难。因此，对国际性语言的教学而言，让所有的二语习得者习得成母语者一样标准的语音面貌，是不现实的，因为，某些语音项目似乎是不可教的，只能是发展出来的。

发展难度同普遍顺序一样，都与第一语言迁移因素共同作用于汉语作为第二语言习得的中介语语音习得过程，而且基于发展难度的语音项目可能会长期存在于中介语体系中，甚至会固化。因此，如果我们可以找出那些在第一语言习得和大部分第二语言习得中都存在发展难度的语音项目，那么我们可能就可以确定哪些语音项目是迁移和发展难度共同作用的地方，进而确定哪些特征是不必教的，是可以舍弃的，为"大华语"视域下的轻声词标准确定范围。

三　语体、语境因素

对第二语言语音习得的偏误研究不能忽视一个重要因素，即语体和语境因素。虽然汉语作为第二语言语音习得的口语语料难以记录和查证，但语音习得和词汇、语法习得有共同的规律。在正式场合或特定的语言环境中，语音迁移比非正式场合少得多，比如，口语考试和演讲中，二语习得者的语音系统更接近目的语语音特征。在非正式场合中，交际者更关注内容的表达，而非语音形式。因此，在较为正式的场合下，第二语言习得者会本能地尝试使用更符合目的语形式的语音来代替母语可能的迁移，这很大程度上可能是由于交际者对接收对象（听者）的可理解度的控制。因为在这种语境下，重复、阐释、澄清等手段难以使用，对于交际双方而言，由于发音而造成难以理解的尴尬更大。

Tarone 将中介语描述为一个连续体，从方言语体到谨慎语体的风格，取决于交际者对语言形式的注意程度，而注意程度又取决于任务类型。中介语语音的语体变异也与语境变化相互作用，他认为："有些变体……语音、句法、形态等都会借藉由相邻的语言形式表现出不同的形式。有些语境似乎会'促进'变体发生。"①

对于确立中介语的可理解度而言，跨语言语音项目的频率非常重要，比如，在很多语言中，辅音［m］都存在，但是像汉语中的舌尖后音则在其他语言语音系统中不常见。确立中介语语音可理解度的目的在于确定哪些语音特征对于可理解度是关键的，尤其是对于中介语语音系统而言。相对于世界大多数语言来说，某个语音特征是常见的或者罕见的，实则对应了不同的第二语言习得者习得的难易程度，因此，某个语音项目的国际"频率"对于确定可理解度核心是至关重要的因素之一。

另一个必须要考虑的因素是回避（avoidance）。有些学习者在语音输出时没有偏误或很少偏误，但我们并不能据此就认为迁移因素或其他影响因素对他们没有影响，这可能是因为他们回避了使用那些容易造成偏误的语音项目。

四　认知因素

普遍认为，第一语言的习惯迁移到第二语言习得中时，语音层面比

---

① Tarone, E., *Variation in Interanguage*, London：Edward Arnold, 1988.

词汇和句法方面要广泛得多。如果是正迁移，语音习得与句法习得有很大区别："如果母语中的声音或习得过程也发生在第二语言中，学习者会自动地将其迁移到第二语言中，而不需要经过任何中间阶段……"（Major，1987：106）① 换言之，当学习者认为第一语言中的语音项目与第二语言的相同时，即使这种直观的感受是错误的，第一语言带给第二语言的迁移不会受到任何限制，但类似的情况发生在语法或词汇时，迁移则会受到监控抑制。

第一语言语音习惯对第二语言语音习得的影响主要是由于语音习得过程本身的性质。一旦第一语言的语音系统完成神经系统控制的自动化阶段，发音过程就由运动神经向发音器官发出运动指令。然后，这些肌肉依次作用于发音部位，使用一定发音方法，并通过自身感受反馈循环进行。在某种程度上说，语音习得过程之所以与词汇和语法不同，是因为语音不涉及通过大脑传输信息，而是高度自动化的运用技能的发展。也因此，成年人很难摆脱第一语言的语音习惯，重新形成第二语言语音的自动化过程（Jenkins，2000）。

高度自动化的第一语言语音习惯对第二语言语音的迁移给我们的启示如同 Blackshire 所言："不经过大量的控制性练习就不会改变或修正语音的输出效果。"② 这些给我们确立轻声词的可理解度和教学的可行性提供了参考，也即，试图要求第二语言学习者改变其长久以来形成的语音习惯几乎没有什么意义，除非他们的发音习惯影响到了交际。而且，在交际中，如果使用者自身没有意识到有必要调整自己的发音，他们很可能拒绝改变发音习惯。在需要改变第一语言语音习惯的地方，学习者也必须能够用另一种自动化反应代替之前的第一语言语音自动化习

---

① See Jenkins, J., *English as a Lingua Franca: Attitude and Identity*, Oxford: Oxford University Press, 2007, p. 112.

② Blackshire-Belay, C., *The Role of the First Language in Foreign Language Learning*, Language, 1987, 66 (3) .

惯，这意味着大量的语音练习是不可避免的。

语音习得的自动化处理过程以及第一语言的语音习惯会迁移到第二语言，虽然是对比分析假说的一部分，但后来的语言学发展以及心理学的发展对行为主义（Behaviorism）和对比分析都提出了批判。而第一语言和第二语言相似之处的确会促进第二语言习得这一事实也被解释为，是学习者先前的认知经验在起作用。

在第二语言习得前期，学习者为了处理新的语言信息而更多地依赖于之前的认知经验时，第一语言和第二语言的相似之处便促进了二语习得。学习者在进行不同语言的识别，感知第一语言和第二语言的某些相似特征，然后试图以第一语言的特征来输出第二语言。塞林格（Selinker）将其视为第二语言习得的一种学习策略（Learning Strategy），不同语言间的识别比较是一种基本的，如果不是基本，则至少是一种学习策略（1992：260）。使用者在利用第一语言的各种特征应用于第二语言之前，必须找到关键的相似度标准，而语音尤其明显，因为我们以分类的方式感知语音。

当然，第一语言和第二语言的相似之处并不会直接促进二语习得，对语音分类感知并不意味着我们能对音位准确地分类感知。在轻声词习得中，由于轻声词的音高是随着其前字的声调变化而变化的，轻声词的音高较低和时长较短只是相对概念，没有绝对参考值。因此，以汉语作为第二语言习得的学生很容易将他们母语中的轻音和汉语的轻声自动分为一类。

Broselow 在研究英语为第一语言的学习者学习汉语声调时发现，第一语言的迁移在句末的影响最为明显，对句末普通话第四声的感知能力明显优于其他位置出现的第四声[1]。因为，一个熟悉的项目（降调，对

---

① Broselow, E. , "An Investigation of Transfer in Second Language Phonology", *International Review of Applied Linguistics in Language Teaching*, 1984, 22 (4) .

应于第四声）出现在熟悉的位置（句末，对应于英语降调的无标记位置），这是正迁移的结果；如果出现在不熟悉的位置或一个不熟悉的语音项目，则会形成负迁移。

对汉语作为国际性语言教学的启示是，课堂教学中不应该过多集中在音素教学，应该多练习音节，而且需要大量的练习来强化；在对待学习者利用第一语言知识方面，要有一定的区别。如果学习者能区分哪些相似之处是输出性的，哪些是输入性的，就能够更有效地利用第一语言和第二语言相似之处。在教学上要侧重发音的共性以及第一语言和第二语言语音上的具体的相似点，并让学习者接触更广泛、更多元的不同的第二语言语音系统。

五 交际因素

格赖斯（Grice）提出过"会话合作原则"（Cooperative Principle），会话合作原则旨在确保交际双方的言语交际都能够相互理解，合作原则包括数量原则、质量原则、相关原则和方式原则，通常被称为"格赖斯准则"（Grice Maxims）[1]。其中，引导说话人避免意义含糊不清的行为准则对可理解度有一定的参考价值，因为这是中介语语音迁移和选择的基础。

中介语交际中对表达清晰的要求比母语者之间的交际要求更高，因为中介语交际双方缺乏足够的共同社会文化背景知识，交际障碍和误解发生的概率要大得多。特别是语音方面，二语习得者倾向于使用不同的方式偏离目的语语音系统，而且他们能够意识到这种偏离会带来的交际误解，所以，在发音时，他们会努力采取方法尽量减少问题的出现。根据格赖斯准则，他们在选择语音特征时的主要动机就在于他们对语音形

---

① Grice, H. P. , *Syntax and Semantic 3: Speech Act*, New York: Acdemic Press, 1975.

式可能造成交际误解的评估。

Weinberger（1987）等对不同母语者以英语作为通用语交际时的语音特征的研究表明，当说话人特别关注他们的言语的可理解度时，他们会避免使用删减等同化策略，而倾向于使用增加策略，因为这会影响到听话者的解码过程。当没有足够的共同的社会文化背景知识时，说话人使用较少的含糊不清的词语；当可理解度非常显著的时候，他们会努力确保所利用的第一语言语音迁移项目不会妨碍二语者的解码过程①。

本节讨论了影响轻声词可理解度的诸多因素，这些因素又普遍都与第一语言语音迁移相互作用，因此第二语言语音形式要想取代第一语言的语音形式，需要学习者和教师付出更多努力才行。语音迁移是一个根深蒂固的现象，它对学习者有一定的益处，因此不会轻易地被学习者放弃，除非影响到了交际效果。既然，第二语言语音习得的困难是普遍存在的，或者是语音发展过程中必然出现的，那么作为国际通用交际语的语音教学（如"大华语"范围内的轻声词）就可能会有一些不可教的项目，因为，即使教了也不会出现理想的习得效果。在这种情况下，一方面想让学习者彻底摆脱其母语或第一语言的迁移是不现实的，另一方面想让所有的二语习得者学会像母语者发音那样也是不现实的（Taylor，1993）。

在国际通用交际语的语音教学中，可理解度与可教性（teachability）似乎有对应关系，由于普遍顺序因素和发展难度因素的存在，或者学习者的认知因素和交际因素的存在，交际者要放弃哪些语音项目应该取决于这些语音项目是否会给交际的可理解度带来困难。比如，轻声词发成轻声与否是否影响交际效果，是否会造成歧义，轻声词的音高、时长变异会不会导致交际失败，这些是决定其可理解度的核心。

----

① See Jenkins, J., *English as a Lingua Franca：Attitude and Identity*, Oxford：Oxford University Press, 2007, p. 117.

第三节　轻声词变体间的可理解度实验

此前，我们讨论了影响可理解度的因素有很多，包括说者和听者两方面，而且作为国际通用交际语的中介语可理解度是动态的，受到学习者不同的第一语言的影响，还受到普遍顺序、发展难度、认知因素和交际因素等的影响。本节将依据上述变量，考察轻声词在第二语言交际中的可理解度。本实验主要检验以下问题。

（1）影响轻声词国际性理解的因素有哪些？

（2）第二语言中轻声词变体是否影响交际？

一　实验对象

轻声词的国际性理解度涉及汉语母语者和汉语二语者的交际，也包括汉语二语者之间的交际，因此，本实验涉及的对象有"说者"和"听者"。

"说者"即轻声词的输出者，我们选取了 5 名汉语母语者，普通话水平从二级乙等到一级乙等，专业包含文科和理科，方言区有北方方言的，也有其他方言区的。具体信息见表 3 - 1 汉语为母语"说者"基本信息。

表 3 - 1　　　　　　　　汉语为母语"说者"基本信息

序号	性别	方言区	普通话水平	专业
母语者甲	男	北方方言（中原官话区）	一级乙等	汉语言文学
母语者乙	女	湘方言	二级乙等	应用数学
母语者丙	女	粤方言	二级甲等	汉语国际教育
母语者丁	女	客家方言	二级乙等	地理科学
母语者戊	男	北方方言（西南官话区）	二级甲等	计算机科学

汉语二语"说者"主要看他们是否能够发出标准的轻声，读准轻声词，其他信息为辅助信息。因此我们选取了6名汉语作为第二语言习得者，他们都是汉语国际教育专业硕士研究生，HSK水平从四级到六级，轻声词发音情况各异，详见表3-2汉语为二语"说者"基本信息。

表3-2　　　　　　　　　　汉语为二语"说者"基本信息

序号	性别	国籍	HSK水平	轻声词发音情况
二语者甲	男	意大利	六级	可以准确辨别和发音
二语者乙	女	泰国	五级	可以辨别，发音为本调
二语者丙	男	巴西	五级	可以辨别、读出，语流中不确定
二语者丁	女	斯里兰卡	四级	可以辨别，发音为其他声调
二语者戊	男	韩国	四级	可以辨别，发音为其他声调
二语者戌	女	越南	四级	可以辨别，发音为本调

"听者"即轻声词的接收者，我们选取了12名学生，其中有2名是汉语母语者，10名汉语二语者，这10名二语者包含了6名"说者"。具体信息见表3-3"听者"基本信息表。

表3-3　　　　　　　　　　　"听者"基本信息

序号	性别	国别	PTH/HSK水平	专业
1	男	意大利	六级	汉语国际教育
2	女	泰国	五级	汉语国际教育
3	男	巴西	五级	汉语国际教育
4	女	斯里兰卡	四级	汉语国际教育
5	男	韩国	四级	汉语国际教育
6	女	越南	四级	汉语国际教育
7	女	中国	二级甲等	思想政治教育
8	女	中国	二级乙等	化学
9	女	哈萨克斯坦	三级	汉语进修生
10	男	印度尼西亚	四级	汉语师范（2+2）
11	女	卢旺达	四级	经济管理
12	女	俄罗斯	三级	汉语进修生

以上 12 名"听者"来自两所不同学校,同为"汉语国际教育"专业的有 6 名,其中 4 名是来自两所学校不同年级的硕士研究生,2 名是来自不同年级的本科生,他们国籍、第一语言都不相同,符合汉语作为第二语言的国际性交际特点。

二　实验方法

第二语言习得研究中,对可理解度的测量有很多方法,较为普遍采用的是听写转录法,即,由"说者"输出,以录音的方式记录下来,再交由"听者"听后写出,比较"说者"的录音文本和"听者"的记录文本之间的差异,则可以得出二者之间的可理解度(Bent & Bradlow, 2003)。听力理解(Anderson-Hsieh & Koehler, 1988)也是常用的方法,但每一种方法都有其优缺点,每种方法都不能对某个具体的交际者的可理解度作出全面的衡量(Derwing & Morton, 2006)。我们使用听写转录法、听力理解测试和缩写测试三种方法综合测量轻声词作为国际性语言的可理解度。

本实验的对象"听者"汉语水平完全不同,为避免因词汇量不足或汉字书写能力不足导致的转写失败,我们仅选取了 HSK 三级及以下的轻声词(共 92 个,详见附录)作为实验材料。"说者"共 4 名,其中汉语母语者 2 名,汉语二语者 2 名;"听者"4 名,其中汉语母语者 1 名,汉语二语者 3 名。转写的材料不以汉字正误为判断依据,可以使用拼音代替不会写的汉字。由于对汉语母语者来说,"轻声词"是可控制变量,我们要求汉语母语者除了语法轻声词读为轻声以外,其他所有的轻声词全部读为本调,汉语二语者则按照自己轻声词习得的情况朗读语料。

朗读的文本如下:

漂亮的礼物

有一个小孩，他的名字叫大卫，他家里没有多少钱，但是他的爸爸妈妈都很喜欢他。

有一年，大卫过生日，他请了学校的朋友到他家里玩儿。爸爸知道后和妈妈商量买一个什么东西送给他比较好，这个东西不能太贵，因为他们没有钱，也不能太便宜，因为到时候儿子的朋友也在旁边。想来想去，他们也不知道买什么好。爸爸打算买一个帽子，有太阳的时候可以用，天气冷的时候也可以用；妈妈觉得不行，本来送给儿子的东西就少，过生日是一个很好的机会，今年还有别的学生来，如果儿子不喜欢，就容易不高兴。休息了一会儿，他们想清楚了。

他们打算买几个杯子，几个盘子，杯子和盘子上面有他们一家人的照片。除了买礼物，他们还告诉了大卫。大卫生日的前一天晚上，爸爸妈妈到他的房间说："对不起，大卫！今年的生日礼物只有三个杯子和三个盘子。"大卫明白爸爸妈妈的意思，说："谢谢你们！我喜欢这样的礼物，客人到我们家后，我可以用礼物讲我们家的故事给他们听。"

第二天，大卫的朋友都来了，大卫拿出有照片的杯子，讲了他家的故事，问朋友们怎么样？他的朋友们都说："多么漂亮的礼物，我们不会忘记今天的故事。"

上面的文本一共 470 个字，一共有 47 个轻声词，大部分属于 HSK 一级到三级的词汇，其中，一级词汇共 20 个，二级词汇 10 个，三级词汇 14 个，四级词汇 3 个，详见表 3-4 "听写转录"测试所用轻声词。

表 3 - 4　　　　　　　　　　"听写转录"测试所用轻声词

序号	1	2	3	4	5	6	7	8	9	10
轻声词	爸爸	杯子	的	东西	对不起	多少	儿子	个	了	妈妈
HSK 级别	一级	一级	一级	一级	一级	一级	一级	一级	一级	一级
序号	11	12	13	14	15	16	17	18	19	20
轻声词	朋友	漂亮	你们	什么	时候	我们	喜欢	他们	里	名字
HSK 级别	一级	一级	一级	一级	一级	一级	一级	一级	一级	一级
序号	21	22	23	24	25	26	27	28	29	30
轻声词	孩子	觉得	旁边	便宜	告诉	晚上	休息	知道	谢谢	意思
HSK 级别	二级	二级	二级	二级	二级	二级	二级	二级	二级	二级
序号	31	32	33	34	35	36	37	38	39	40
轻声词	学生	打算	故事	机会	客人	帽子	明白	盘子	清楚	容易
HSK 级别	三级	三级	三级	三级	三级	三级	三级	三级	三级	三级
序号	41	42	43	44	45	46	47			
轻声词	太阳	忘记	别人	除了	怎么样	商量	多么			
HSK 级别	三级	三级	三级	三级	四级	四级	四级			

　　表 3 - 4 所包含的 HSK 一级到三级的轻声词 44 个，占 HSK 大纲中 92 个轻声词的 48%，如果考虑到同类型的轻声词，如称谓词"弟弟""姐姐"，方位词"前边""后边"，时间词"早上""中午"，带"子"的名词"桌子""椅子"等，上述文本实则涵盖了 70% 以上的轻声词，具有代表性。

　　测试结果以 HSK 三级轻声词为范围，44 个轻声词转写出的数量即为本实验样本的轻声词可理解度。

　　听力理解测试由汉语二语习得者和汉语母语者听录音后回答问题，所提问题涉及文本中轻声词的可理解度。本实验的听力理解测试仍然以上述文本为测试语料，"说者"共 4 名，其中汉语母语者 2 名；汉语二语者 2 名；"听者" 4 名，其中汉语母语者 1 名，汉语二语者 3 名。我们同样要求汉语母语者除了语法轻声词读为轻声以外，其他所有的轻声词全部读为本调，汉语二语者则按照自己轻声词习得的情况朗读语料。

听后回答的问题有：

（1）这个故事里的小孩叫什么？

（2）他家有几口人，都有哪些人？

（3）他家有钱吗？

（4）到他家过生日的有哪些人？

（5）他爸爸打算送什么东西？

（6）他爸爸为什么送那个礼物？

（7）他妈妈觉得爸爸的礼物怎么样？

（8）最后，他的爸爸妈妈决定送什么礼物？

（9）大卫过生日前知道自己收到什么礼物吗？

（10）大卫是怎么知道的？

（11）大卫喜欢那个礼物吗？

（12）过生日的时候，大卫做了什么？

（13）大卫的爸爸、妈妈送给大卫礼物时说了什么？

（14）大卫的朋友觉得那个礼物怎么样？

（15）你们觉得那个礼物怎么样？

上述问题和理想的回答涉及的轻声词见表3-5"听力理解"测试所用轻声词。

表3-5所包含的31个轻声词，HSK一级轻声词18个，HSK二级轻声词7个，HSK三级轻声词6个，涵盖了文本中出现的轻声词总数的66%，如果不考虑HSK四级轻声词，则占到了文本材料的70%，能够测出"听者"是否理解了录音文本，"听者"对上述15个问题的回答正确率即为本实验的轻声词可理解度。

表3-5　　　　　　　"听力理解"测试所用轻声词

序号	1	2	3	4	5	6	7	8
轻声词	爸爸	杯子	的	东西	对不起	多少	名字	个

续表

序号	1	2	3	4	5	6	7	8
HSK 级别	一级	一级	一级	一级	一级	一级	一级	一级
序号	9	10	11	12	13	14	15	16
轻声词	朋友	漂亮	你们	什么	时候	我们	喜欢	里
HSK 级别	一级	一级	一级	一级	一级	一级	一级	一级
序号	17	18	19	20	21	22	23	24
轻声词	了	妈妈	觉得	便宜	怎么样	晚上	知道	学生
HSK 级别	一级	一级	二级	二级	二级	二级	二级	二级
序号	25	26	27	28	29	30	31	
轻声词	告诉	打算	故事	机会	帽子	明白	盘子	
HSK 级别	二级	三级	三级	三级	三级	三级	三级	

缩写测试与听写转录测试和听力理解测试都不同，听写转录测试要求原文复写，主要考察轻声词在语音层面的可理解度。听力理解测试要求对细节的理解，主要考察轻声词在词汇和句子层面的可理解度，加上对提出问题的理解，有一定的交际性。而缩写测试则考察"听者"对语篇的理解，对轻声词可理解度的考察是隐藏在其中的。三种测试分别对应于本章之前论述的可理解度的三个层面。

本实验的缩写测试也以上述故事文本为测试语料，"说者"共 4名，其中汉语母语者 2名，汉语二语者 2名；"听者" 4名，其中汉语母语者 1名，汉语二语者 3名。我们同样要求汉语母语者除了语法轻声词读为轻声以外，其他所有的轻声词全部读为本调，汉语二语者则按照自己轻声词习得的情况朗读语料。

我们允许"听者"重复听取录音材料，直到写出故事为止。我们对缩写的要求是：

（1）不超过 200字；

（2）包括所有的人物；

（3）包括故事里出现的重要的东西；

（4）要有背景、开端、发展和结尾；

（5）不能更改故事主要内容；

（6）不会写的汉字可以使用拼音。

根据上述要求，缩写测试考察的轻声词见表3－6"缩写"测试所用轻声词。

表3－6　　　　　　　　"缩写"测试所用轻声词

序号	1	2	3	4	5	6	7	8
轻声词	爸爸	杯子	的	东西	儿子	个	了	妈妈
HSK 级别	一级	一级	一级	一级	一级	一级	一级	一级
序号	9	10	11	12	13	14	15	16
轻声词	朋友	漂亮	里	名字	时候	我们	喜欢	他们
HSK 级别	一级	一级	一级	一级	一级	一级	一级	一级
序号	17	18	19	20	21	22	23	24
轻声词	便宜	觉得	告诉	晚上	知道	意思	学生	打算
HSK 级别	二级	二级	二级	二级	二级	二级	三级	三级
序号	25	26	27	28	29	30	31	32
轻声词	明白	盘子	故事	机会	客人	帽子	别人	除了
HSK 级别	三级	三级	三级	三级	三级	三级	三级	三级
序号	33	34						
轻声词	太阳	忘记						
HSK 级别	三级	三级						

表3－6共涉及34个轻声词，包括HSK一级16个，HSK二级6个，HSK三级12个，涵盖了总文本的轻声词72%的总数，占测试文本中HSK一级到三级轻声词总数的77%，能够检测轻声词的可理解度。"缩写"测试写出符合要求的人数即为本实验中轻声词的可理解度。

三　实验结果

在听写转录测试中，共有4名"听者"，其中1名为汉语母语者，3

名为汉语二语者，他们的听写转录正确率如表 3 - 7 所示。

表 3 - 7　　　　　　　　　　"听写转录"测试正确率

转写人	母语者甲	二语者 1	二语者 2	二语者 3	平均
轻声词总数（个）	47	47	47	47	47
转写正确数[①]（个）	47	41	43	44	43.75
正确率（%）	100	87.23	91.49	93.61	93.08

汉语母语者 100% 能够复写故事文本，无论他听到的是母语者朗读的文本还是二语者朗读的文本，是因为汉语母语者能够使用自顶向下的处理策略，从语篇内容去猜测、验证，并调用已有的汉语知识和阅读图式，不会遇到障碍。汉语二语者转写错误最多的是一般性名词"盘子"、"帽子"和"杯子"，转写错误 6 个轻声词的人，所有的 HSK 四级词汇都没有转写正确。上述结果也是轻声词可理解度的结果，从"听写转录"测试，我们得到轻声词变体在母语者和二语者之间，以及二语者之间的可理解度为 93.08%。

在"听力理解"测试中，共有 4 名"听者"，其中 1 名为汉语母语者，3 名为汉语二语者，他们的问题回答正确率如表 3 - 8 所示。

表 3 - 8　　　　　　　　　　"听力理解"测试正确率[②]

被试	母语者乙	二语者 4	二语者 5	二语者 6	平均
问题总数（个）	15	15	15	15	15
回答正确数（个）	15	14	15	14	14.5
正确率（%）	100	93.33	100	93.33	96.66

"听力理解"测试由于是开放式的回答，只要理解了文章的主旨和细节，回答问题基本上全部正确。汉语母语者回答正确率 100%，说明

---

① 不包括汉字错误，以拼音代替者也不计算声调错误的数量。

② "听力理解"测试使用的是主观测试，问题的答案不是固定的，以"听者"是否理解了故事文本为判断依据。例如，问题 3"他家有钱吗？"回答如果是"没有多少钱"正确，如果是"没有钱"也正确。

母语者在听到带有口音的汉语和轻声词的变体发音时，能够利用上下文语境推断出"说者"的偏误规律，很快能够适应汉语二语者的发音。汉语二语者也基本上全部回答正确，有两名"听者"各自回答错了一个问题，其中一个是问题 13 "大卫的爸爸、妈妈送给大卫礼物时说了什么？"被试回答的是："大卫，祝你生日快乐！"显然，被试是按照已有的图式，根据自己的经历来回答的，而没有从文本的理解去回答。另一个回答错误的是问题 11 "大卫喜欢那个礼物吗？"被试回答"不喜欢"。严格意义上说，回答错误的两个问题，都不是轻声词的理解偏误造成的。因此，从"听力理解"测试，我们得到的轻声词变体在母语者和二语者之间，以及二语者之间的可理解度为 96.66%。

在"缩写"测试中，共有 4 名"听者"，全部为汉语二语者，他们的缩写正确率如表 3-9 所示。

表 3-9　　　　　　　　"缩写"测试正确率

被试	二语者 7	二语者 8	二语者 9	二语者 10	平均
总分	100	100	100	100	100
得分	95.5	93.5	96	95	95
正确率（%）	95.5	93.5	96.0	95.0	95.0

"缩写"测试是主观测试，我们请汉语母语者按照"缩写"测试要求，以满分为 100 分，给 4 名被试的缩写结果分别打分，如果任何两位母语者的打分差距超过了 10 分，则由集体商讨给分，差距在 10 分以内的，取平均值。根据评分结果，没有被试的得分出现差距 10 分及以上的情况。

4 名被试都使用的轻声词有 23 个，按照使用频率依次为：的、了、个、爸爸、妈妈、他们、朋友、学生、帽子、杯子、盘子、漂亮、喜欢、告诉、便宜、觉得、东西、知道、明白、别人、客人、打算、故事。根据被试使用的轻声词数量，我们可以确定被试是在理解的基础上完成"缩写"测试的，因此，从"缩写"测试，我们得到的轻声词变体在母语者和二语者之间，以及二语者之间的可理解度为95.0%。

三项对轻声词可理解度的测试结果分别为93.08%、96.66%和95%，均在90%以上，平均达到94.91%，也就是说轻声词在母语者和二语者之间，二语者和二语者之间的交际可理解度达到了94.91%的程度。

四　实验结论

本实验要回答的问题有二。

（1）影响轻声词国际性理解的因素有哪些？

（2）第二语言中轻声词变体是否影响交际？

根据实验结果，我们对问题一的回答是：影响轻声词国际性理解的因素主要还是词汇因素。三项测试中，"听写转录"测试考察的是对每一个轻声词的复写，没有写出来的都是因为词汇出现频率不够，如，HSK三级词汇"盘子"是由于在对外汉语教材和日常生活中使用频率较低所致。轻声词的语音的确会造成一定的交际障碍，但在上下文语境中，这种影响可以忽略不计。这也印证了汉语有些方言中没有轻声词或者轻声词较少并不影响交际这一事实。

我们对问题二的回答是：第二语言中轻声词变体并不影响交际。在"听力理解"测试和"缩写"测试中，我们看到，涉及对句子、会话或语篇中的轻声词理解时，无论"说者"是否使用轻声词变体进行朗读，并不影响轻声词在交际中的可理解度。我们使用的三种测试方法都是基于交际中轻声词的可理解度的测试，而非语音层面的可理解度。因此，不同于对外汉语教师在课堂或试题中针对轻声词的语音识别感知与发音的考察，我们不认为将轻声词独立考察，诸如"判断正误""听写""标出声调""选择"等题型能够考察出轻声词在交际中的可理解度。

综合上述观点，我们认为：

（1）轻声词在语音上的变体，无论读成本调还是在音高、时长上的变体都不影响交际的可理解度；

（2）轻声词在上下文语境中已经逐渐丧失其辨义功能，其辨别词性功能在交际中更是无法显示，二语习得者，甚至汉语母语者并不是依据轻声词的语音特征来辨别意义，而是根据其词汇、语法功能来理解的；

（3）影响轻声词的可理解度因素在于词汇手段，同其他词语一样，语法类轻声词、带有标记的词汇类轻声词受是否轻声的影响大于无标记的轻声词。

根据 Smith 对于可理解性的 9 分制评价标准[①]：

1 分——完全不能理解，甚至无法辨别出是什么语言；

2 分——基本上不能理解，间或听懂少数单词或短语；

3 分——大部分不能理解，听者需要付出非常大的努力；

4 分——基本上能理解，但由于发音或者词语、语法错误阻碍了交流，分散了听者的注意力；

5 分——总体上能够理解，话语的大意基本清楚；

6 分——在很大程度上能够理解，发音虽然明显偏离了母语者规范，但只要听者集中精力就能理解；

7 分——完全可以理解，偶尔出现发音偏离母语者规范的现象，但听者未太受影响；

8 分——接近母语者，仅有少量发音偏离母语者规范，且不易察觉；

9 分——完美的母语发音。

我们认为被试者在轻声词的国际性理解中达到了 6 分到 7 分的水平，也即完全被理解或很大程度上被理解了。

---

① Smith, L. E., Rafiqzad, K., *English for Cross-Cultural Communication*: *The Question of Intelligibility*, TESOL Quarterly, 1979, 13 (3).

第四节　小结

本章在上一章讨论"面向汉语国际教育的轻声词标准"有必要更改以普通话为标准的基础上，讨论了"大华语"视域下"面向汉语国际教育的轻声词标准"拟订的可能性。

本章讨论了"可理解度"的概念，虽然学界尚未对其取得一致的看法，我们综合各家观点认为，"可理解度"不仅仅是二语者被母语者理解的单向过程，也包括二语者之间的可理解度；不仅仅是"说者"（speaker）向"听者"（hearer）作出努力的单向过程，还应该包括双方的共同努力。尤其是在中介语交际之间，可理解度是一个动态的趋同过程，而中介语的理解策略主要有自底向上模式和自顶向下模式，二语者，特别是不太流利的二语习得者，往往倾向于使用自底向上理解策略。除此之外，影响可理解度的因素还有学习者第一语言的迁移因素、普遍顺序因素、发展难度因素、语体语境因素、认知因素和交际因素等，第一语言迁移因素还与其他因素相互作用，共同作用于二语习得者交际的可理解度。

对"可理解度"的讨论是为拟订面向汉语国际教育的轻声词标准奠定基础，研究结果表明，语音迁移是一个根深蒂固的现象，它对学习者有一定的益处，因此不会轻易地被学习者放弃，除非影响到了交际效果。第二语言语音习得的困难是普遍存在的，或者是语音发展过程中必然出现的，那么作为国际通用交际语的语音教学就可能会有一些不可教的项目，因为，即使教了也不会出现理想的习得效果。在这种情况下，一方面想让学习者彻底摆脱其母语或第一语言的迁移是不现实的，另一方面想将所有的二语习得者教会像母语者发音那样也是不现实的。因此，我们通过三项测试，对12名被试者的轻声词可理解度进行了实验。

实验结果表明，作为国际交际语言的汉语，轻声词的语音变体基本不影响交际的可理解度，对其影响的因素限于词汇和句法因素。

　　本章和上一章的研究表明，面向汉语国际教育的轻声词标准不仅有必要纳入"大华语"视域下，放宽标准，实行弹性标准，而且也完全有可能实现不同于普通话的标准。然而，放宽标准之后会不会造成没有标准，最终导致各变体之间无法交际，二语习得者不愿意习得宽松标准的轻声词等问题，已有学者对此提出质疑，下一章，我们将对此作出回应。

第四章 "大华语"视域下的轻声词标准体系

本章之前，我们讨论了轻声词在第一语言和第二语言中普遍存在变体这一事实，并实验检验了轻声词变体的国际可理解度。我们认为，轻声词变体之间的国际可理解度较高，去除词汇等因素，在语音层面，轻声词变体是可以接受的。前两章的研究结果表明，面向汉语国际教育的轻声词标准有拟定的必要性和可能性。有别于普通话标准，面向汉语国际教育的轻声词标准是在汉语国际化背景之下，在"大华语"视域下的标准。

自陆俭明提出关于建立"大华语"①概念之后，学术界对此进行了广泛关注。李宇明将其表述为"以普通话或国语为基础的全世界华人的共同语"②。在此之前，学界对大华语的定义多限定在"以普通话为标准"，李宇明认为"基础"比"标准"更柔和，可以为大华语的未来发展留下空间，而且在定义中加入"国语"是为了兼顾海外华人社区的语言文字生活现实。据此，李宇明提出了汉语的层级构造，指出目前的汉语应该是两层级六（或五）层次。详见图 4－1 汉语层

---

① "大华语"作为一个明确的概念首次见于陆俭明《关于建立"大华语"概念的建议》，《汉语教学学刊》第一辑，北京大学出版社 2005 年版。其后，有多篇文章涉及这一概念。

② 见李宇明《全球华语大词典》，商务印书馆 2016 年版，前言。

级示意图。

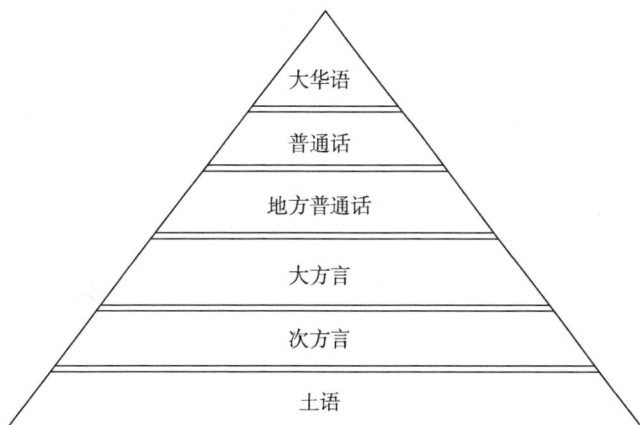

图 4-1 汉语层级示意①

我们认为李宇明的描述更符合汉语国际化发展的方向,以普通话为基础并不排斥以普通话为标准。语言是一直在演变的,因此从国际化的角度看,未来汉语的标准应该朝着全球共同规范的方向发展,其标准也应该是全球性的、国际化的,而这一标准需要所有使用汉语的人共同努力。

本章将建立在"大华语"概念之上对面向汉语国际教育的轻声词标准的层级进行研究,力图构建面向汉语国际教育的轻声词标准体系。在构建体系之前,本章还将回应关于"去除以普通话为标准"可能导致多个变体之间无法交际,不以母语者标准为标准可能会降低标准等问题。在此基础上,我们将在下一章讨论面向汉语国际教育的轻声词教学问题。

---

① 图片来自李宇明《汉语的层级变化》,《中国语文》2014 年第 6 期。原图标题为"现在(或将来)汉语层级示意图"。在"地方普通话"和"大方言"之间的粗线代表原文两层级的界线,李宇明在文章中表述为"两层级六层次(或五层次)"的层级构造,其中"次方言"层次或不存在。

第一节 "大华语"视域下的多元标准

一 目前使用的标准

目前，以我们所见的范围并未发现直接以"汉语国际教育标准"命名的任何资料，因为现阶段的汉语国际教育是以国际范围内的教学为主要形式。因此，我们参考了国家汉办研制的《国际汉语教学通用课程大纲》（以下简称《课程大纲》），以此为基础总结目前汉语国际教育的教学标准。

《课程大纲》首版于2008年颁布，在制定的时候就吸纳了国际范围内汉语教学和汉语国际教育研究的300余名专家共同参与，并参考了北美、欧洲等语言教学标准[①]。《课程大纲》先后被译成45种语言文字在世界各地广泛使用，对世界各地的孔子学院和孔子课堂的汉语教学起到重要的指导作用。2014年国家汉办推出了《课程大纲》修订版，根据其前言的介绍，修订版的《课程大纲》代表了对语言和语言教学的新型全面理解，改变了之前版本之中只关注语言技能教学的目标[②]。新的目标将语言综合能力分为语言知识、语言技能、策略和文化能力四个相对独立但又相互影响、交叉渗透的版块，注重汉语学习者的沟通能力和国际视野，以培养国际型汉语人才。

修订版《课程大纲》根据 HSK 一级到六级的目标分别阐述了各级在语言技能、语言知识、策略和文化能力方面的要求。语言技能涵盖听、说、读、写四个方面。语言知识比传统意义上语音、字词、语法多

---

① 国家汉语国际推广领导小组办公室：《国际汉语教学通用课程大纲》，外语教学与研究出版社2008年版。

② 修订版参见国家汉办/孔子学院总部《国际汉语教学通用课程大纲》，北京语言大学出版社2014年版。

出三个部分：功能、话题和语篇，一共六个部分。而策略类则分为情感策略、学习策略、交际策略、资源策略和跨学科策略，文化能力由文化知识、文化理解、跨文化能力和国际视野构成。

我们以轻声词涉及的要求为例，分别考察一级到六级中各类目标的不同。

表4-1　　轻声词在《国际汉语教学通用课程大纲》中的语言技能目标①

级别	描述	所属单项技能
一级	1. 能听懂个人和日常生活中熟悉的、发音准确清晰的基本词句； 2. 能跟读、复述或背诵课堂上所学的词句，声调基本正确	听 说
二级	1. 能听懂日常生活中不同场合下常见的简单词句和问候； 2. 能就日常生活中所熟悉的话题与他人沟通，表达个人需求	听 说
三级	1. 能听懂日常生活和学习中简单的交谈或讲述，交际性话语； 2. 能在日常生活和学习中与人沟通	听 说
四级	1. 能听懂工作场合及社交场合中的谈话或发言； 2. 能在工作及社交场合与人沟通	听 说
五级	1. 能听懂带口音的普通话； 2. 能就一般性话题进行论述或参与讨论	听 说
六级	1. 能听懂带一些口音的普通话； 2. 能在多种场合下与他人进行有效的沟通和交流	听 说

表4-1是《课程大纲》对语言技能的描述，由于轻声词涉及的是语音层面，因此只有"听"和"说"的技能目标在表中列出。一级到六级在语言技能方面的要求有以下几个特点。

（1）一级注重的是作为"听者"接收汉语语音信息的准确性，从"解码"角度提出目标，而对"说"的要求仅仅是重复、模仿。

（2）二级到四级主要是轻声词使用范围的不同，从日常生活场合

① 表中对目标的描述是整体性的，并非针对轻声词。我们根据前几章讨论的轻声词的国际性理解涉及的要素而摘录，下同。参见孔子学院总部/国家汉办《国际汉语教学通用课程大纲》，北京语言大学出版社2014年版。

到工作场合，这与我们之前讨论的轻声词可理解度的语体语境因素相关（详见第三章）。

（3）五级和六级，也就是高级阶段，增加了"能听懂带（一些）口音的普通话"这一条，其中六级目标比五级多的关键词是"一些"。也即，高级阶段要求汉语习得者能听懂汉语变体，非标准普通话语音，其中，六级要求能听懂多种变体口音。从汉语国际化的角度看，这与我们所要讨论的面向国际教育的轻声词标准要适当放宽标准的要求一致。

《课程大纲》虽然在目标描述方面考虑到了汉语使用者不断增多的现实，要求学习者能听懂普通话语音变体，但没有确定其程度和变体项目。我们以轻声词为切入点，研究了轻声词在第一语言和第二语言，即国际范围内的可理解度，正是为确定哪些以及在什么程度上的变体是可以接受的。

此外，《课程大纲》虽然是从学习者要达到的目标来描述的，但它不仅仅是要求学习者自己掌握，它同时也要求教学者帮助学习者实现目标。因此，如何让学习者"能听懂带（一些）口音的普通话"，这任务便落实到教学上来了。我们在之前的章节已经探讨过，轻声词的国际可理解性要求"说者"和"听者"共同努力。汉语作为二语习得者不仅要熟悉标准普通话的语音特征，也要熟悉普通话语音变体的特征，尤其是国际范围内可能的变体。同时，在教学中，我们需要增加调节适应策略的教学（详见下一章），以帮助学习者适应"带（一些）口音的普通话"。

对语言技能的要求也反映在了语言知识目标的描述上，表4-2是从需要了解或掌握的汉语知识角度对学习者和教学者提出的要求。我们从一级到六级的目标描述中，可以看到以下几个特点。

（1）初级阶段，即一级和二级，对语音的要求分别是了解汉语有轻声、初步掌握变调规则，这是知识储备阶段。

（2）中级阶段，即三级和四级，要求是能听懂变调等语流音变，能使用变调等语流音变,这是单向运用阶段。

(3) 高级阶段,即五级和六级,要求了解汉语的节奏和韵律,能听懂(略)带口音的普通话,这是国际理解和应用阶段。

这三个不同级别对语音变体的要求呈现出一种连续状态,从了解到应用,都是从语言知识的语音知识角度提出的,而且使用范围逐渐国际化。

表4-2 给我们的启示则是,教学上,我们需要增加普通话变体的知识,要让来自不同第一语言的汉语学习者知晓,汉语在国际范围内有着不同的变体,学习者学的汉语不仅仅是为了与说着标准普通话的人们进行交际,而且还要与带不同口音的普通话使用者进行交际。

表4-2 轻声词在《国际汉语教学通用课程大纲》中的语言知识目标

级别	描述	所属子类别
一级	1. 掌握汉语拼音的正确读音; 2. 了解汉语是有声调的语言,汉语普通话有四个声调和轻声	语音知识
二级	1. 初步掌握汉语的几种常见变调规则; 2. 在日常会话中基本做到语音、语调正确	语音知识
三级	1. 在日常会话中做到语音、语调基本正确; 2. 日常会话中能听懂带有连读、变调等语流音变的话语	语音知识
四级	1. 在日常会话中声调基本正确,并能正确使用连读、变调等; 2. 在日常会话中做到语音、语调基本正确、自然	语音知识
五级	1. 初步了解汉语的节奏和韵律; 2. 能听懂略带不同口音的普通话	语音知识
六级	1. 较全面了解汉语的节奏和韵律; 2. 能听懂带不同口音的普通话	语音知识

一级到六级在语言知识的目标上也体现了中介语的动态性和可塑性,当我们制定面向汉语国际教育的轻声词标准时,应该持有开放的心态,也即,放宽标准不是降低标准,而是分级分层,让学习者在不同级别时达到不同的目标。

表4-3 是汉语学习的策略目标,我们只选取了情感策略、学习策

略和交际策略三类子目标，没有涉及资源策略和跨学科策略。在前面的章节中，我们已经讨论过，非母语者标准以及语音变体（口音）与身份认同、交际障碍、理解策略等因素相关（详见第三章）。我们在此引用《课程大纲》对策略的要求，以此证明面向国际的汉语教学除了语言知识和技能外，还有其他的教学目标。从策略目标的一级到六级的描述，我们可以看到：

（1）在情感策略方面，一级要求建立信心，克服沮丧情绪；二级要求克服焦虑情绪；三级要求明白语言学习的目的是为了沟通；四级要求培养动机和态度；五级和六级则要求尊重他人的情感；

（2）在学习策略方面，从学会寻求帮助到掌握自我监控再到利用已有知识帮助理解和输出；

（3）在交际策略方面，范围逐步扩大，要求掌握的解决语言障碍的手段也不断增多。

表 4 – 3　　轻声词在《国际汉语教学通用课程大纲》中的策略目标

级别	描述	所属子类别
一级	1. 初步培养学习汉语的自信心，克服犯错误时的沮丧情绪； 2. 初步学习遇到困难时寻求帮助的方法； 3. 在教师的指导下，在课内与同学和老师进行简单的交流	情感策略 学习策略 交际策略
二级	1. 学习克服语言学习中焦虑情绪的方法； 2. 在课内外与教师、朋友进行交流	情感策略 交际策略
三级	1. 了解语言学习的目的是为了沟通表达； 2. 初步掌握自我监控的学习过程； 3. 开始意识到自己在交际中的语言障碍，并积极寻求克服方法	情感策略 学习策略 交际策略
四级	1. 培养、调整与加强学习汉语的动机和态度； 2. 意识到自己在交际中的语言障碍并开始克服	情感策略 交际策略
五级	1. 在汉语交流中能理解并尊重他人的情感； 2. 有效调控学习策略； 3. 运用解释或重复等方式克服交际中的语言障碍	情感策略 学习策略 交际策略

续表

级别	描述	所属子类别
六级	1. 有自我和平等意识，在汉语交流中能理解并尊重他人的情感； 2. 利用以前学习的知识或掌握的技能帮助语言的理解或输出； 3. 能运用解释、重复、近似、迂回、替代、重组等语言手段克服交际中的语言障碍	情感策略 学习策略 交际策略

策略目标的一级到六级，也呈现出了我们对轻声词标准的面貌。情感策略在初级阶段要求克服沮丧和焦虑，这也是我们不以普通话为标准要求汉语学习者的原因所在。从轻声词的第二语言习得效果来看，学习者很难在初级阶段就能完全习得，过于严格的标准会导致学生缺乏信心，产生焦虑。中级阶段要求明白学习汉语的目的是为了沟通，逐渐确定学习动机和态度。言外之意，汉语学习要注意言语的交际性和可理解性，而非追逐达到母语者语音的完美程度的目标。高级阶段要求尊重他人的情感，这跟口音与身份，变体与认同等密切相关，本章将对汉语轻声词变体进行态度调查，检验汉语使用者对不同变体的态度。

学习策略和交际策略则与面向汉语国际教育的轻声词教学有关，相关讨论详见下一章。

目前的汉语国际教育教学标准显然已经考虑到"大华语"范围，已适应目前迅速发展的汉语国际教学现状，但是该标准并没有明确脱离以普通话为标准的要求，而在汉语国际化过程中，这一标准应具有国际视野。

二 汉语国际化进程中的多元标准

汉语在国际化过程中，学习和使用的人数不断增加，逐渐形成了不同的使用社区和群体。吴英成借用 Kachru（1985）表达英语使用群体的三个同心圆来表示汉语使用者的分布，见图 4 - 2 汉语使用者的三个同心圆。

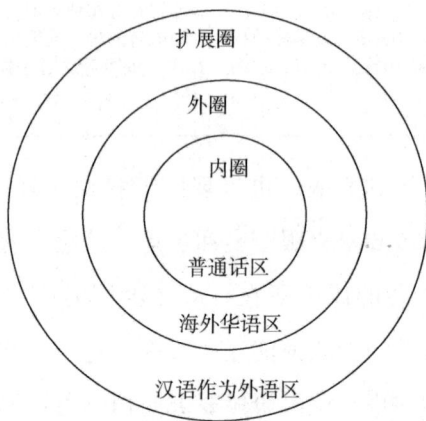

扩展圈

外圈

内圈

普通话区

海外华语区

汉语作为外语区

图 4 - 2　汉语使用者的三个同心圆[①]

图 4 - 2 中的内圈是传统的汉语使用者，包括中国大陆和中国台湾。汉语在这个圈子的区域内作为工作语言和生活语言，广泛应用于教育、媒体、科技、商业等领域，这部分人口大约 13 亿，其中以汉语作为母语的大概有 8400 万，另外的 1780 万是汉语二语使用者。外圈的汉语使用者也逐年增长，主要由华人华侨构成，也包括香港地区。尽管香港地区已于 1997 年回归祖国，但吴英成认为，香港地区的主要语言仍是英语，因此，香港属于"外圈"。新加坡、马来西亚、菲律宾、泰国甚至欧洲和北美洲等都有很多华语社区，他们都是汉语的使用者。而扩展圈的汉语使用者虽然不以汉语为母语，也不是在汉语作为官方语言的环境下，但也在持续增长，这些国家包括日本、韩国、欧美国家等，他们以汉语作为外语学习和使用。

---

① 图片来自 Yeng-Seng Goh（吴英成），*Teaching Chinese as an International Language：A Singapore Perspective*，Cambridge：Cambridge University Press，2007，p. 4。原图为英文，图题为"The three concentric circles of Mandarin users"。

结合国内李宇明对未来大华语的发展与新加坡学者吴英成对汉语使用者的全球分布的研究，我们认为，海内外学者都注意到了汉语使用者不断国际化的现实，汉语标准也应该国际化。陈章太认为，一种语言即使是一个民族的内部语言，也不仅仅是为该民族服务，在国际化的今天，如何为世界人民服务也必须考虑在内①。王建勤曾论述过"在全球化背景下的汉语国际推广过程中，标准显得越来越重要。因为标准不仅仅是规范，而且是目标和导向"。② 而现实是汉语教学与评估标准体系的研究和建设严重滞后，使汉语国际推广处于非常被动的局面。

Kachru 在研究英语的世界变体与标准时曾提出内圈是标准提供者，外圈是标准发展者，扩展圈则是标准依附者③。根据吴英成对汉语使用者三个圈的划分，以大陆普通话为主的内圈汉语使用者应该是标准提供者，以海外华人为主的外圈使用者是标准发展者，而以汉语作为二语使用的扩展圈则是标准依附者。但是，如王路江所言，面向国际的汉语教学需要我们内圈使用者提供各种标准，包括理论上的教学标准、学习标准，应用上的课堂教学标准、考试标准等，如果我们不能提前预见，做好应对措施，我们将在国际汉语教学中丧失话语权，反而成为标准的依附者④。

徐杰和董思聪从语言生活的现实和理论出发，认为目前的普通话标准过于重视正音，普通话语音标准应以满足人们沟通交际为目标，而非像北京人那样标准⑤。而且单一的标准，排他的正音传统，无疑

①　陈章太：《语言规划研究》，商务印书馆 2005 年版。

②　王建勤：《汉语国际推广的语言标准建设与竞争策略》，《语言教学与研究》2008 年第 1 期。

③　Kachru, B. B., "Standards, Codification and Sociolinguistic Realism: The English Language in the Outer Circle", in R. Quirk & H. Widdowson (eds.), *English in the World: Teaching and Learning the Language and Literature*, Cambridge: Cambridge University Press, 1985.

④　王路江：《从对外汉语教学到国际汉语教学——全球化时代的汉语传播趋势》，《世界汉语教学》2003 年第 3 期。

⑤　徐杰、董思聪：《汉民族共同语的语音标准应微调为"以北京语音为基础音"》，《语言科学》2013 年第 5 期。

会加大学习难度、降低学习兴趣，不利于汉语国际化。据此，徐杰等建议将汉民族共同语的传统定义在语音方面微调为"以北京语音为基础音"，并在世界范围内倡导"宽式国际汉语"的理念。文章建议只对普通话的声、韵母和基本声调作出音系上的规定，而在轻声、儿化、连读音变等方面容忍各地变体，让其自行其是，保留各有特色。我们对此建议持不同态度，轻声、儿化各地变体已然是事实存在，但也不能让其各行其是，标准的意义在于规范引导，即使现阶段各个变体没有达到标准的程度，但一定是可以逐步接近甚至达到的。

还有不少学者从语音标准或汉语标准角度建议宽松普通话标准在国际汉语教学中的应用。如果按照侍建国、卓琼妍的观点"我们国家的语言包括通用语和标准语两种形式，将通用语跟标准音脱钩是汉语国际化的一条终南捷径"。① 这样直接实施两种标准；或者李泉的"双轨制"设想，对国内外汉语教学的语言和文字采取不同标准。国内适用"普通话"和"地方普通话"两个标准，海外适用"普通话"和"大华语"两个标准；甚至文字上，汉语拼音也可以算作标准或规范②。则可能会造成标准分散，无标准可依。

海内外学者共同认识到，目前以普通话为标准的汉语国际教育已经无法满足日益增长的汉语作为第二语言学习者的交际需求，而放宽标准、实行弹性标准或多元标准，对语音变体保留一定的容忍度基本形成共识。然而，对放宽标准后，不以母语者标准为依据，也引起了一些学者的质疑。

---

① 侍建国、卓琼妍：《关于国家语言的新思考》，《语言教学与研究》2013 年第 1 期。
② 李泉：《国际汉语教学的语言文字标准问题》，《语言文字应用》2015 年第 5 期。

第二节　多元汉语国际标准的争议

正如上文所引徐杰等建议将"以北京语音为标准"微调为"以北京语音为基础",适度放宽标准,该文也同样简单回应了可能的质疑,放宽标准,人们的普通话水平会不会降低?会不会导致语言分化?多个区域变体的平等共存会不会影响国家团结?等等。戴昭铭在回应郭熙关于"汉语教学当地化"的文章中提出了几点质疑①:(1)可能会致使标准取消,扩大分歧;(2)可能使汉语教学效果降低,导致"局限语码化";(3)与现有的水平评估体系冲突。除此之外,对宽松标准的质疑还有:去除母语者标准,则无参照标准;教学中不可能教一种无人拥有的口音,口音不好会有不好的印象等。

一　无参照标准之忧

从语言教学的角度来看,任何语言教学都需要标准。汉语国际教学中,我国已经制定了一系列标准,如教育部国家语言文字工作委员会2010年颁布的《汉语国际教育用音节汉字词汇等级划分》、国家汉语水平考试委员会办公室考试中心编写的《汉语水平词汇与汉字等级大纲》、国家汉语国际推广领导小组办公室编制的《国际汉语能力标准》等。

就本课题涉及的轻声词标准而言,它属于语音层面(词汇层面的另论),而语音标准是各种变体规范的重要内容。方言众多的汉语,民族通用语和国家官方语言普通话,就是以北京语音为标准音。现阶段的汉

---

① 戴昭铭:《汉语国际教育中的规范冲突问题——与郭熙先生商榷》,《求是学刊》2014年第2期。

语国际教育，自然也是以普通话的语音标准为依据。

普通话语音标准既是一种标准，同时也是一种规范。在诸多语音变体中，如果缺少一种规范，而任其自由发展，必然会导致各种变体"各自为政"，最终导致变体间无法顺利交际。面向汉语国际教育的轻声词标准，一样面临这种风险。因此，有人质疑不以普通话的语音标准为标准，可能会导致无参照标准，而无参照标准就会出现，各国的本土教师，或者来自不同方言区的中国教师，甚至不同语感的教材编写者，都按照自己所掌握的轻声词变体进行教学。结果必然是，世界各地学习汉语的人学出来的轻声词变体各异，等同于在自然环境下随意习得。这显然与汉语国际教育的宏观目标、促进汉语国际化的目标不相符，汉语国际化的目标是为方便国际范围内越来越多的人使用汉语（作为第一语言和第二语言）进行交际。如果各种变体之间无法交际，则无法达到这个目标，不利于汉语国际化，甚至与国内推广普通话相悖。

戴昭铭在与郭熙商榷的文中也提出过类似的质疑：华语社区分散于世界各地，彼此之间存在"可接受性"的差异，某一社区可接受的规范形式在另一社区不一定被接受。如果没有一个能够涵盖所有华语社区的核心规范作为基础标准，就等于取消了统一的教学标准。缺乏统一标准的教学，则会固化甚至扩大世界各地华语的分歧。戴昭铭虽然不认为一定要坚持普通话标准，而是主张不应该让标准"本地化"，但对缺少统一标准将导致变体分化是很多人共同的观点。

类似这种观点甚至认为推行"大华语"式宽松标准是错误的，不具有可行性。对这种质疑，一方面我们认为，这是一种静态的规范观，试图以一种固定不变的语言状态作为规范，各变体逐渐向其靠拢。然而，语言是动态演变的，变体是自然存在的。影响第二语言学习的因素有很多，其中情感因素就是很重要的一个方面，在第二语言习得初期，给予习得变体以合法地位，可以避免无谓的焦虑和沮丧情绪。何况语言教学早已过了"规定语法"的阶段,语言教学要教自然的语言而非理论上的标准语言,而自然语言区别于人工语言的最大特点之一便是,自然语言是不断变化的。普通话标准在语音方面的描述是"以北京语音为基础音",而北京语音自身也是变化的。

周晨萌对北京话的轻声、儿化等变异现象进行研究时就认为,北京语音在轻声词方面也是不断变化的,变化的趋势是减少①:

> 北京话中轻声词存在多种变体,发音含混,吐词不清,对外地人而言,很难听懂,不利于交流。而且,轻声词区分词义、词性的功能逐渐减弱,轻声词与同音的非轻声词根据语境完全可以区别。现阶段的轻声多是作为一种富有地方特色的语音修饰手段而存在的。
>
> 其次,影响轻声词使用的社会条件主要是人们日益提高的文化水平以及普通话和各地方言的影响等。随着人民群众文化水平的不断提高,加上普通话的影响,口语中使用含混不清的弱化音节的场合越来越少。改革开放以后,北京外来人口剧增,为了和外地人交流,北京语音也不得不舍弃所指狭小、极难听懂的轻声词。
>
> (第 47 页)

文章还以新词新语就很少有轻声词为例论证了北京语音中轻声词不断减少是必然的现象。既然普通话的标准是以自然语言为基础,而自然语言无论在语音、词汇还是语法方面都存在变化,我们有理由从汉语普遍存在的变体中寻找一个平衡点来重新拟定轻声词标准。

另一方面,我们对这种质疑表示理解。对汉语变体可能造成语言分

---

① 周晨萌:《80 年代北京日常口语中轻声音节的变异》,《语言教学与研究》2008 年第 2 期。

歧的担心不是没有理由，我们国家努力推广普通话，现在实施的汉语国际推广，都是为了汉语使用者能够顺利地交际，而非形成多个汉语变体。对此，我们的回答是：面向汉语国际教育的标准不是没有参照标准，而是多元标准。我们将在本章后面构建多元标准体系。

二　降低标准之忧

另有一些人质疑虽然各轻声词变体在一定范围内不影响交际，但如果教学中承认了这种变体是标准的，无形之中等于降低了标准要求。

如果在汉语国际教学中放宽轻声词标准，则要求我们重新看待"错误"。根据之前的标准，以及在此标准下的教学理念，轻声词的教学在很大程度上是"摆脱"学习者第一语言的语音迁移，逐渐靠近标准的形式。而如果承认轻声词变体在标准范围之内，则不存在"错误"，也无须改正，这无形之中相当于降低了标准。戴昭铭引用英国学者巴兹尔·伯恩斯坦（Basil Bernstein）提出的"局限语码"和"复杂语码"两种言语体系的概念对降低语言标准可能带来的问题作出了分析：

> "复杂语码"和"局限语码"似乎与"正式语体"和"非正式语体"① 大致相当。很显然，就语言教学的目标而言，理应使受教育者掌握两种语码，而不仅仅是局囿于"局限语码"，且难以向"复杂语码"发展的人。这就要求我们的国际汉语教学具备一整套科学的、严密的系统，使受教育者能够在一定的时间内顺利地打下基础，并由"局限语码"发展为"复杂语码"。……而在海外许多

---

① 原文使用的是"随便语体"，根据意思我们将其更改为"非正式语体"。

华人社区，华语因受到当地官方语言、原住民语言、英语等①的竞争影响，一直是局限于华人社区或家庭日常生活中的"局限语码"，地位不高。

如果遵循"大华语"的宽松标准，让轻声词变体获得合法地位，保留华人社区的轻声词变体，可能会造成他所质疑的郭熙（2008）在《关于华文教学当地化的若干问题》所述内容，即，汉语（华语）教学就会导致"局限语码"。

我们认为，戴昭铭和郭熙的争议并非不可调和。我们所讨论的面向汉语国际教育的轻声词标准，并非在普通话标准的基础上简单、直接降低要求。我们要构建的是一个标准连续体，普通话标准仍然是汉语标准，但语言文字标准或语音标准有理论标准，也有应用标准，还有评估标准，并非唯一一个适用于任何情况的标准。正如普通话标准有三级六等之分，从最低的三级乙等到最高的一级甲等，都是普通话，所有人说的普通话都是标准的变体，但这并不影响普通话标准自身的规范性。而且，对普通话考核的结果进行评估分为三级六等，并没有降低普通话标准自身，仅仅是从习得结果的评估标准角度进行划分的。

中介语具有连续性、可塑性，是可以发展的，因此，面向汉语国际教育的轻声词标准虽然宽松于普通话标准，但并不会降低对学习者的要求。另外，有人认为，宽松标准导致各种变体之间交际受到影响，关于这一点，我们已在上一章的实验做了回答。英语作为国际通用交际形成了诸多变体，有关英语变体的标准，也出现过类似的争议。已有学者对此做了回应："在我们的研究中有一个非常强劲的发现：口音和可懂度

---

① 原文还有汉语方言，我们认为"华语"的概念本身就包含了海外使用的汉语方言，故删去了相关表述。

不是一回事。说话者可以有很重的口音，但可以很好被理解。"① （Der-wing & Munro，2008）

三　难以实施教学之忧

对放宽轻声词（汉语语音层面）标准可能带来教学实施上的难题，并不是指课堂教学中难以操作，而是在实施教学时遇到的观念上的阻力。

首先，教师更倾向于教授母语者标准口音，教学过程中，没有教师愿意教授非标准的口音。在明确知道轻声词的语音特征情况下，汉语母语者教师不可能故意教授轻声词变体，汉语二语者教师即使自己无法准确发音，也会努力教授标准的轻声词发音。我们曾经对柬埔寨华文学校的教师做过访谈，他们表示：本土汉语教师的普通话并不标准，主要是语音方面。他们认为他们的普通话无法改变了，不可能说成大陆的标准普通话那样。但是，在教学时，他们也强调标准普通话的重要性，并要求学生尽量学成标准的普通话，他们懂得如何演示和发出标准的普通话，但自己不再改变。

其次，学习者更想拥有母语者标准口音。Jenkins（2007）使用问卷调查和半结构式访谈调查了学习者对英语作为国际通用交际语的口音信念与态度相关问题。她调查了参与者对口音有无好坏之分，口音是否有等级之分等问题，发现几乎所有人都有口音以及使用带口音的变体进行交际的经历，而且几乎所有人都对自己的口音感到困惑，认为母语者发音更好，非母语者发音不好。但她的研究结果也提出了英语作为通用语下的语音教学未来可能的看法。

---

① 原文为英文 "One very robust finding in our work is that accent and intelligibility are not the same thing. A speaker can have a very strong accent, yet be perfectly understood"。此处为翻译后的。

最后，教一种无人拥有的语音变体是不现实的。有些质疑观点认为语言教学，尤其是语音教学必然要以某一种语音体系为蓝本，不管这种语音体系是标准的还是不标准的，但至少是有使用人群真实使用的。而"大华语"视域下宽松的语音标准，仅从标准的弹性角度宏观描述，没有一种具体的变体口音，无法实施教学。

以上质疑和担忧并不全无道理，但都是观念问题，只需转换观念就可以。教师和学生更愿意教和学习母语者标准发音，这种观念不必更改，因为我们拟订的面向汉语国际教育的轻声词是一个多元体系，包括这种理想的标准在内。而对习得结果的评估和态度则是应用层面的标准。

针对难以实施教学的担忧，国外学者的建议也适用于汉语轻声词。Robbin Walker 认为，实施面向国际的语音标准，不仅有实施的可能性，而且还有许多益处[1]。

第一，可以减轻教学和学习负担。我们以轻声词为例，《现代汉语词典》（第 5 版）中有 2592 个轻声词，其中必读轻声词 1441 个；《现代汉语常用词表》有 2034 个轻声词，而《普通话水平测试纲要》仅收录 785 个轻声词，其中必读的 546 个，HSK 词汇大纲只有 281 个轻声词（详见附录）。从汉语作为第一语言到第二语言教学中，我们要求掌握的轻声词数量明显减少，原因之一就是为了减轻学习负担。除减少必读轻声词数量以外，在轻声词中轻声字读音的音高和音长方面也可以放宽标准，避免教学时纠音负担过重。

第二，语音逐渐进步取代一直变差。以宽松标准进行教学，可以保持中介语的连续性，从变体逐渐向标准靠近，学生从学习一开始就能建立自信，而且不断获得更多的成就感。如果以标准作为起点，学习者只

---

[1] Walker, R., *Oxford Handbooks for Language Teachers*: *Teaching the Pronunciation of English As a Lingua Franca*, Oxford: Oxford University Press, 2010.

会感觉到越来越差，永远达不到标准。

第三，能兼顾交际和身份认同。建立在国际可理解度的基础上的轻声词标准，首先满足的是汉语使用者之间的交际，而在口音方面又能保持自己所在的言语社区（社团）的特点，能够帮助汉语使用者建立身份认同。

第四，有利于本土教师构建权威。本土汉语教师并非汉语母语者，其语音技能通常难以建立教学权威，这点可以从学习者更偏好汉语母语者教师教语音看出（参见本章下一节的调查结果），而建立"大华语"视域下轻声词标准则可以帮助本土汉语教师建立权威（详见本书第5章）。

第三节　"大华语"视域下轻声词标准的内容

语言教学上的难点和语言学习者学习语音的难易程度不能成为语音标准确立的依据，轻声词习得结果的变体也仅仅是为了确定第一语言不同的汉语二语者应该掌握的轻声词核心奠定基础。

面向汉语国际教育的轻声词标准，既没有否认普通话标准，也没有降低标准，而是构建一个"大华语"视域下的多元标准体系。该标准体系包括理论标准、应用标准和评估标准。理论标准分级分类，以普通话标准为基础，兼顾"大华语"视野；应用标准则包括教学标准、交际标准，不同于普通话标准的是，普通话标准是从"说者"角度描述"说者"应该达到的程度，而"大华语"视域下的轻声词标准还从"听者"的角度描述应达到的要求；评估标准同样包括对"说者"的评估和"听者"的评估，要体现出发展性评估和终结性评估。其他涉及媒体应用标准、艺术标准等不在本书讨论范围之内。

面向汉语国际教育的轻声词标准拟订的背景是汉语使用者日益全

球化,汉语二语者之间的交际需要一种面向国际的宽松标准;拟订的原则是国际间的可理解度,满足国际交际的需要;拟订的目的是为汉语国际教育、教学提供一个可操作的轻声词标准依据,因此,我们以HSK 词汇大纲一级至六级中的 281 个轻声词为范围,确定标准的内容。

本书以汉语国际教育所用的 HSK 大纲中轻声词为语料范围。HSK 词汇大纲一共收录5000 词,每一级要求的词汇量均为上一级的一倍左右,本书所使用的 HSK 词汇大纲的轻声词均以国家汉办2014 年修订的《国际汉语教学通用课程大纲》附件三"常用汉语词语表(一——六级)"① 为准,轻声词的判定以词语表上的拼音注音为准,凡注为轻声词的均认定为轻声词,包括单音节、双音节和多音节的,只要拼音中没有标注声调的,一律算作轻声词。按照这样的标准,我们一共统计了281 个轻声词,其中"得(de)"分属不同词性,同一字形出现两次,后文只算280 个(详见附录)。统计信息见表4 –4HSK 词汇大纲中轻声词数量。

表4 –4   **HSK 词汇大纲中轻声词数量**

HSK 级别	一级	二级	三级	四级	五级	六级
总词汇量	150	300	600	1200	2500	5000
轻声词总数	29	52	82	135	205	281
总占比(%)	19.33	17.33	13.67	11.25	8.20	5.62
分级词汇量	150	150	300	600	1300	2500
轻声词数量	29	23	30	53	70	76
各级比例(%)	19.33	15.33	10	8.83	5.38	3.04

虽然轻声词数量比例随着 HSK 级别变高而递减,但 281 个轻声词还是占了总词汇量的5.62%,尤其是初级阶段(一级和二级),轻声词

---

① 孔子学院总部/国家汉办:《国际汉语教学通用课程大纲》,北京语言大学出版社2004 年版,第57—114 页。

的数量高达 15% 以上。我们按照词汇类和语法类分别看一下这 280 个（不包括重复的"得"）轻声词的具体情况，发现有些轻声词已然可以不读为轻声。

有标记类轻声词共 142 个，无标记类 138 个。无标记类均为双音节轻声词，有标记类分为词汇类和语法类标记。其中，语气词（如，吗、呢、吧等）、助词（如，的、得、过、着等）、补语（如，来得及、来不及等）等虚词共 15 个，重叠词（如爸爸、娃娃等）共 15 个，带"～子"后缀的共 53 个，带"～头"的共 4 个，带"～实"的共 4 个，带"～气"的共 7 个，带"～得"的共 9 个，带"～么、～个、～们、～面、～边、～着"等的共 35 个。

值得注意的是，HSK 词汇大纲中的轻声词数量比普通话水平测试大纲中少了近 100 个（见附录：普通话水平测试大纲中的轻声词），说明《国际汉语教学通用课程大纲》的编写者已经认识到面向汉语国际教育的轻声词数量可以适度放宽，在数量上可以比普通话标准少。然而，究竟哪些可以减少，哪些必须保留，我们并没有从两个大纲的对比中看出规则。比如，HSK 词汇大纲中带"～头"的轻声词仅有 4 个，分别是：馒头、木头、石头、枕头。这并不是全部带"～头"的词，其他的如：拳头、码头、水龙头等，都标注的是"头"的本调——阳平。方位词中，HSK 词汇大纲中将"左边""右边"作为轻声词，但"前边""后边"和"旁边"标注的是本调，只有"前面"一个词注为轻声，其他带"～面"的都不是轻声。

轻声词的本体研究结果表明，轻声词中轻声字音节的音高受其前字音节的音高影响较大。我们在轻声词的教学中也发现，留学生在"四声＋轻声""二声＋轻声"组合上表现较好，原因是普通话第四声调值为"51"，其后的轻声音节只要读为降调，就比较符合"四声＋轻声"的特征。如"力气"一词，"气"读为轻声时表现为又短又轻，但总体上是一个降调,即使留学生按照"气"的本调来读,只要不出现重音,听感上就没那么明显。同理,普通话第二声的调值为"35",其结束音高值为"5",如果后面的音节本调为第四声"51",也只需读为降调即可。如"和气"。在280个轻声词中,"去声+去声"组合的共有29个,"阳平+去声"组合的共有12个,这些都是可以宽松标准的对象。

总而言之,我们认为,数量方面,面向汉语国际教育的轻声词标准还应该精确范围,确定一个最少必读轻声词表,以及不同级别的轻声词数量要求表。质量方面,我们需要在各个层面制定一个多元的标准体系。

一 理论标准

面向国际汉语教育的轻声词标准,不仅要符合国内的语言文字政策,也要兼顾和尊重世界范围其他各地的实际需要,从而使汉语作为第一语言和第二语言教学规范发展、共同发展。既要符合国内政策,又要考虑到国际汉语教学现实,这就要求我们不能使用单一标准,也不能建立两套完全不同的标准。因此,在理论层面上,面向国际汉语教育的轻声词标准应该是一个连续体,以普通话轻声词标准为最高标准,在此基础上制定比普通话要求略低的层级标准。我们参照李泉(2015)提出的"理想标准"和"合格标准"构建面向国际汉语教育的轻声词的理论标准层级体系。

(一)理想标准——普通话标准

轻声词在韵律上,保留着汉语的特点,因此不能简单地根据国际范围内轻声词习得难易程度而否定它。普通话是汉语使用者通用的标准语,经过了上千年[①]的普及与推广,也经过了时间的检验,具有广泛的

---

① 从春秋战国时期的"雅言"算起,共同语的发展已有2000多年。

使用基础。

面向汉语国际教育的轻声词标准依然可以将普通话标准（母语者标准）作为参照标准，但不能作为唯一标准。我们认为，普通话标准可以作为面向汉语国际教育的理想标准，它是规范的目标，也是中介语发展的目标。目前各种正式交际场合，包括媒体、教育等主流渠道都是以普通话为工作语言的，以普通话为标准既符合外语教学的目标，也符合学习者语言学习的实际需求和最大利益（李泉、关蕾，2009）。

将普通话视为理想标准，是为了区别"模型"（Model）和"规范"（Norm），如果我们将普通话视为唯一标准，那么普通话标准自身就是规范的，排除了其他的语言变体是规范的可能。那么，使用者就会将"正确性"与之联系起来。从前面的研究我们得知，没有教师和学习者从一开始就愿意教或者学一种"不正确"的语音。规范本身是不变的，独立于语言使用中出现的任何变体，如果将规范等同于标准，那么要求学习者都达到标准的程度，是极不现实的。

但是，如果将普通话视为"模型"，只是一个理想的标准，使用者将其作为参考和指导。学习者根据其自身的特定情况决定或远或近地接近这个模型。正如普通话自身分为三级六等，这三级六等都不是"模型"，因为"模型"要求是没有任何失误。以普通话测试的 100 分为满分，一级甲等的要求是失分量在 3 分及以内。也就是说，即使是一级甲等，也只是接近"模型"，而不是达到模型，毕竟能达到模型的人太少了，也不符合自然语言使用的现实情况。而在实际生活中，每一类人根据自己所在环境和交际需求，达到不同程度的普通话程度即可，普通话都视为"规范"的。比如，中学语文教师的普通话要求达到二级甲等，而数学教师只需达到二级乙等。即使是同一个中学语文教师，我们要求他在教学时使用的普通话达到二级甲等，但不可能要求在日常会话中都保持在二级甲等的水平上。

理想标准是一种"模型",它是与使用中的语言密切相连的,因此是可变的。从这个意义上说,普通话标准在应用层面可以提供参考和指导,以防止学习者偏离太远,从而确保国际范围内汉语发音核心的可理解度。学习者根据交际语境进一步调整自己的汉语语音,包括母语使用者或二语使用者。

总之,普通话仍然是面向汉语国际教育的轻声词的理想标准,它提供给所有使用者一个"模型"而非"规范",这样就可以使学习者习得的变体与"错误"之间的关联断开,也不会与"大华语"标准相冲突。

(二)合格标准——"大华语"标准

李宇明在《信息时代的语言文字标准化工作》一文中曾论述过,承认"大华语"的客观存在及其在汉语教学中应有的语言标准地位,不把它们与普通话绝对地对立起来、分割开来①。普通话从"大华语"里吸收有用成分,"大华语"也从普通话中吸收语言营养。普通话标准与"大华语"标准不是相对独立、相互隔绝的两套标准体系,而是一个面向汉语国际教育的标准连续体。普通话标准是理想标准,提供一个使用者接近的"模型","大华语"标准是合格的标准,属于"规范"的范围。

我们所说的"大华语"标准并不是以现有的"大华语"变体为"规范",承认它是一种标准,而是从汉语使用者范围的角度提出适用于"大华语"的标准。这个标准同样也不是静态的,是与海内外"大华语"使用者所使用的汉语紧密相连的。

参照普通话三级六等的划分,我们可以将"大华语"标准下的轻声词分为最低标准、中级标准和高级标准。其中,最低标准便已经是合格标准了,高级标准可以直接使用普通话标准。在此需要说明的是,我们将普通话标准作为理想标准,"大华语"标准作为合格标准,而"大华语"标准中的高级标准又以普通话标准为内容,并不是相互包含或相

① 李宇明:《信息时代的语言文字标准化工作》,《语言文字应用》2009 年第 2 期。

互矛盾的关系。按照本章开始所借用的李宇明对汉语层级的划分概念，"大华语"本身就在普通话之上，换言之，普通话也是"大华语"的变体之一。因此，"大华语"标准理应包含普通话标准，而且"大华语"标准的范围更广、阈值更大。二者之间关系如图4－3"大华语"标准与普通话标准关系所示。

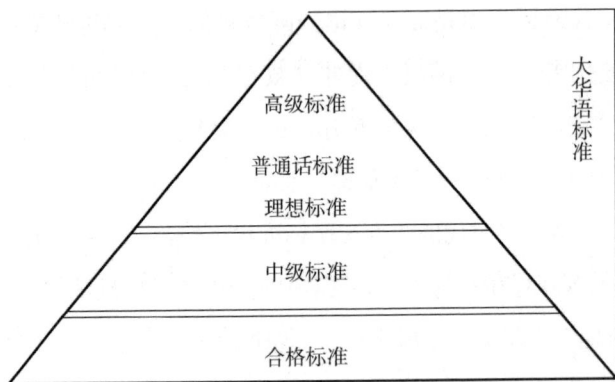

图4－3　大华语标准与普通话标准关系

如图所示，"大华语"标准包括了普通话标准，普通话标准作为理想标准，同时也是"大华语"的高级标准。然而，"大华语"标准的范围更广，除了普通话标准以外，还有中级标准和合格标准。这三个级别的标准是一个连续的统一体，我们所说的"大华语"标准作为合格标准即是指其最低标准。

合格标准，也即最低标准，从"大华语"使用者的轻声词变体中来，根据前贤学者们和本书之前的研究，我们认为按照轻声词轻声音节的本调发音即可视为合格。中级标准则处在合格标准和高级标准之间，没有具体的量化指标，从轻声词习得结果变体来看，以 HSK 涉及的 280 个轻声词为例，我们认为带"～子"后缀的轻声词 53 个，语法虚词类 13 个，共 66 个读成轻声词即可。这两类轻声词都属于有标记类的，其中语法虚词类的 13 个轻声词又分为结构助词"的、地、得"，语气词

"吗、吧、呢、嘛、呀、啦、啊",动态助词"了、着、过"三类,教学负担和学习负担都在合理范围。

从轻声词的语音特征角度来说,合格标准仍然以轻声词轻声音节的本调发音为起点,中级标准则要求在音高和时长角度与轻声音节前的音节区别开来即可,高级标准依然是普通话标准。

此外,"大华语"标准并非静态的,也并非一直不同于普通话标准。随着"大华语"使用者的增加,使用"大华语"交际的人数变多,"大华语"标准将在它的所有使用者之间逐渐形成一个新标准,而这个标准即为大华语"规范",它不再是普通话的变体,因为它本身就是一个"规范"。

二 应用标准

早在 1985 年,对外汉语教学领域的赵金铭就提出简化对外汉语教学音系的建议①。其后经历数年,未有后继者响应,直至 2005 年陆俭明提议建立"大华语"概念,郭熙、李泉、李宇明等②继续阐发,逐渐确定了汉语作为第一语言教学的普通话标准不适用于汉语国际教育,应建立针对汉语国际教育的"大华语"标准。"大华语"标准主要是在普通话标准的基础上对世界范围内的汉语有一定的容忍度,实行弹性标准。但是这一提议,也有不少学者质疑(见本章第二节)。我们认为,学界对此有不同的看法,甚至完全相反的观点,一是因为提倡"大华语"标准的学者都是高屋建瓴,从宏观的角度提出方向,没有实证支持;二是因为质疑的学者没有分清理论标准和应用标准。

应用标准既针对教学者,教学者包括汉语母语者和汉语二语者;也针对学习者,但目前我们所说的学习者仅包括汉语作为二语学习者。

---

① 赵金铭:《简化对外汉语语音系教学的可能与依据》,《语言教学与研究》1985 年第 3 期。

② 相关著作、论文本书已有提及,详见参考文献。

　　就本课题而言，面向汉语国际教育的轻声词应用标准指轻声词在汉语国际教学和国际交际中的标准。应用的核心在于交际的可理解度，包括说话者（说者）和听话者（听者）两方面。

（一）教学标准

　　在汉语国际教学实践中，无论是母语者教师还是本土汉语教师，他们都倾向于教授普通话标准，原因是现在所用的普通话标准与"规范"直接关联，标准与"正确"直接关联，而其他的变体则与"不规范""错误"相连，当然没有教师愿意教不规范和错误的汉语，也不会有学习者愿意学习这种"不规范""不正确"的语言。

　　因此，在汉语国际教学实践中，我们需要给汉语教师，无论是本土汉语教师还是汉语母语者教师普及"大华语"标准，使其转变观念，然后才能实施具体的教学标准。以本书的研究对象——轻声词为例，教师不仅要教普通话标准中轻声词发音与感知，还要增加一些常见变体的发音与感知，也即，增加"大华语"标准下的轻声词。我们所提的教学标准（以《国际汉语教学通用课程大纲》中 280 个轻声词为例）也可以分为不同层级类别。

　　首先，280 个轻声词全部按照普通话标准进行教学，具体教学内容则由各个教师自行把握，已有相关论文给出了普通话轻声词教学的建议，汉语作为第二语言中的轻声词教学的论述与普通话轻声词教学基本相同。此处不再赘述。

　　其次，增加轻声词可能的变体教学。按照最低标准，所有的轻声词读成本调即视为合格，因此，要满足实际的国际交际，汉语国际教学中要让学生作为"听者"能听懂读成轻声词本调的变体。而处在最低标准和高级标准之间的轻声词，可能有多种情况，需要学习者能够听懂。

　　教学标准通常以教材为载体。我们以现行使用比较广泛的十种汉语国际教育教材①为样本，收集整理了这十本教材中涉及轻声词的生词、课文情况，轻声词的统计以教材中的拼音注音为准。统计结果表明，目前汉语国际教育教材在生词注音部分，各家教材采用的轻声词标准并不统一：轻声词数量在各级分布中有较大差异，部分词条是否为轻声也不统一。见表4-5"十本汉语国际教育教材收录轻声词数量情况"。

表4-5　　　　　十本汉语国际教育教材收录轻声词数量情况

教材名称	轻声词收录数量	占《新HSK词汇大纲》比例（%）
《汉语教程》	32	11.23
《汉语会话301句》	48	16.84
《发展汉语》	2	0.70
《博雅汉语》	91	31.93
《长城汉语》	21	7.37
《快乐汉语》	37	12.98
《新实用汉语课本》	66	23.16
《中级汉语口语》	11	3.86
《阶梯汉语》	29	10.18
《当代中文》	31	10.88

生词表中轻声词只涉及轻声词标准问题，课文中涉及的轻声词则涉及正词法和拼音标注规范问题。不少学者建议汉语拼音标注采用分词连写方式（杨惠元，1984），我们收集的十本教材也普遍采用了这种方式。但是，汉语词和语素、词和短语的界定划分目前也没有统一的标准，在拼音标注时各家教材便不尽相同。如"好极了"，有的教材标注为"hǎo jí le"，有的标注为"hǎo jíle"。必读轻声的助词，有的教材将其附着在其前的词语拼音上，有的单独标注，如"我的"，有的标注为

---

① 这十种教材分别是《汉语教程》（第一册）、《汉语会话301句》（上册）、《发展汉语》（高级口语）、《博雅汉语》（初级）、《长城汉语》（第一册）、《快乐汉语》（第一册）、《新实用汉语课本》（第一册）、《中级汉语口语》、《阶梯汉语》（初级口语）、《当代中文》（第一册）。

"wǒde"，有的为"wǒ de"；"坐着"，有的标注为"zuòzhe"，有的为"zuò zhe"。名词和方位词组合时，有的标原调，有的标轻声，如"西边"（xī biān：xībian）。语流中读成轻声的词在拼音标注上差异更大，因为教材编写者地域不同，编写者自身对普通话轻声的语感不同，有的教材是多位编者协同完成，在轻声词项目上并未协调一致，造成同一本教材前后不一致的现象发生。如《汉语教程》第一册第四课生词表中"对不起"拼音为"duì bu qǐ"，课文中的拼音为"duìbu qǐ"。

汉语国际教育教材的编写者是以汉字为基础进行编辑的，拼音仅作为注音工具，因此在校对过程中，拼音规范很容易被忽视。而教材的使用者之一，对外汉语教师在教学过程中也并不是直接依据教材中拼音进行教学的。作为教材的主要使用者，尤其是初级阶段的学生却直接根据教材上的拼音进行学习。这样，教师和学生在面对同一本教材时，教师难以发现学生在习得时出现的困惑与矛盾。如果教材编写者和使用者都忽视了轻声词标准方面的问题，学生习得轻声词出现问题也就在所难免了。

现行的汉语国际教育教材处理轻声问题时，是根据轻声对应的汉字以及轻声对应的词语来处理的，并没有根据轻声在语流中的实际读音来处理。例如：

你好吗？

Nǐhǎo ma？

（《汉语会话 301 句》上册第 1 页）

我过得很愉快。

Wǒ guò de hěn yúkuài.

（《汉语会话 301 句》上册第 175 页）

这是谁的书？

Zhè shì shúi de shū?

(《汉语教程》第一册第 47 页)

那个箱子里是什么?

Nà ge xiāngzi li shì shénme?

(《汉语教程》第一册第 111 页)

以上例句都采用了分词连写的方式标注拼音,但是留学生在学习这些句子时,除了跟教师或录音等标准示范读,还要依据教材的拼音朗读、预习和复习。这时候,轻声词和其他词之间的空格就会给留学生造成误导。语流中要求轻声词必须与其前面的音节连读,而实际上被空格中断了,中断后的读音必然是有一定声调的。不考虑其他声调偏误情况,以上例句留学生实际读音为:

Nǐ – hǎo – mā?

Wǒ – guò – dé – hěn – yúkuài.

Zhè – shì – shúi – dè – shū?

Nà – gè – xiāngzi – lǐ – shì – shénme?

留学生对轻声词(包括在句子中读轻声的助词、语气词等)的习得效果不好,并不是因为他们无法正确读出该词。我们在实际教学中发现,教师领读轻声词时,留学生跟读模仿完全没有问题。但是,留学生自己读时却时对时错。我们认为,汉语国际教育教材中轻声词拼音的标注形式,在很大程度上影响了他们对轻声词习得的效果。

通过比较上述十本汉语国际教育教材,我们发现,"大华语"视域下轻声词标准较为适合作为教材编写的标准。但是"大华语"标准本身包含了合格标准和理想标准,因此,教材编写所依据的标准有两个思路，一个是以理想标准为依据，按照普通话要求确定必读轻声词数量，除了必读的轻声词以外，其他一律标注本调；一个是以合格标准为依据，按照最少必读轻声词数量标注，其他一律不标注轻声。而这两个思路，都需要依靠教师在具体的国际汉语教学实践中给学生普及"大华语"概念，对教材中轻声词的处理有一定的灵活性。

邵敬敏（2016）建议在国际汉语教学中对三类轻声词，即，语法类轻声词、区别词义或词性的轻声词和少量口语习惯读为轻声的词，必读轻声，其他的轻声词允许长期两读，经过实践淘汰，再适时规范，尽可能保留本调，减少轻声词的数量。根据我们的研究，在交际中依靠语音特征来区别词性和词义的轻声词几乎不存在，所谓能够区别词性和词义，完全是单独在词汇系统内才具有的，这与多音词或同形词没什么区别。而少量口语习惯读为轻声的词，也仅仅是听感上不习惯，从"大华语"的角度看，这类轻声词也可以不视为标准。如此，面向汉语国际教育的轻声词教学标准仅剩"语法类轻声词"必读为轻声了。

（二）交际标准

交际标准以交际时的可理解度为依据，根据我们之前的研究，可理解度涉及"听者"和"说者"两方面。面向汉语国际教育的轻声词交际标准是提供一个"模型"以供学习者接近（approximate）而不是模仿（imitate），因此，我们以《国际汉语教学通用课程大纲》中 HSK 一级到六级的轻声词为范围，设定一个层级标准。

表 4 - 6　　　　　　　　　汉语国际教学轻声词数量层级

层级	轻声词数量	说明
0	0	合格标准，全部读为本调
1	53	53 个 "～子" 后缀轻声词
2	64	增加 11 个不含音变的虚词
3	78	增加 14 个不含去声的亲属称谓轻声词
4	88	增加 2 个音变虚词，6 个称谓词，2 个重叠词

续表

层级	轻声词数量	说明
5	99	增加 11 个带 "～们、～着、～么" 等后缀轻声词
6	121	增加 22 个三音节轻声词
7	131	增加 10 个带 "～头" 后缀的轻声词和方位词
8	145	增加 14 个带 "～气、～得、～实" 后缀的轻声词
9	183	增加 38 个带去声的双音节轻声词
10	280	高级标准，同普通话标准

　　280 个轻声词中，带 "～子" 后缀的 53 个，虚词 13 个，亲属称谓 20 个（儿子、妻子、孙子、嫂子归入 "～子" 后缀类）可以作为中级必读轻声词，细分起来，这 90 个轻声词中，还可以减少语气词 "啦、呀"，因为这两个语气词本质上是 "啊" 的音变；亲属称谓中 "爸爸、弟弟、妹妹、舅舅、太太、媳妇" 6 个，因为这 6 个轻声词本调都是 "四声 + 四声" 或 "四声 + 二声" 组合，根据之前的论述，这些组合轻声变体不明显，听感上可以接受，也在可理解度范围之内。按照这样的思路，我们拟订了一个教学用轻声词数量表，见表 4 – 6 汉语国际教学轻声词数量层级。

　　我们将《国际汉语教学通用课程大纲》中 HSK 一级到六级所包括的 280 个轻声词分为 11 个层级，每级较上一级都是增加数量，一方面符合普通话标准与 "大华语" 标准的连续性要求，一方面也回应了之前对 "大华语" 宽松标准会降低标准，减少教学和学习任务的质疑。第一级为零级，要求发成普通话标准轻声词的数量为 0，只要发成本调，就算是合格标准。第十一级为十级，要求 280 个轻声词全部发成普通话标准，此为高级标准。第二级到第九级的都是中级标准，学习者根据自己习得的情况不一定按此级别顺序习得。

　　这 11 个层级标准同样适用于 "听者"，鉴于汉语国际交际是双向的，汉语母语者也应该增加大华语视域下轻声词变体的听力理解、感知与分辨。汉语二语者更需要多听、多感知不同的轻声词变体发音。

面向汉语国际教育的轻声词教学，除数量上有层级标准之外，还应该增加调节适应策略，以帮助交际双方相互理解（详见下一章）。

三　评估标准

随着汉语的国际化，国际汉语教学规模的扩大，"内圈"（Inner Circle）、"外圈"（Out Circle）和"扩展圈"（Expanding Circle）的汉语测试评估也需要重新调整，原有的评价方法不能适应广大汉语学习者的各种复杂需求。在今天的语言教学和测试中，强调母语规范的单项标准似乎仍然是主流标准。我们需要解决的问题是传统的语言测试方法如何适应语言的使用。然而，"大华语"是一个前置概念，它没有形成已然事实，因此，针对一个尚不稳定的变体，在语言形式方面还没有规范作用，就无法用"大华语"标准进行评估。我们认为，可理解度和是否影响交际才是"大华语"视域下轻声词的评估标准。有鉴于此，我们将面向汉语国际教育的轻声词评估标准分为发展性评估标准和终结性评估标准。

（一）发展性评估标准

发展性评估标准是以动态的轻声词发展层级为基础，评估学习者在习得轻声词时的中介语发展情况，是否在不断接近标准。

首先是对"大华语"范围内的轻声词的感知、分辨的评估。语言习得中，感知、分辨和发音是两套不同的系统。"大华语"范围内的轻声词包括了最低标准的变体和高级标准的普通话变体，尤其重要的是，"大华语"范围内的轻声词提供了一个不同于第一语言背景的轻声词语音变体资源库，学习者需要对多种轻声词变体的语音特征有所感知并分辨。这种感知、分辨能力也是可以分层级进行训练的。

第一层级要求能听懂分辨出标准普通话轻声词，对应《国际汉语教学通用课程大纲》中初级和中级目标；第二层级要求能听懂分辨（略）带地方口音的普通话轻声词，对应《课程大纲》中高级目标；第三层级能听懂分辨轻声词中轻声音节本调的变体，对应大华语的合格标准；第四层级要求能听懂带有本国口音的轻声词变体；第五层级要求能听懂分辨带有他国口音的轻声词变体，适应"大华语"范围。

其次是对轻声词数量的层级要求，这也是一个发展的过程，HSK 词汇大纲虽然在一级到六级规定了不同阶段掌握的轻声词数量，但大纲是从词汇的角度提出的。结合词汇等级，在相应的等级内的轻声词，我们可以使用表 4-6 "汉语国际教学轻声词数量层级"中的 11 个层级作为发展性评估依据。

最后是对轻声词发音的层级要求。对发音的评估，可以参照轻声词的发展难度来设定。第一层级要求能发出轻声词中轻声音节的本调，第二层级要求能发出轻声词中"去声+去声"和"阳平+去声"组合中的轻声音节，第三层级要求能发出"阴平+去声"组合中的轻声音节，第四层级要求能发出读轻声的语法虚词，第五层级要求发出有词缀标记的轻声词，如"～子""～得"等，第六层级要求发出普通话标准的轻声词。

（二）终结性评估标准

终结性评估标准以实现交际目标与否为衡量依据。在传统的评定量表中，评估通常按水平、等级、阶段来标记划分，评分指标往往是指成绩在不同层次完成的"典型样本"表现出的吻合度。所有这些都预示着我们对不同水平的成就有着清晰的认识。考虑到国际通用交际语的偶然性，预设不同的水平将是非常困难的，实际上是没有意义的。如果是这样的话，我们是否需要采用只包含"通过"或"失败"的二元评级框架？如果我们采用了这种二元评分法，我们会在语言评估中只处理"交际结果"取向吗？

Jenkins Jennifer 和 Constant Leung 曾对国际通用交际语的评估做过抽象的概括："能够传递信息并通过意义协商达到交际目标。"[①] 我们据此认为，面向汉语国际教育的轻声词评估标准应包括以下几条：

（1）容忍和理解不同的轻声词变体；

（2）意义模糊时协商调解意义的能力；

（3）对语用有一定的认识（例如，跨文化情境中的礼貌意识）；

（4）接受对话者的轻声词变体，确保自己所说的任何人都能理解；

（5）在交际中关注并处理交际障碍的能力。

上述 5 条评估依据，都包括说者和听者两方面，因为面向汉语国际教育的轻声词标准主要是为了适应汉语作为第二语言使用者之间的语言现实，它具备一些母语者规范所不具备的优势条件。母语者规范只关注说者是否正确说出（输出端），不关注听者是否能够听懂（输入端），在评估中如果出现任何交际障碍或可理解度的问题，那都是说者的问题。而二语者之间不存在哪个变体更好，哪个变体更高级的问题，因此，交际双方（输出端和输入端）都有责任对去除交际障碍付出努力，评估标准也是针对交际双方的。

展望未来，我们认为应该拓宽"大华语"概念，超越所谓的标准变体和狭义的规范，包括分散的、局部的"大华语"的使用。这意味着，迄今为止只强调母语者的规范和实践，仅适用于在一定的上下文语境和特定目的方面是合理的。在世界范围内，汉语评估应密切关注其在不同语言环境下的不同用途。实际上，评估标准、设计和开发应充分考虑"大华语"现实，并接受各种评估形式。

---

① 原文为英文 "The ability to convey and negotiate meaning to achieve communicative goal/s"。见 Jenkins Jennifer and Constant Leung，"Assessing English as a Lingua Franca" in E. Shohamy et al. (eds.)，*Language Testing and Assessment*，*Encyclopedia of Language and Education*，DOI 10. 1007/ 978 – 3 – 319 – 02326 – 7_ 7 – 1。

第四节 汉语二语者对"大华语"视域下轻声词 标准的态度

在之前的章节中，我们讨论了面向汉语国际教育的轻声词标准的必要性和可能性，即拟订一个相对于普通话标准宽松的多元标准体系。本章也讨论了一些学者对宽松标准的质疑，其中教师和学习者对口音的"执迷"，以及轻声词变体与汉语二语习得者的"接受度"是我们在实施国际汉语教学时必须考量的因素。因此，我们将轻声词纳入"大华语"视域之下，考察汉语变体使用者对轻声词变体的态度，为下一步应用面向汉语国际教育的轻声词标准体系奠定基础。

一 调查对象

我们选取了两所高校共100名汉语国际教育硕士研究生参与调查，之所以选择这个专业的硕士研究生，一则因为该专业是为培养汉语国际教师的专业学位，实践性很强，根据我们之前的讨论，要实施面向汉语国际教育的轻声词标准，需要教师转换观念，本调查至少可以提醒他们有这种可能；二则因为硕士研究生（一年级和二年级）具备了汉语国际教育专业的基础知识和专业术语，不至于理解错问卷信息。详见表4-7轻声词变体态度调查对象情况。

表4-7 轻声词变体态度调查对象情况

	汉语母语者	汉语二语者	男	女	一年级	二年级
学校A	31	29	12	48	28	32
学校B	24	16	8	32	20	20
小计	55	45	20	80	48	52
总计	100		100		100	

　　调查问卷发放 100 份，回收 100 份，均有效。其中学校 A 两个年级的汉语国际教育硕士研究生共 60 名，学校 B 共 40 名。男生 20 名，女生 80 名。100 名参与者年龄都在 21—26 岁之间。

二　调查方法

　　我们采用的是问卷调查方法（问卷内容见附录）。调查问卷共分为两部分，第一部分为参与者基本信息，第二部分是关于轻声词态度的封闭性问题。基本信息包括了除姓名外的年龄、性别、国籍、专业、是否与汉语作为第二语言学习者有过交际等信息。对轻声词的态度部分由 15 个小问题组成。其中第 1 题和第 2 题是调查参与者对语音变体的偏好及原因，第 3 题至第 7 题是对轻声词教学的目标和重要性的认识，第 8 题和第 9 题是关于参与者对非标准语音的认识，第 10 题调查参与者对理想的发音人的看法，第 11 题和第 12 题是关于参与者在与母语者（或汉语二语者）交际时接触的轻声词变体，以及他们对变体的接受度，第 13 题是关于教学材料轻声词标准的偏好，第 14 题和第 15 题是关于"大华语"和面向汉语国际教育的标准的理解。

　　问卷的第一部分是基本信息，统计结果如表 4 - 7 所示。第二部分的 15 个题都是选择题，我们将每一题的选择结果录入 Microsoft office Excel 2010 里，进行数量统计和百分比计算，具体结果见下一小节。

三　调查结果

　　只有 30 人认为自己说的是标准的普通话，另外 70 名学生都认为自己的普通话带有不同程度的口音，或者是方音，或者是带有第一语言的语音迁移要素。虽然，我们在统计时并未按母语者和二语者单独统计，但从选项和人数分布上,我们可以看出,所有的汉语二语者(共 45人),没有人认为自己使用的是标准的普通话,或多或少带有一些语音变体特色。有 5 名汉语二语习得者认为自己习得的汉语声调完全不对(见表 4-8)。

表 4-8　　　　　　　　参与者所使用的汉语变体

汉语变体	人数(个)	比例(%)
标准汉语(标准普通话)	30	30
普通话变体(带方音的普通话)	25	25
普通话变体(带母语口音的普通话)	35	35
普通话变体(声调不对的普通话)	5	5

而导致他们使用普通话变体的原因也很明显,主要来自学校的教学和习得的结果(见表 4-9)。

表 4-9　　　　　　　　参与者使用汉语变体的原因

原因	人数(个)	比例(%)
身份认同	18	18
喜欢这种口音	2	2
学校教的就是这种	42	42
学的结果就是这种	38	38

80% 的人认为自己的语音变体和学校的教学以及自己的学习结果有关。42 名同学认为学校教的(含母语者和二语者)本身就是普通话变体,另有 38 名学生认为是自己学不成标准的普通话,是结果性的。

几乎所有的参与者都意识到他们主要与汉语二语者之间交际,而非汉语母语者,但除了 8 人认为不重要以外,其他 92 人均认为教学中教标准的轻声词发音重要,其中大部分(79%)认为非常重要(见表 4-10)。这一数据和学生认为学成标准的轻声词发音完全一样,同样是 79 人认为学成标准非常重要,13 人觉得重要,8 人觉得不怎么重要(见表 4-11)。

表 4 – 10　　　　　　　　　**教标准轻声词发音的重要性**

重要性	人数（个）	比例（%）
非常重要	79	79
重要	13	13
不怎么重要	8	8

表 4 – 11　　　　　　　　**学成轻声词标准发音的重要性**

重要性	人数（个）	比例（%）
非常重要	79	79
重要	13	13
不怎么重要	8	8

表 4 – 12 显示的是对轻声词发音的可理解性的重要程度，这与表 4 – 10 和表 4 – 11 对重要性的认识看似矛盾，但结果也基本一致。仍然有 79 人认为非常重要，15 人认为重要，仅 6 人认为不怎么重要，比持有"教和学标准的轻声词发音"不怎么重要观点的人还少 2 人。

表 4 – 12　　　　　　　　**轻声词发音的可理解性的重要程度**

重要程度	人数（个）	比例（%）
非常重要	79	79
重要	15	15
不怎么重要	6	6

同样的，不管目前参与者的普通话语音变体是什么样的（见表 4 – 8），87% 的人认为老师还是应该在教学中将轻声词的标准发音作为教学目标，作为教师要教标准的发音，同时要求学生达到这个目标。也有 13 人认为没有必要作如此严格的要求（表 4 – 13）。有更多的人认为老师有必要将轻声词的可理解性作为教学目标，仅有 2 人认为没必要（表 4 – 14）。

表 4 – 13   教师是否有必要将轻声词的标准发音作为教学目标

是否	人数（个）	比例（%）
是	87	87
否	13	13

表 4 – 14   教师是否有必要将轻声词的可理解性作为教学目标

是否	人数（个）	比例（%）
是	98	98
否	2	2

尽管有超过一半的参与者认为有必要多听来自不同国家（不同第一语言）的留学生的轻声词发音情况，更多地了解轻声词在世界范围内的变体情况（表 4 – 15），但是只有四分之一的人认为可以教或者愿意学习轻声词变体，更多的人还是愿意学习或希望教授标准轻声词发音（表 4 – 16）。

表 4 – 15   是否有必要多听不同国家的留学生的轻声词发音情况

是否	人数（个）	比例（%）
是	57	57
否	43	43

表 4 – 16   是否愿意学习或教授轻声词变体语音

是否	人数（个）	比例（%）
是	25	25
否	75	75

在对语音（轻声词）教师的偏好选择方面，只有 28 人更喜欢来自学生所在国的本土汉语教师，更多人（72%）喜欢来自中国的汉语母语者教师（表 4 – 17）。二语习得者对母语者发音和母语者标准有一种自然的仰视，因此，从语音习得的角度看，几乎全部人希望习得标准的目的语语音，而且大部分人"偏执"地认为，只有母语者才拥有完美的目的语口音。

表 4 - 17　　　　　　　　更喜欢让哪种教师来教轻声词语音

选项	人数（个）	比例（%）
来自中国的老师（只会汉语）	72	72
来自本国的老师（会汉语和母语）	28	28

对汉语轻声词（汉语语音）变体的容忍度结果显示，无论是汉语母语者还是汉语二语者，大部分人能够接受带有一点口音的普通话，36 人甚至能接受带有明显方音的普通话，也就是二级乙等的普通话语音也是可以接受的（表 4 - 18）。作为"听者"的汉语母语者和汉语二语者，对汉语二语者的口音变体的接受度也较高，59 人可以接受非汉语标准语音，28 人能接受汉语二语者使用的汉语带有该国口音，另外有 13 人甚至能接受汉语二语者的口音有别国语音特色（表 4 - 19）。

表 4 - 18　　　　　　　　能接受哪种汉语母语者的口音

选项	人数（个）	比例（%）
稍微带有一点口音的普通话	64	64
带有明显方音的普通话	36	36

表 4 - 19　　　　　　　　能接受哪种汉语二语者的口音

选项	人数（个）	比例（%）
稍微带一些外国口音的普通话	59	59
带有明显的本国口音的普通话	28	28
带有明显的别国口音的普通话	13	13

表 4 - 20 显示的是教师（未来的）和学生对语音教学材料的偏好，96% 的人更愿意使用有汉语母语者参与对话的语音材料，这与表 4 - 13 和表 4 - 14 的结果一致。

表 4 – 20 更愿意使用哪种语音教学材料

教学材料	人数（个）	比例（%）
汉语母语者之间的对话	49	49
汉语母语者和汉语二语者之间的对话	47	47
汉语二语者之间的对话①	4	4

　　66 名参与者选择了"让更多人容易理解的汉语"作为对"大华语"的理解，25 人选择了"带有口音的汉语"，9 人选择的是"中国人说的地方普通话"，也即，34 人认为"大华语"是标准普通话的变体，或者说是有一定宽容度的汉语（见表 4 – 21）。

表 4 – 21 对"大华语"的理解

选项	人数（个）	比例（%）
带有口音的汉语	25	25
让更多人容易理解的汉语	66	66
外国人说的汉语	0	0
中国人说的地方普通话	9	9

　　作为总结性的调查，最后一题关于"面向汉语国际教育的轻声词标准"的态度，出人意料地有 76 人选择了"大华语"标准，也即，赞同宽松标准，23 人认为应该坚持普通话标准，只有 1 人认为不用标准（见表 4 – 22）。

表 4 – 22 对面向汉语国际教育的轻声词标准的态度

选项	人数（个）	比例（%）
坚持普通话标准	23	23
使用"大华语"标准	76	76
不用标准	1	1

---

① 调查问卷所指的汉语二语者之间的对话，是指发音人是汉语二语者，而非角色。

四　调查结论

调查问卷的 15 个小题，实际上分为四个部分，第一部分调查了 100 名参与者现在使用的汉语变体情况，以及他们认为造成这种变体的原因。第二部分调查了参与者理想中的教师发音、自己习得的结果和对教学材料的要求。第三部分是对未达到理想标准而形成的轻声词变体的接受度。第四部分则是整体的对"大华语"视域下面向汉语国际教育的轻声词标准的态度。

由以上统计结果，我们发现：

（1）母语者发音和标准普通话的发音依然是汉语学习者的第一追求，没有人从开始学习汉语时就想拥有一种变体口音；

（2）虽然几乎所有人都想拥有母语者的完美发音，但习得结果表明，这是不现实的，大部分习得的结果就是标准音的变体；

（3）参与者们意识到汉语作为二语习得关键在于交际效果，而且二语之间的交际可能性较大，交际时最重要的是交际双方的可理解度，如果语音变体不影响交际，他们的接受度是非常高的；

（4）参与者们对"大华语"的初步理解也是从交际的可理解度出发，认为只要在让人容易理解的范围内的汉语都应该被承认，因此面向汉语国际教育的轻声词标准可以采用宽松标准。

表 4-13"教师是否有必要将轻声词的标准发音作为教学目标"和表 4-14"教师是否有必要将轻声词的可理解性作为教学目标"看似矛盾的问题，参与者的选择分布几乎一致，是因为参与者将"标准"视为可理解的唯一条件。这或许也可以解释，为什么汉语二语者更喜欢汉语母语者教师来教语音，更倾向于使用有汉语母语者参与会话的语音教学材料。因为，在参与者的认识中，非母语者的发音可能会造成交际障

碍，然而这一点我们在上一章的"轻声词变体的可理解度实验"中已经回答了：轻声词（目前只能说是轻声词，而不是整个汉语语音系统）的变体在交际中的国际理解度非常高，这点需要对学习者和未来教师进行观念普及。

随着汉语国际化进程的发展，汉语作为第二语言学习者之间的交际将越来越频繁，在习得标准汉语不现实的情况下，如何破除学习者和汉语国际教育领域教师的固有观念，需要我们认真对待。正如 Kirkpatrick 对英语作为通用语的教学提出的建议一样：

（1）变体是自然的、正常的、连续的，作为国际通用交际语的英语教学应该培养宽容度和可理解度；

（2）对英语变体存在偏见是正常的但没有合理的基础；

（3）多个英语变体之间并不存在优劣之分；

（4）不同的教学环境和学生的不同需求决定了教学应该多元化；

（5）在很多英语教学的环境中，本土教师才是最理想的①。

于轻声词而言，我们也有相同的看法：

（1）轻声词在第一语言和第二语言中的变体是普遍存在的，这种情况是自然的、正常的，学习者不应为此感到焦虑；

（2）各种轻声词变体之间没有优劣之分，不存在也不应该存在口音歧视（Accent Discrimination）现象，这与汉语作为第一语言的方言歧视完全不同；

（3）作为国际通用交际语，尤其是适用于汉语二语者之间交际的轻声词教学应该培养宽容度和可理解度；

（4）适应世界范围内各国汉语学习者的本土汉语教师也是理想的轻声词教学者。

---

① Kirkpatrick, A., *English as an ASEAN Lingua Franca*: *Implications for Research and Language Teaching*, Asian Englishes, 2004（6）.

第五节　小结

本章在前两章讨论的面向汉语国际教育的轻声词标准有必要性和可能性的基础上，讨论了其实施的具体操作方法。从国际化的角度看，未来汉语的标准应该朝着全球共同规范的方向发展，其标准也应该是全球性的、国际化的标准，而这一标准需要所有使用汉语的人共同努力。目前的汉语国际教育教学标准显然已经考虑到"大华语"范围，以适应目前迅速发展的汉语国际教学现状，但是该标准并没有明确脱离以普通话为标准的要求，而在汉语国际化过程中，这一标准应具有国际视野。海内外学者共同认识到，目前以普通话为标准的汉语国际教育已经无法满足日益增长的汉语作为第二语言学习者的交际需求，而放宽标准、实行弹性标准或多元标准，对语音变体保留一定的容忍度基本形成共识。然而，对放宽标准后，不以母语者标准为依据，也引起了一些学者的质疑。

质疑之一是不以普通话的语音标准为标准，可能会导致无参照标准，而无参照标准就会出现：各国的本土教师、或者来自不同方言区的中国教师、甚至不同语感的教材编写者，都按照自己所掌握的轻声词变体进行教学。如果各种变体之间无法交际，则无法达到这个目标，不利于汉语国际化，甚至与国内推广普通话相悖。对此，我们的回应是"面向汉语国际教育的标准不是没有参照标准，而是多元标准"。

质疑之二是如果教学中承认了"大华语"轻声词变体是标准的，无形之中等于降低了标准要求。对此，我们的回应是"我们所讨论的面向汉语国际教育的轻声词标准，并非在普通话标准的基础上简单、直接降低要求。我们要构建的是一个标准连续体，普通话标准仍然是汉语标准，但语言文字标准或语音标准有理论标准，也有应用标准，还有评估标准，并非唯一一个适用于任何情况的标准"。

质疑之三是难以实施教学，因为教师更倾向于教授母语者标准口音，教学过程中，没有教师愿意教授非标准的口音；学习者也更想拥有母语者标准口音，而非一种变体；而且，教一种无人拥有的语音变体是不现实的。对此，我们的回应是"需要教师和学习者转换观念。我们拟订的面向汉语国际教育的轻声词是一个多元体系，包括这种理想的标准在内。而对习得结果的评估和态度则是应用层面的标准"。

针对以上质疑观点，我们设计了"大华语"视域下汉语使用者对轻声词变体的态度调查，调查对象是两所高校共100名汉语国际教育硕士研究生，调查方法方面，我们采用的是问卷调查方法。调查问卷共分为两部分，第一部分为参与者基本信息，第二部分是关于轻声词态度的封闭性问题。调查问卷的15个小题，实际上分为四个部分，第一部分调查了100名参与者现在使用的汉语变体情况，以及他们认为造成这种变体的原因。第二部分调查了参与者理想中的教师发音、自己习得的结果和对教学材料的要求。第三部分是对未达到理想标准而形成的轻声词变体的接受度。第四部分则是整体的对"大华语"视域下面向汉语国际教育的轻声词标准的态度。我们的结论是：（1）轻声词在第一语言和第二语言中的变体是普遍存在的，这种情况是自然的、正常的，学习者不应为此感到焦虑；（2）各种轻声词变体之间没有优劣之分，不存在也不应该存在口音歧视现象，这与汉语作为第一语言的方言歧视完全不同；（3）作为国际通用交际语，尤其是适用于汉语二语者之间交际的轻声词教学应该培养宽容度和可理解度；（4）适应世界范围内各国汉语学习者的本土汉语教师也是理想的轻声词教学者。

在此基础上，我们构建了一个面向汉语国际教育的轻声词标准体系，包括理论标准、应用标准和评估标准。理论标准分级分类，以普通话标准为基础，兼顾"大华语"视野，分为理想标准——普通话标准和合格标准——"大华语"标准，"大华语"标准实则包含了普通话标准。

应用标准则包括教学标准、交际标准，不同于普通话标准的是，普通话标准是从"说者"角度描述"说者"应该达到的程度，而"大华语"视域下的轻声词标准还从"听者"的角度描述应达到的要求。为此，我们拟订了一个汉语国际教育轻声词层级数量，将 HSK 一级到六级的 280 个轻声词分为 11 个层级；评估标准同样包括对"说者"的评估和"听者"的评估，分为发展性评估标准和终结性评估标准。

　　鉴于"大华语"是一个前置概念，有待汉语使用者三个"圈"的人们共同努力，逐渐形成一种新的"大华语"规范，引导全球范围内的汉语发展。"大华语"标准的普及与检验途径主要还是依靠国际汉语教学，所以我们将在下一章讨论面向汉语国际教育的轻声词教学问题。

第五章　面向汉语国际教育的轻声词教学

在本章之前，我们已经讨论了汉语作为第二语言习得者通常无法使用上下文语境等自顶向下的理解策略而导致交际失败或产生交际障碍，语音的可理解度又是二语交际中至关重要的因素。因此，我们拟订了一个面向汉语国际教育的轻声词标准体系，旨在保留轻声词变体的核心要素，在数量上找出最少必读轻声词。面向汉语国际教育的轻声词标准体系是一个多元体系，它不再是以"说者"的发音为唯一评价标准，注重交际双方在可理解度方面的贡献。但该标准是建立在大华语视域下，面向国际化的汉语使用者的，目前"大华语"仍然是一个前置概念，需要在国际汉语教学中普及和检验。本章以面向汉语国际教育的轻声词教学为题，从教学实践角度提出建议。不同于一般的教学建议，除了课堂教学以外，我们将增加交际适应策略（Communication Accommodation Theory）教学，以帮助交际双方适应国际间交际的不同变体。最后，我们还提出一些"大华语"视域下对国际汉语教师的建议。

第一节　轻声词的课堂教学

"大华语"视域下轻声词的国际标准面临的一个关键问题就是课堂

教学模式的选择。在汉语作为第二语言教学（Teaching Chinese as a Second Language）或者汉语作为外语教学（Teaching Chinese as a Foreign Language）中，我们以普通话标准为目标，以母语者发音为模型。但"大华语"视域下，世界范围内的诸多变体发音也被视为合格标准，母语者发音标准不再是唯一的模型了，担负模型角色的也可能是非母语者。

一　课堂教学模式

Robin Walker 和 Wafa Zoghbor 从实用的角度提出了三种教学模式，这三种教学模式都是以国际通用交际语核心语音要素的教学为主的[①]。

第一种模式是改编现有的教学材料。目前可见的汉语国际教育教材，没有一本是以非母语者的语音标准为依据编写，更没有以"大华语"标准为依据编写的，都是以母语者标准为依据，即使这些教材也有一些差异。我们在上一章统计过 10 本初级汉语国际教育教材中的轻声词情况，发现轻声词收录数量各异，是否必读为轻声词也不尽相同，涉及轻声词的注音规则也各有特点。但毫无疑问的是，现有教材都是按照普通话标准进行轻声词筛选和注音的。所以，面向汉语国际教育的轻声词教学显然不能等到有"大华语"标准的教材编写出来后再进行。在使用普通话标准教材的时候，教师需要注意的是，对教材所涉及的轻声词进行教学上的改编利用，强调"大华语"中轻声词共同的特征，比如在音高和时长方面变体的共性，减少那些对可理解度无益的要素，否则只会平添教学负担，反而不利于国际间可理解性。

第二种模式是利用合格的"大华语"使用者编写教学材料。除了改编利用已有的母语者标准材料，利用合格的"大华语"使用者（本

---

① 参见 Walker, R. , Zoghbor, W. , *The Pronunciation of English as a Lingua Franca*, The Handbook of English Pronunciation, John Wiley & Sons, Inc. , 2010。

书专指轻声词方面，下同）也是一个很好的选择，当然合格的"大华语"使用者本身也包括汉语母语者，但不必一定是。本土汉语教师或者海外华人都可以是合格的"大华语"使用者。这些合格的"大华语"使用者往往比汉语母语者更有优势，他们对世界范围内轻声词变体了解更多，更容易辨别国际间影响可理解度的核心要素。遗憾的是，目前可见的这类教材极少。

第三种模式是依靠国际汉语教师，包括母语非汉语的教师。教师一直都是学习者模仿的直接对象，面向汉语国际教育的轻声词教学一样适用，国际汉语教师根据自己习得轻声词的经历和使用汉语交际的经验，可以明确知道什么样的轻声词变体不影响交际可理解度，因此，他们可以自信地成为语音示范者。在汉语国际化进程中，只要教授的汉语不影响交际，不影响可理解度，那么国际汉语教师的身份和母语就不那么重要了。

目前的情况是，第二种教学模式少见，可供国际汉语教师选择的主要是第一种和第三种，也即国际汉语教师根据母语者编写的教材进行教学。李泉认为即使教材都是母语者编写，以标准的普通话为依据（事实上很难做到），但是否所有的国际汉语教师能进一步用标准的普通话开发、深化和诠释教材，答案是存疑的，而且国际汉语教师课堂上输出的汉语是否都是标准的普通话也未可知①。

二　课堂教学技巧

面向国际的汉语语音教学不再以母语者发音为唯一目标，而是围绕交际能力和调节适应能力两方面进行，这两种能力最终都是为了促进国际间的交际可理解性。但存在不同的语境，一种是多语环境下的，即，学生来自不同国家，拥有不同的第一语言背景；另一种则是单语环境下

---

① 李泉：《国际汉语教学的语言文字标准问题》，《语言文字应用》2015 年第 5 期。

的，即学生的第一语言相同，甚至教师与学生的第一语言也相同。

首先要增强"大华语"语音理解的能力。目前已经有大量的轻声词教学方面的研究成果，这些成果虽然以普通话轻声词的规律教学为主，但都可以直接用于国际汉语教学实践。除此之外，提高第一语言不同的学习者习得轻声词过程和结果的变体感知能力，能够帮助学习者增强语音理解能力。需要注意的是，虽然面向国际的汉语语音不以母语者为唯一目标，但感知、辨别等手段也仅限于输入端，并不是教学的内容和目标。

其次要增加交际中的调节技能教学。根据交际双方的语言水平，需要增加输入性的调节技能或输出性的调节技能，或者两方面都需要增加。有以下几种方法可以实现。

其一，学生和学生之间的互相听写。如果学生有不同的第一语言背景，学生之间相互听写可以增加他们听到不同的轻声词变体的机会和频率，最终促进他们对"大华语"轻声词的理解。不仅如此，在听写过程中，他们还会逐渐发展出调节技能和意义协商的技能。

其二，交际活动。与听写相比，交际活动缺少一定控制性，但更容易发展出学生的调节技能。交际活动的目标在于完成交际任务，课堂教学中的交际任务可以是模拟的活动或游戏。学生在完成交际活动的时候，必须注意信息和内容的有效传递，因此会有意识地控制自己第一语言的迁移，尽量使用目的语的核心可懂特征。如果出现交际障碍，他们则会根据情景和交际互动来修正发音，直至完成交际。如果实在因发音无法完成交际任务，教师可以进行干预，这样学生也能从中习得可理解的核心要素或调节技能。

其三，与单语者协同。随着孔子学院在海外的发展，"外圈"的汉语使用者逐渐增多，越来越多的汉语学习者将在自己家门口学习汉语，这种情况带来的必然结果就是，更多的学生将在同一第一语言背景下学习汉语，甚至汉语教师也是来自相同的第一语言国家或区域。此时，不同于在目的语国家学习的情况——学生的第一语言背景不同，可以使用第一种或第二种技巧，帮助他们适应"大华语"的变体。因为在同一第一语言背景下的学生能够感知到的轻声词变体太少，甚至只有一种，没办法发展出适应其他变体的调节技能。Jenkins 曾经比较过单语组和多语组语音技能发展情况，见表 5-1 单语组和多语组在交际活动中的语音发展情况。

表 5-1　　　　单语组和多语组在交际活动中的语音发展情况①

组别	交际目标	语音调节行为	可理解度结果
多语组	完成交际任务，语音趋同	替换掉第一语言迁移中影响可理解度的要素，靠近国际变体	可理解而且增强了国际变体的可理解度
单语组	完成交际任务，语音趋同	向第一语言趋同	可理解但是增强了第一语言口音影响

多语组和单语组的交际目标是一样的，都是为了完成交际任务，语音上要求趋同，以便理解。但单语组由于第一语言背景相同，所以在交际中为了可理解度，学习者不约而同地趋向第一语言发音；而多语组很清楚如果各自向自己的第一语言趋同，必将导致无法交际，因此，多语组的使用者选择放弃第一语言迁移可能影响可理解度的因素，尽量靠近可理解度的核心特征，这样，所有多语组的使用者都趋向可理解度的核心，就逐渐形成了可接受的国际变体。其结果虽然两组都达到了可理解，但多语组的可理解是建立在国际变体的基础上的，单语组的可理解建立在共享第一语言背景之上。这也解释了第二语言习得过程中一个有趣的现象，学习者的第一语言（尤其是母语）相同，即使他们习得的目的语别人听不懂，他们之间却可以顺利地交际。例如，以汉语为母语的英语学习者使用英语变体交际时，可能英语母语者无法理解，但交际

---

① 表格内容引自 Jenkins, J. , *The Phonology of English as an International Language*：*New Models*, *New Norms*, *New Goals*, Oxford：Oxford University Press, 2000, p. 192。原文为英文，表头是本书添加的。

双方却互相理解。

三 课堂教学程序

我们这里所说的课堂教学程序并非某一节课的教学步骤，而是指"大华语"视域下如何开始实施课堂教学。

本章之前的研究已经表明，面向汉语国际教育的轻声词教学需要教师和学生转换观念。因此，我们首先要做的是唤醒学习者意识，从社会语言学的事实出发，让学生了解到"大华语"的现状，语言变体是自然的等一系列背景知识。比如，汉语角色的变化，已经从服务于中国人之间的交际到服务于国际间的交际；母语者标准不再适用于"大华语"的现实语境，语言变体没有优劣之分；语音习得的标准应该以可理解度为依据，不再以模仿母语者发音为目的。

Jenkins 对此曾建议使用增加变体口音感知的方式逐步实施教学，她提出了五阶段口音补充方案①，其中只有第一个阶段是必须要实施的，其他四个阶段可以根据具体情境选择性使用。对它们的接受程度取决于学习者个体的社会语言学特征。然而，对于教师而言，这五个阶段并不是可有可无的，即使是受过最低限度训练的教师，也需要在课堂教学中处理一到四个阶段的能力。这五个阶段按照重要程度降序依次为。

（1）加强学习者对"大华语"轻声词标准的核心要素的产出性和接受性的训练。第一阶段的训练仅训练轻声词核心要素，而不训练那些非核心变体，也即，通过"大华语"范围内的轻声词变体研究，确定"大华语"之间交际可理解度的核心要素后，第一阶段的内容才能确定。

---

① Jenkins, J., *The Phonology of English as an International Language*: *New Models*, *New Norms*, *New Goals*, Oxford: Oxford University Press, 2000.

非核心要素作为第一语言不同的汉语学习者的口音特色，而非错误。

（2）扩大"大华语"轻声词变体口音的感知范围。从轻声词的习得结果来看，轻声词在第一语言和第二语言中均存在不同程度的变体，换言之，第一阶段要求必须掌握的轻声词核心要素，并不是每一个习得者都能完全掌握的。在此期间，他们依然会保留着一些非核心变体特征，所以，扩大"大华语"轻声词变体口音的感知范围，让学习者熟悉哪些变体特征有利于他们在交际中对非核心变体口音的辨识与理解。

（3）增加调节技能。调节技能不仅仅是针对学习者的，实际上交际双方，输出方和输入方都需要增加。汉语二语习得者增加调节技能以帮助他们在交际时根据听者的特征选择合适的轻声词变体特征，促进听者的理解；听者增加调节技能以帮助他们在交际时根据说者的轻声词变体特征识别出哪些是说者独有的语音特征，进而确定交际的内容，完成理解。

（4）补充非核心要素。非核心要素于二语习得者之间交际的可理解度并无影响，有些甚至是"不可教"的，但这些对于二语习得者与汉语母语者之间的交际非常有用。

（5）补充汉语母语者轻声词变体特征。这一阶段的内容显然没有上面四种那么重要，对于大多数学习者来说，接触到汉语母语者非标准变体（如方言）的可能性非常小。但是，鉴于汉语作为第一语言的轻声词习得还存在许多非标准变体，尤其是"外圈"（海外华人等明显带有南方方言特点的华语，在轻声词方面与目前的普通话相差较远）人士，补充这部分变体同样有利于汉语二语学习者感知、辨识轻声词变体，进而有利于汉语的国际交际。

实现这五个步骤的学习者将在一定程度上增强他们对轻声词变体的接受能力，应该能够在世界范围内使用汉语（轻声词）进行交际。由于这五个阶段是增加和补充，只会丰富他们的口音而不会改变他们第一语言的口音，因此强调"增加"而非"减少"。这样，在国际汉语教学中，随着时间的推移，学习者一直处于"学到"的状态，而不是逐渐"摆脱"第一语言的影响过程。也因此具有了教学的可操作性。

四　课堂教学案例

轻声词的教学并不是独立进行的，它不仅仅是一个语音问题，最主要的是词汇问题，正如 HSK 词汇大纲的安排一样，一级到六级均有轻声词，其中，一级仅 29 个，而六级却有 76 个。在教学中，我们不可能在初级阶段的语音教学中就完成所有轻声词的教学，也不能将轻声词的特征分解到一级到六级中逐步实现。因为轻声词和轻声紧密结合，轻声词在语音层面要求一开始就掌握轻声的语音特征，在词汇层面则需要分级教学。

故此，我们将轻声词的语音特征作为一个整体，不区分词汇等级，设计教学程序和计划，给国际汉语教学提供一个案例。在案例中，我们为每一堂课设定目标，并通过演示、练习、讨论和实际接触各种说者的音像材料来提供模型。从上文 Jenkins 的五个阶段受到启发，我们将其融合到教学的三个阶段中来。

第一阶段

整体描述：介绍"大华语"的概念及其对学习汉语语音的意义。介绍"大华语"视域下的轻声词。将选定的轻声词核心要素作为学习者的产出性和接受性训练内容。

轻声词：轻声词本调发音，语法虚词与带"～子"后缀轻声词。

调节技能：介绍调节适应策略的概念及其在口语交际中的作用。介绍语音调节的基本概念。意识到学习者最有可能遇到的轻声词变体的关键特征，要么是由于地域因素，要么是因为学习者第一语言迁移影响。

第二阶段

整体描述：在使用"大华语"中巩固轻声词的发音和理解能力。介绍语音变异和变体概念。扩大"大华语"轻声词变体口音的感知范围，补充非核心要素。介绍调节适应策略。

轻声词：亲属称谓轻声词，重叠轻声词，带"～们、～着、～么"等后缀轻声词。

调节技能：使学习者意识到自己的轻声词发音中哪些特征最有可能对来自其他第一语言背景的人来说是有问题的。增加对"大华语"轻声词的熟悉程度，包括学习者不太可能遇到的口音或与学习者的口音大不相同的口音。引导接触标准普通话中轻声词特征。介绍一些非言语的交际策略。提供有效的实践活动。

第三阶段

整体描述：跳出"大华语"视域下轻声词变体视野。增加选定的非核心项目。巩固"大华语"轻声词的熟悉程度。增加普通话标准轻声词的系列特征。

轻声词：三音节轻声词，带"～气、～得、～实"后缀的轻声词，其他双音节习惯读轻声的轻声词。

调节技能：适应"内圈"轻声词非标准变体，增加普通话标准轻声词发音感知和普通话轻声词的实践活动。在意义上对听者的适应练习。

限于时间和实施环境要素，我们未能寻找到合适的班级来试验此课程计划。但考虑到海外汉语教学的事实，国际汉语教学中语音教学阶段多由本土汉语教师进行。我们建议轻声词的教学可以由汉语母语者教师和本土汉语教师配合，协同教学。其中，本土汉语教师负责轻声词的核心变体和国际变体，汉语母语者教师负责普通话轻声词标准和汉语作为一门语言中轻声词变体。整个课程中，第一次课主要为介绍性的，介绍"大华语"概念、"大华语"视域下轻声词语音变体和交际的可理解度，介绍调节适应策略等技能，改变学习者观念。最后一次课应该为考核性的，检查评估教学效果。中间的课程集中在轻声词的产出性和接受性训练。虽然我们未能实验，提供实验结果以检验教学设计，但是国外以英语作为国际通用交际语的教学实验结果，值得我们参考借鉴。Annalisa，Teixeira，Rebecca，Pozzi 根据世界英语的理论，设计了英语作为国际通用交际语的语音教学课程，然后通过批判性写作反思、问卷调查等方法考查了教授不以英语母语者为标准的国际通用交际语——英语的结果，他们的结论对面向汉语国际教育的轻声词教学一样有参考价值[1]：

（1）学生对变体"口音"更自在，不再像之前那样对"口音"普遍持负面态度了；

（2）辨别不同变体口音的能力提高了，在国际交际中更流畅顺利。

第二节　增加"调节适应策略"教学

从《国际汉语教学通用课程大纲》和上一节的研究，我们看到，面向汉语国际教育的轻声词教学，在语言知识和语言技能方面教学是必须的，但仅教这些又是不够的。虽然"大华语"标准的轻声词核心要素是可教的，学生也是必然能学会的，但我们并不能保证所有学习者会在以后所有的交际活动中正确地使用，甚至不能保证所有学习者都能努力习得理想的成效。学习者在学习和使用过程中不可避免地会受到焦

---

① Teixeira，Annalisa，Pozzi，Rebecca，*Introducing English As an International Language in the Inner-Circle Classroom*：*Exploring World Englishes*，CATESOL Journal，2014，26（1）.

虑、情感过滤、负担过重等因素的影响。这反过来又会导致学习者恢复到早期习得的语音面貌，因此可能导致即使学习者掌握了"大华语"标准下轻声词变体的核心特征，但这些特征中仍然会包含其第一语言的迁移因素。如果学习者的第一语言迁移和发展难度等因素共同作用导致某些轻声词的特征（时长相对短音高相对低）不可教，但随着"大华语"的发展，这些特征逐渐成为影响轻声词可理解度的核心要素，那么我们所能做到的最好的就是通过教学，引导学习者注意到这些特征，为将来的学习和交际做准备。学习者可以通过课堂之外的语言实践，长时间接触这些变体来习惯这些变体，而教学者的任务则是帮助他们理解为什么有时候需要注意到这些变体，以及面对这些变体时如何做。

实际上，这就是汉语作为国际性语言交际涉及的两个方面，一是说者，一是听者。一方面，说者要根据自己所处的交际环境来调节自己的发音。他们需要能够评估当时的对话者的发音可理解度，并且保证自己的可理解度较高。换言之，他们需要能够"适应"（accommodate）或"趋同"（converge）对话者。另一方面，听者需要培养对语音变体更大的容忍度以及在特定的交际环境下调整他们的期望以适应对话者的语音特征。换言之，作为听者，不要期望对话者的发音已经达到了理想的标准。

以上论述表明，我们在国际汉语教学中，在面向汉语国际教育的轻声词教学中需要增加一种策略技能，以帮助交际双方"适应"或"趋同"，调节适应理论（Accommodation Theory）为我们提供了一种解决方案，它致力于交际双方的可理解度，与国际性语言教学的目标一致。

一　调节适应理论

调节适应理论也称交际适应理论（Communication Accommodation Theory，CAT），源于言语适应理论（Speech Accommodation Theory，SAT）①。它并不是唯一一个用来解释中介语正确形式和错误形式之间差异的理论，但也没有完全解释所有水平的中介语变异。对中介语变异的几种阐释都认同社会语境的作用，尤其是听者因素的重要性。Bell 认为，变异是说话人根据听话人的个人特征、普遍的言语风格和特定的语言用法进行调节、调整的结果②。还有诸多关于言语变异的研究，如 Ellis 得出的主要结论基本一致③。目前，调节适应理论为中介语变异现象作出的解释最为合理，它与语音变异相关程度最高。

调节适应理论的早期理论"言语适应理论"认为人们在言语交际中有调整的动机，尤其是言语背后的认知和情感过程。言语调整的目标是唤起听话人的社会认同，提高交际双方的交际效率，以及保持积极的社会身份认同（Giles，1984）。在调节适应理论框架内进行的研究主要集中在"唤起听话人的社会认同"和"保持积极的社会身份认同"这两个目标方面，大多数研究的内容是第一语言的迁移影响。然而，中介语变异研究倾向于关注第二个目标"交际效率"，也即，我们之前讨论的"可理解度"，因为它能更好地解释在特定的语言环境中二语使用者对其言语所做的调节。

调节适应理论在解释言语风格转换方面，借鉴了四种社会心理学的理论。首先是相似性吸引理论（Similarity Attraction Theory），该理论认为人们更容易被拥有相似信念和态度的人所吸引。其次是社会交换理论（Social Exchange Theory），该理论认为人们在行动之前会权衡选择的成本和效益，通常会选择成本最少，效益最大的行为。再次是归因理论

---

① 英国著名的社会心理学家 Howard Giles 于 1980 年所提出的，认为交际者主观上的情感、价值以及动机等因素对确定言语行为起着重要的作用。主要用于解释言语风格变化中的趋同、分化和保持等现象。

② Bell，A.，*Language Style as Audience Design*，Language in Society，1984（13）.

③ Ellis，Rod.，*The Study of Second Language Acquisition*，Oxford：Oxford University Press，1994.

（Cause Attribution），是指人们会根据他人行为背后动机的解释来评价他人的行为。最后是群体差异理论（Intergroup Distinctiveness），即人们通过保持自己与其他群体的不同来维持自己的群体认同。以上四种理论可能有两个或两个以上同时在起作用，导致交际者的言语产生变异，并给趋同、分化或语言保持策略的选择提供解释，这些理论共同构成了调节适应理论的基础。

趋同策略本质上是个体为适应他人的言语风格或交际行为而选择的策略，在语言和韵律特征上有广泛的表现，如言语节奏、停顿、话语长度、发音特征等，还有一些非言语手段，如微笑、目光接触等。分化策略则指交际时说话人强调自己与听话人在言语和非言语上的差异的策略。分化策略使用的手段包括语音特色、内容差异甚至出现语码转换。趋同策略与个体身份识别相关，因此是言语交际内部问题，而分化策略相反，与交际者外部群体身份认同相关，因此是交际外部问题。如果交际双方的身份不同，那么分化策略使用的可能性就更大。语言保持（Language Maintenance）策略，也属于分化的一种，因为交际者为了保持他们的社会身份认同，在交际中不愿意选择和对话者趋同，从而保持自己的言语风格。

我们试想一下，在使用轻声词交际时上述三种策略发生的场景。当汉语母语者使用标准普通话和汉语二语者交际时，汉语母语者通常会使用第三种策略，即保持自己的母语特征，而汉语二语者通常会选择趋同策略，以向汉语母语者靠近。而当交际双方均为汉语二语者时，策略选择可能有多种情况。交际双方对彼此汉语水平的判断就可能影响他们对策略的选择，自认为汉语水平低的可能会向汉语水平高的趋同，汉语水平高的也可能选择趋同。当然，交际双方也可能无法辨别彼此在轻声词习得方面的水平都选择趋同策略，以完成交际。

导致趋同或者分化的三个动机：获得对话者的认同、提高交际效率和保持身份认同，前两个与趋同策略相关，第三个与分化策略相关。在调节适应理论的四个社会心理学基础方面，趋同策略与相似性吸引理论相关。这反映了说话人常常无意识地想要认同另一个人，并对自己的言语进行调节，以便听起来更接近听话人。Giles 等的研究表明，通过趋同，说话人在对话者的眼中的吸引力、可预测性、可理解度和人际交往能力都会提高①。

交际效率动机在中介语交际中尤为重要，为了完成一项对交际双方都有利的交际任务，交际双方都会被激励去促成交际，从而达到交际效果。与拥有共同的语言和社会文化背景相比，如果交际双方的第一语言和社会文化背景不同，调节适应过程在增进交际双方的可理解度方面的作用要大得多。特别是在交际双方口音差异较大的时候，他们可能会感到内在的压力，需要某种方式在语音上趋同，以提高自己的可理解度。

由于第一语言语音习得很大程度上是潜意识的，习惯养成的，那么第一语言语音上的一些特征就很容易迁移到第二语言语音习得中，最终形成带有口音的第二语言语音面貌。这种迁移的结果在对比分析理论那里就变成了"错误"，而不同的第一语言学习者必然有不同的"错误"。习得者在语音上与目的语的差异通常是由于缺乏"监控"（monitor）而导致的，根据克拉申（Krashen）的监控假说（Monitor Hypothesis），偏误是缺少监控导致的，而监控可以发生在输出之前、输出过程中甚至输出之后②。听者在交际时很难利用上下文语境等词汇、语义线索，较多依赖交际时的语音信息。因此，交际双方的发音多被认为是交际失败或造成交际障碍的唯一原因。所以，在二语者与母语者交际时，这种产生

---

① Giles, H., "The Dynamics of Speech Accommodation", *International Journal of the Sociology of Language*, Amsterdam: Mouton, 1987.

② Krashen, S., *Second Language Acquisition and Second Language Learning*, Oxford: Pergamon Press, 1981.

交际障碍或误解的责任方就由二语者来承担了。

　　然而，随着汉语的国际化，汉语学习者的动机不仅仅是为了与汉语母语者交际，很大程度上要与"外圈"和"扩展圈"的人进行交际，他们的第一语言各不相同。因此，我们认为，在二语者之间的交际中，说话人会监控自己的发音，并试图以对话者的发音标准来调节自己的发音，达到趋同。交际成功时，交际双方的语音差异就会减少，从而提高他们的语音可理解度。从这个角度看，中介语的交际效率动机——趋同策略，也是中介语交际时言语可修正性的动机。另一方面，调节适应理论的基础，群体差异理论和身份认同在国际性语言交际中关系就不那么密切了。当交际双方的第一语言不同，都变成了"大华语"社团中的一员，群体差异变小，身份认同也难以找到语言文化基础。Tarone 曾论述过"什么是第二语言学习者的言语社区？如果所有的学习者的第一语言都相同，拥有同样的文化，那么言语社区就很明显。但在二语习得的语境中，学习者可能拥有不同的第一语言，不一样的母语文化，这种情况下，学习者是如何识别言语社区的呢？"[1]

　　因此，"大华语"是一个复杂的汉语社区，一方面，说者要成为国际性的言语使用者，他们将汉语作为国际通用交际语来使用，是为了让"大华语"社区的其他成员理解他们的意思，而不希望在语音上出现分化；另一方面，大部分人不想失去他们第一语言的身份特征，这就意味着他们可能还会保留他们的第一语言口音。"大华语"标准提供了一个解决方案，既能促进第一语言不同的汉语使用者趋同，又能保持他们原有的身份认同：在对可理解度至关重要的语音特征上向目的语趋同，在对可理解度没有影响的语音特征方面保持其第一语言特征。

　　Thakerar 等（1982）指出，言语趋同的首要动机便是促进交际双方的理解。随后，调节适应理论的创立者 Giles 和 Coupland 认为可理解度

① Tarone，E.，*Variation in Interanguage*，London：Edward Arnold，1988.

的提高是趋同行为的重要结果，但有时候却是调节适应行为的首要动因①。我们赞同这种观点，因为中介语交际中，交际双方因为发音错误而导致交际过程需要更多的意义确认，从而导致交际中断，甚至导致交际失败。

调节适应理论对我们来说，最重要的作用在于，它解释了二语习得者为什么要调节他们的发音以减少与其他二语者之间的语音差异，以及二语使用者如何调节他们的发音的，它还为教师提供了如何干预二语使用者之间的交际以促进交际成功的方法。

然而，调节适应理论在解释中介语语音变异方面也存在一些问题。尤其是汉语国际化程度还不够高的情况下，我们所能收集的数据基本上是汉语二语者和汉语母语者之间的交际，汉语二语者之间交际时的中介语变异数据还很少见。因此，我们需要详细考察跟中介语教学密切相关的两个要素：交际效率的动机及其对二语使用者的作用。

二 调节适应理论与外国式语言

二语者之间的交际，交际双方可能有不同的第一语言迁移口音，特别是在双语环境下，交际双方的可理解度成为一个日益重要的问题，Bell 曾指出"语码之间的差异越明显，可理解度的问题就越突出，与听话者的交流压力也就越大"。② 第二语言习得者之间的对话往往会创造条件推动彼此的言语更能被对方理解，也更为准确。

Takahashi 调查了使用国际通用交际语进行交际时的调节适应策略，

---

① Giles, H., Coupland, N., Coupland, J., *Accommodation Theory: Communication, Context, and Consequence*, Cambridge: Cambridge University Press, 1991.

② Bell, A., *Language Style as Audience Design*, Language in Society, 1984 (13).

研究结果有力地支持了这样的观点，即在使用国际通用交际语交际环境下，说者可能会向听者趋同，趋同的目的主要是为了提高交际可理解度[1]。在分析数据时，他发现交际双方在语言和心理层面上都影响了听者。研究结果发现，水平较高的被试者在高水平的访谈者面前说的话比在水平不太高的访谈者面前要多，中级水平者则处在高水平和低水平被试者之间。这说明，被试者有能力调节他们的言语，使之与访谈者的言语保持一致，也即第二语言使用者有意识地或无意识地根据听者的水平调节自己的言语，使之趋同。

母语者和二语者之间的交际也有这种现象，当母语者有意识地向二语者趋同，以促进彼此之间的可理解度时，母语者将自己的言语水平降至二语者水平而调节自己的言语，这种现象称为"外国式语言"（Foreigner Talk），也叫"保姆式语言"。该术语最早由 Ferguson 于 1971年提出，他当时是以母语为英语的人为研究对象的，因此对其的界定是，英语母语者与非英语母语者交际时刻意简化的语域。后来，Arthur 等人将外国式语言描述为："语言使用者无意识地对他们的语言进行调节的能力，而这些调节的最终结果是简化语言，促进交际。"[2] 然而，对于究竟是什么引发了外国式语言的产生，为什么第一语言不同的人或同一个人在不同的语境下使用的言语会有差异，学者们尚未达成普遍共识。

Varonis 和 Gass 合作对外国式语言进行了多项研究，当母语者分别被其他母语者和非母语者询问信息时，母语者在回答时会根据不同的交际对象而使用不同的言语方式，即使非母语者所使用的语言在语法和词

---

① Takahashi，T.，*The Infulence of the Listener of L2 Speech*，Variation in Second Language Acquisition：Discurse and Pragmatics，1989（1）.

② Arthur，B.，"The Register of Impersonal Discourse to Foreigners：Verbal Adjustments to Foreign Accent"，in D. Larsen-Freeman：*Discourse Analysis in Second Language Research*，Massachusetts：Newbury House，1980.

汇上都是正确的，也会被母语者区别对待①。当回答非母语者人士的问题时，母语者通常会重复最重要的内容，提高语调。他们研究了其中可能的原因，认为当母语者评估和回答非母语者的问题时，最需要考虑的是影响对非母语者的可懂输入的因素。这些因素包括发音、语法、对话题的熟悉程度、对交际者的熟悉程度、对说话者母语的熟悉程度、交际流利程度和社会因素，其中最重要的是发音。

他们在其后的研究中发现，母语者对非母语者的熟悉程度对母语者理解非母语者的能力有积极影响，这反过来会减少外国式语言的使用②。非母语者的二语熟练程度主要取决于发音、流利程度和理解能力。在交际过程中，母语者会根据自己对非母语者的语言能力重新评估对话者（而这种判断主要依靠的是语音表现，尤其是发音），然后对自己的言语作出相应的调节。

综上所述，我们对外国式语言和调节适应策略之间的关系是这样理解的：外国式语言是母语者对非母语者言语不理解时的一种反应，是当对话者明显是非母语者时缺乏理解的一种反应；也是母语者调节自己语言以适应对话者的一种策略。中介语交际之间的调节适应策略——趋同，与外国式语言的调节适应很不一样，中介语交际时的调节适应主要朝着核心变体的方向趋同，而外国式语言则朝着非母语者水平调节，二者的共同点在于都是为了提高交际效率，增进可理解度。

研究中介语交际的调节适应理论是为了能够给国际汉语教师在教学上提供参考，能够为语言教师在课堂中为语言教学和语言学习过程创造尽可能有效的条件，否则就没有应用价值了。为了减少语音错误，我们必须首先了解语音的自然变体，这些可以由调节适应理论确定，对中介

---

① Varonis, E. M., Gass, S., "The Comprehensibility of Non-Native Speech", *Studies in Second Language Acquisition*, 1982, 4 (2): 114 – 136.

② Gass, S. M., Marlos, V. E., "Variation in Native Speaker Speech Modification to Non-native Speakers", *Studies in Second Language Acquisition*, 1985, 7 (1): 37 – 57.

语发音影响最大的是对话者的可理解度。在第二语言习得初期，目的语音位系统尚未完全习得时，说者可能会努力调节自己的发音以靠近正确发音，而不是向听者的可理解方向调节。从理论到实践，我们需要考虑的是调节适应理论与中介语的关系，特别是与中介语使用情境的关系，以及如何在教学中更好地应用。

三　调节适应策略的课堂教学

以上研究在促进汉语国际交际成功方面可以总结为三点：

（1）中介语交际的可理解度很大程度上取决于语音的可理解度；

（2）语音的可理解度依赖于对核心变体发音的正确度；

（3）非母语者有意愿也有能力在一定条件下，通过趋同策略来调节自己的发音以适应核心变体发音。

从教学实践的角度，我们需要确切地了解上述第三条中"一定条件下"所涉及的内容，以及在多大程度上学习者能够达到这些条件，并根据对话者来调节适应，甚至在这些条件不那么充足时也能实现交际。

即使在理想的条件下，传统的调节适应行为也很少发生，如，说者向听者趋同。作为二语习得者，交际双方有一个共同的目的，即彼此不断接近目的语，他们并不想向对话者的错误趋同，即使是为了交际效率，他们也不会放弃自己习得的成果而迁就对话者，在言语形式上表现出与对方相同。这说明，在不熟悉交际者第一语言的情况下，交际双方的趋同行为是替代自己母语中最有可能造成错误的某些音素，而不是向对话者的口音趋同，以达到相似。很有可能在对话者意识到母语口音相似之处之前，特定的教学干预和反复接触其他口音变体是必要的。

不少学习者和教师都担心在趋同过程中，学习者会以某种方式获取彼此的错误发音。已有学者证明这种担心是毫无根据的，随着时间的推移，学习者没有出现更多的彼此语音干扰的错误，而且，他们实际上还"了解"了这些错误发音，在适应语境之外保留它们（Porter，1986；Jenkins，2000）。换言之，学习者接触到不同的"错误"发音，并不会导致自己习得这些错误发音，反而作为变体知识储存在自己的语音知识库内，以帮助他们在今后的交际中识别出错误变体，进而识别出影响可理解度的变体，促进交际。

（一）创设调节适应的最优条件

如上文所述，传统的趋同行为与中介语语境基本无关，我们考察一下在哪些最优的条件下，中介语的产出性和接受性的调节适应行为会发生：输出方面，学习者会使用国际核心变体替代第一语言迁移；输入方面，听者能够进行调节以适应说者使用第一语言迁移时可能造成的交际失败。

输出方面趋同的条件包括①：

（1）对说者来说，交际双方的可理解度是交际中最重要的因素；

（2）说者充分利用言语之外的要素理解听者可能遇到的困难；

（3）目标项目在说者的能力范围之内并且可以有效输出；

（4）没有其他干扰因素，确保说者有精力关注发音。

输入方面趋同的条件包括：

（1）听者有理解对话者的动机；

（2）听者曾感知过说者的口音变体；

（3）听者曾感知过不同的第二语言口音变体并且对此有一定的容忍度；

（4）听者不担心在交际中会习得对话者错误的语音变体；

---

① Jenkins, J., *The Phonology of English as an International Language*: *New Models*, *New Norms*, *New Goals*, Oxford: Oxford University Press, 2000.

（5）听者能够在语言上或感情上对不理解的地方作出回应。

上述两种条件可以分为两类，一类是交际者因素，一类是情境因素。交际者因素包括说者的语音水平以及对听者理解可能产生困难的意识，还包括听者对其他第二语言的熟悉程度、对中介语错误的态度以及面对无法理解的地方的反应。情境因素则包括提高说者的理解动机、提高听者的理解动机、减少说者的干扰因素等一系列情境条件。在具备以上条件的情况下，教师就可以直接设计适当的课堂教学活动，以帮助学习者发展出相应的技能。下面，我们将详细考察一下这些条件。

（1）交际者因素之语音

语音是交际者因素中最重要的因素，因为交际者就包括了交际双方，听者和说者都在其中，所以涉及了输出方面的条件和输入方面的条件。一方面，说者在输出时需要在语音层面增加一些核心特征，这些特征对国际间交际的可理解度至关重要，而且，这些特征能够轻而易举地输出。这就意味着，对于大多数学习者来说，他们需要学习一些轻声词核心变体，如果没有这些，无论说者有多么强烈的被理解的动机，他们都将缺乏必要的资源，无法使他们的发音朝着可理解的方向调节。另一方面，听者需要能够感知到一些可能造成交际障碍或失败的轻声词变体特征。这需要两个方面的教学，首先需要让学习者感知第二语言和第一语言中轻声词变体的发音情况，这些变体通常是学习者最有可能遇到的实际交际情况，最好的方法便是在教学中多次重复这些变体，让学习者不断被输入，并在教学中提醒学习者有意识地注意到这些变体；其次要求学习者对第二语言轻声词习得变体保持开放和容忍的态度，当遇到从未听到过的口音时，能够使用一定的策略来处理。

（2）交际者因素之语境

交际者，包括说者和听者有时候会根据交际环境而使用不同的调节适应策略。中介语交际中，对话者的理解能力对于说者来说可能是非常明显的，但说者并没有去努力调节其非核心变体发音，反而是继续保留那些第一语言迁移音位。这是因为当决定在替换迁移音位方面投入多少精力时，说者会根据语境来权衡听者产生交际障碍的可能性（参见前文：社会交换理论）。如果有明确的非语言线索（如，实物、图片等），说者会觉得放松监控不会给可理解度带来影响。在这种情况下，只有当核心语音项目完全被说者掌握，知识层面和技能层面都没有问题时，第一语言迁移才不会发生。无论是汉语母语者还是汉语二语者，语境条件对于说者来说，要比听者更重要，因为交际者总是倾向于选择最省力的方式。在这种省力原则支配下，说者不会预测听者会受到哪些负面影响。在中介语交际中，说者会暂时忘却听者所要依赖的语境条件从而放松对发音的监控。

（3）交际者因素之处理不理解时的能力

在汉语作为通用语的交际过程中，经常会出现这种情况，即，交际双方有时候并不理解对方的意思但没有使用任何手段表达出来。一方面，听者因害怕丢脸尴尬而不愿意承认自己没有理解；另一方面，也担心指出说者的言语是不可理解的会造成对方颜面尽失。在发音方面，尤其如此，他们的担心与身份问题相关——一个人的第二语言中第一语言的口音与他的身份紧密相连。另一种可能的原因是语言技能上的，说者和听者可能因为缺乏一定的语言技能表明他们的不理解，因此显得对不理解无动于衷。对于前两种原因，教学中很难化解。但我们可以通过教学教会交际双方一些技能，如，追问、确认、重复等言语手段，停顿、眼神等非言语手段，以帮助他们在交际中发生理解障碍时用一些手段表达出来，这样就能反馈给对话者，对话者也能随之使用调节适应策略来促进交际效率提升。

（4）交际者因素之担心习得错误语音

在交际中，交际双方的确有可能会偶尔产生一些对方特有的语音错误，但这种情况极为少见，一般情况下学习者不会习得同伴的错误语音。只有在交际双方的关系非常近的情况下才会出现。因为在这种情况下，调节适应的动机从交际效率转向了情感认同，因此趋同行为的目的也不相同了。在为交际效率而进行的趋同行为中，学习者会用国际核心变体要素替代各自母语的迁移要素；但在为情感认同而进行的趋同行为中，学习者不仅用国际核心变体替代母语的迁移要素，还偶尔使用对方的语音要素来替代自己的语音项目。

（5）情境因素之可理解意愿

可理解意愿包括理解别人的意愿和渴望被别人理解的意愿，这分别是输出性的和输入性的趋同因素。在某些交际活动中，听者会特别关注自己是否正确地理解了说者的意思，他们知道说者的发音可能会对可理解度有所影响。当听者表现的可理解度非常高时，说者会使用更多接近目的语标准形式的言语来替代第一语言可能带来的迁移，也就是说，他们会在理解与被理解方面作出更大的努力。这种意愿完全可以在课堂教学中加以利用。

（6）情境因素之干扰

当交际者在交际过程中需要同时处理词汇、语法、会话信息等问题，他们首先要处理的是会话信息，因为这是交际的目的所在。在这种情况下，语音问题就会让位于交际信息，说者就可能会放松监控，也即，受到词汇、语法、交际信息等负荷过大的干扰，无暇在语音上趋同。因此，在教学中，我们需要给学习者创立一种没有过多其他负荷的情境，确保设计的任务不会让学习者有负荷过重的情况，让学习者可以集中精力处理语音问题。当然，这不能保证学习者在课堂之外就永远不会接触到那些干扰元素，课堂教学中可以逐渐增加语言负荷，在处理这些负荷的干扰时，学习者自己会发展出相应的技能：实际交际中要放弃哪些语音要素，对语音可理解度牺牲多大才是合适的，等等。

（二）提供需要调节适应的变体

汉语国际化的目标和结果必然是不同第一语言的汉语二语习得者使用汉语在国际范围内进行交际。因此，汉语作为第二语言教学与汉语作为国际性语言教学在很多方面应具有不同的特性。结合之前（第二章第二节）我们对汉语国际教育中几组概念的分析，我们知道，汉语作为外语教学的主要目标是培养学习者使用汉语与汉语母语者交际，汉语作为第二语言教学的主要目标是培养学习者使用汉语与汉语母语者、汉语二语者（可能有共同的第一语言）交际，而汉语作为国际性语言教学的主要目标则是培养学习者使用汉语与不同第一语言的人交际。因此，在教学中，学生和学生之间的交际比师生之间的交际对于发展语音方面的调节适应技能更重要。Jenkins（2000：188）比较了教师主导的课堂输入和交际活动与学生之间的交际活动的区别，见表 5 - 2 师生之间交际和学生之间交际的区别。

表 5 - 2　　　　　　　　　　**师生之间交际和学生之间交际的区别**

	师生之间交际	学生之间交际
作为国际性语言语音教学	控制练习核心变体	练习调节适应技能的机会
	增加学生感知非核心变体的机会	增加感知各种国际变体的机会
作为第二语言教学	注重语法准确性	注重可懂输入和可理解度
	注重第二语言的语用表达	更多输出机会

教师主导的语言输入和交际活动并不能直接促进国际性语言交际能力的获得，作为第二语言教学，教师提供母语者的语法和语用模型，控制性输入和练习，然而国际性语言学习者可能不需要完全掌握母语者的语法项目和语用行为，尤其是在国际交际时。例如，汉语作为第二语言学习时，学习者使用汉语回应称赞时需要表达谦虚，这种谦虚多以否定形式出现，学习者要想在语用上表达合理，就要使用汉语母语者的表达习惯。但当学习者是与别的二语者之间进行交际时，他完全可以使用自

己的方式，如通过表示感谢的方式回应称赞，而对话者也不会感到文化冲突，也就不存在所谓的语用偏误。

　　学生之间的交际活动能够帮助学生接触到更多的语音变体，包括轻声词变体，这有利于培养他们对核心变体的接受度，较少的控制和小组协同，特别是涉及信息交际的活动，这种活动方式可以提供理想的氛围。涉及双向信息交换的活动比单向的有利，是因为双向交际活动会使用更多的意义协商方式，从而为学习者提供更多机会来调节他们的发音，调整他们的期望，对不理解的地方作出反应。例如，对于初级水平的学生，我们可以采用包含图表和方位信息的交际任务练习。学习者拥有相同的图表，必须互相描述他们应该做的事情来完成任务。对于高级水平的学生，一样可以使用任务，但需要加入一些策略，比如引入信息差①（Information Gap），让学生掌握不同的信息，必须通过交际完成信息传递，而且还要使用其他非语言策略来协作完成任务。

　　促进学生之间的语音接触和感知适应，常用的教学方法是"听写"，学生和学生之间的听写。学生之间的相互听写能将国际变体口音最大化地呈现出来并让更多学生接触感知到。除了这种隐性的接触、感知不同变体口音的机会，教师还可以引导学生进行显性的语音对比，突出各自的语音差异。通过讨论不同第一语言的汉语二语语音特征，学习者可以将这种陈述性知识转化为交际时对语音变体识别的程序性知识。如果学习者所处的学习环境是单语环境（来自同一个国家和区域，有相同的第一语言背景），教师则可以通过播放其他二语习得者的录音来增加他们感知变体的机会。

　　当然，这种教学也存在一个问题，那就是当交际者中出现不止一位汉语母语者时，母语者可能会强化他们的母语发音特征，进而显示自己母

---

　　①　"任务"作为第二语言教学中使用的概念不同于普通词语"任务"，特别是在交际派教学法中，它特指交际双方掌握了不同的信息，必须通过"任务"来完成交际。

语者的身份（语言维持）。这将会导致趋同行为发生变化，开始时可能是主动的趋同，而发展到后面就是被动的趋同了。身份不仅仅是唯一的问题，情感上避免尴尬也是一个问题。课堂教学中，当交际者不得不和母语者交际时会显得尴尬，因为他们觉得，课堂始终只是一个模拟的场景，不是一个真正需要用到国际变体交际的场景，刻意使用变体很不自然。

从这个角度说，我们又回到了本书使用的另一个概念——"大华语"。"大华语"是以普通话为基础的全世界华人的共同语。而"大华语"视域下的汉语国际教育，我们将概念的外延扩大至全球的汉语使用者，无论他的第一语言是什么。在汉语作为国际性语言的教学中，学习者来自不同的第一语言背景，拥有不同的汉语变体口音，这本身看起来会给国际汉语课堂教学带来问题，而增加调节适应策略的教学后，这种多样化变体恰恰给教学带来了方便。这种学习环境给学习者接触感知不同变体带来了可能和机会，在变体之间的交际中才能确定核心变体，进而提高交际的可理解度，也正因为需要和不同变体交际，学习者才有动机和意愿发展调节适应技能，反过来又促进国际交际的可理解度，提升交际效率。这也对本书在第二章第三节提出的问题"如何利用语言变体，使其成为有利于交际者的调节适应策略，而不再是交际时出现的问题？"的回应。

第三节　面向国际的轻声词教学的建议

Kachru 在给面向 21 世纪英语语音教学的建议中指出"我们需要的是两种类型的转变，一是研究与教学，另一个从社会语言学的现实角度理解英语的使用以及使用英语的人们"。[①] 他的观点一样适用于逐步国

---

① Kachru, B. B., *World Englishes*: *Approaches*, *Issues*, *and Resources*, Language Teaching, 1992, 25 (1).

际化的汉语。就本课题涉及的轻声词而言，它主要是语音层面的，在语音层面，Kachru 所提出的建议的两方面是不可分割的。社会语言学的现实的改变将促进"大华语"视域下的轻声词研究和面向汉语国际教育的轻声词教学的转变。

这些转变包括四个方面：第一，国际汉语教师的培训培养问题；第二，"大华语"标准下的测试评估；第三，本土汉语教师的语音问题；第四，汉语母语者的语音意识问题。本章的重点不在测试评估，而且本书第四章已经对"面向汉语国际教育的轻声词评估标准"作了分析，此处不再赘述。

一　使用"大华语"标准

目前我们所说的国际汉语教师，虽然在范围上已经明确是"国际"而非汉语母语者，实际上目前的教学仍然是以汉语母语者（包括海外华人，其国籍不一定是中国，但母语基本上是汉语①）为主的。国家汉办于 2014 年重启的对外汉语教师资格证书考试也更名为"国际汉语教师证书"考试，该考试依据国家汉办/孔子学院总部 2012 年颁布的《国际汉语教师标准》②（以下简称《标准》）而考核。《标准》由五部分构成，分别是"汉语教学基础"、"汉语教学方法"、"中华文化与跨文化交际"、"教学组织与课堂管理"和"职业道德与专业发展"。我们从该标准中摘录了一部分内容，见表 5－3《国际汉语教师标准》之汉语教学基础（部分）。

---

① 2015 年，国家汉办海外考点泰国举行过"国际汉语教师证书"考试，当时有 292 名泰国教师参加，详见 http://www.hanban.org/article/2015－11/06/content_ 621880.htm，引用日期：2017 年 11 月 10 日。

② 该标准是在 2007 年版的《国际汉语教师标准》的基础上修订而成的，内容详见国家汉办官网介绍：www.hanban.edu.cn，引用日期：2017 年 11 月 10 日。

表 5 - 3 《国际汉语教师标准》之汉语教学基础（部分）

标准	内容描述
1.3 了解语言学习基本原理	1.3.1 了解第二语言习得的基本概念和主要理论
	1.3.2 了解第二语言学习的基本过程
	1.3.3 了解第二语言学习的主要影响因素
1.4 熟悉语言教学基本原则与方法	1.4.1 熟悉第二语言教学的一般原则，并具有将其与汉语教学实践相结合的意识和能力
	1.4.2 熟悉第二语言教学的主要方法

《标准》在指导国际汉语教师培养、培训方面有重要作用，然而《标准》中对汉语国际教育的描述似乎只有"汉语作为第二语言"的概念，没有"国际汉语"的概念。但是，国际汉语教师证书考试这一名称却是从对外汉语教师资格证书考试变革而来的，也就是说，当下的汉语国际推广事实已经让我们意识到了，面向国际的汉语教学不再是汉语母语者自己的事情了，国际范围内的汉语教师都有责任，也有权利进行汉语国际教学。从这个意义上来说，汉语国际教学也已经到了 Kachru 所说的社会语言学的现实了，即，"外圈"汉语学习者不断增多，超过在"内圈"的汉语学习者；汉语使用的范围不仅仅是与汉语母语者进行交际，汉语二语者之间的交际变得更为频繁；汉语教师也不再是以汉语母语者为主，来自不同母语背景的教师正成为汉语国际教学的主力军。

汉语教师培训与培养有着截然不同的区别，培训重在教会未来教师或在岗教师汉语教学技能，而培养国际汉语教师则需教会他们能够根据具体情境调整教学方法的能力。从这个角度说，目前，我们对国际汉语教师的培养是不够的，因为虽然国际汉语教师已经意识到汉语使用环境的变化，但依然使用以普通话为标准的轻声词教学理念，无法根据汉语教学环境的变化而调整教学方法，转变教学理念。

根据本书之前的分析，我们认为国际汉语教师在面向汉语国际教育的轻声词教学中需要树立以下理念：

（1）普通话标准仅仅是一个"模型"以供学习者接近，"大华语"标准提供了一个多元的标准体系，是全球使用汉语的人共同的标准；

（2）轻声词变体普遍存在，没有哪种变体比另一种变体更好；

（3）轻声词的教学目标在于可理解度，而不是教成母语者标准发音；

（4）"大华语"标准并非降低了普通话标准，我们在教学中通过增加教学内容而不是减少，来实现"大华语"范围内的轻声词可理解度；

（5）对汉语轻声词习得变体口音，不应该有口音歧视；

（6）面向汉语国际教育的轻声词教学应该增加调节适应的相关技能，教师在教学实践中要创造一些条件发展学习者的调节技能。

二　发挥本土教师优势

汉语母语者作为汉语教师似乎有着不可置疑的权威性，在汉语二语习得者眼里，汉语母语者不仅仅是汉语方面的权威，也是汉语教学的权威。在目前的汉语国际教学实践中，"母语者"这一属性甚至超过了汉语知识和教育教学技能的优势，成为学习者眼中汉语教学专家的代名词。Henry Widdowson 对母语者教师这种优势地位作过详细的论述：

> ……我认为没有人觉得一个在二战期间生活过的人就有资格教二战的历史，同样，也不会有人觉得奥地利阿尔卑斯山的牧羊人就是最好的地理老师，仅仅因为他们对那块土地无比熟悉。……当然，这些人在某一领域积累了丰富经验，这些经验可以作为资料，他们可以为有关专家提供这些资料，但这并不能使他们成为专业的教师。

但是，母语者在外语教学中对学习者来说天生就是专家，为什么？我认为这是因为学习者基于一个无效的假设推理得出的，这个无效的假设就是一个人的能力可以轻易地迁移。母语者的语言能力和语言教学能力在学习者看来，没有大的区别，如果一个人在某种语言的使用上出众，那么他也一定拥有该语言的教学能力。换言之，"语言教学能力"只是在"语言能力"的基础上加上简单的"教学"技能。[1]

Widdowson 论述的要点是，在学习者眼中，母语者教师仅仅是在母语语感上有特殊性，而教学能力只需要具备一点即可。他接下来也论述到：相反的是，非母语教师对目的语的知识了解较多，而且不仅仅是程序性知识，还有陈述性知识，因为他们是依靠自己习得的"外语"，也因此，非母语者教师的教学资格更可信。

我们之前的研究发现，更多学习者希望接触母语者发音，母语者教师比本土教师更有可能提供这种标准模型。但这并不是说母语者教师就一定能够更好地教学习者习得这些口音，除非母语者教师懂得语音教学的原理。一旦我们把注意力放在国际性语言的发音上，情况就完全改变了。学习者不再试图达到母语者发音水平，他们甚至不需要关心他们对母语者的理解能力，也不关心他们自己理解母语者的能力。他们的发音目标首先是国际间可理解度，而母语者教师的先天母语优势在很大程度上变得无关紧要。另一方面，本土教师通过他们自己学习目的语的经验，加上他们第一语言的背景，以及他们自身作为国际性语言社区的成员，反倒为他们提供了很多明显的优势。

那么，本土汉语教师在处理面向国际汉语教育的轻声词方面的优势究竟有哪些呢？我们认为主要有三个方面：语音知识系统、可理解度标

---

① 原文为英文，参见 Widdowson, H. G., *The Ownership of English*, TESOL Quarterly, 1994, 28 (2)。

准和发音模型。

（一）语音知识系统优势

汉语母语者因自幼生活在汉语语境中而自然习得了轻声词，即使在缺乏轻声词的方言区成长的人，成年后学习普通话轻声词也不需要刻意地学习轻声词有关的语音学或音系学知识，通过模仿、语感，加以练习就能掌握。但本土汉语教师在习得轻声词时往往要经过学习语音知识系统的过程，才能最终习得。换言之，汉语母语者对轻声词"知其然"却可能"不知其所以然"，而本土汉语教师必须既"知其然"又"知其所以然"。

对于学习者来说，汉语母语者教师因拥有对目的语语音的语感而在发音示范上更好，本土汉语教师则因对学习者第一语言语音系统熟悉而在教学上更胜一筹。《标准》中对国际汉语教师在语音知识系统方面和语音教学能力方面均做了要求，见表 5 - 4《国际汉语教师标准》语音教学标准（部分）。

表 5 - 4　　　　《国际汉语教师标准》语音教学标准（部分）

模块	标准	描述
模块一：语言知识与技能	1.1 汉语基本知识 1.2 良好的汉语听力理解能力 1.3 良好的汉语口头表达能力 2.1 外语基本知识	1.1.1 汉语语音基本知识 1.2.1 能听懂各种场合下的普通话或带有方音的普通话 1.2.2 能对普通话话语进行识音辨调 1.3.5 能对汉语拼音的难音有一定的了解并具备一定的辨音和正音能力 2.1.1 外语语音和语调的基本知识
模块三：第二语言习得与学习策略	5.2 了解二语习得基本理论和假说，并能运用于分析学习者学习行为 5.3 了解母语对第二语言学习产生的影响 5.4 理解显性学习在第二语言学习过程中的作用	5.2.1 对比分析 5.2.2 偏误分析 5.2.3 中介语解说 5.3.1 语言的正负迁移 5.3.2 跨语言影响 5.4.1 显性知识 5.4.2 显性学习 5.4.3 显性教学 5.4.4 自动化和有控制的语言处理 5.4.5 陈述性知识和程序性知识

续表

模块	标准	描述
模块四：教学方法	6.3 具备将汉语语音知识传授给学习者的能力和技巧	6.3.1 针对学习者汉语语音学习中的问题进行语音教学 6.3.2 针对不同母语学习者的语音学习难点进行汉语语音教学 6.3.3 利用汉语发音原理的演示、描写与说明进行语音教学

表 5 - 4 选取了《标准》中部分有关轻声词（语音）教学的要求，表中描述的多项知识或技能，可分为两部分，一部分是了解汉语和外语的语音知识系统，一部分是将这种语音知识转化为学生习得汉语语音技能的能力和方法。

从能力要求上看，国际汉语教师要具备语音能力和语音教学能力，从教学过程看，国际汉语教师需要具备发音示范能力、听音辨音能力、纠音正音能力。就轻声词而言，发音示范能力不仅仅要求能发轻声词的语音，因为轻声词的轻声音节又轻又短，教师只会正确发音是不够的，还需要清楚地展示其特点、发音过程和发音器官的活动特征（周奕，2014）。听音辨音能力则要求教师对学习者的第一语言有所了解，能够听出学习者在发轻声词时问题的本质，而不是简单地判定学习者所发的音正确与否。只有在准确辨音的基础上，才能做到纠音正音简单有效（宋海燕，2013）。

《标准》中除了对语音知识和技能有所要求，对学习者习得第二语言的原则、过程也作了要求。要求国际汉语教师能够运用对比分析、偏误分析、假说分析等理论，分析学习者习得汉语的行为。其中，"理解显性学习在第二语言学习过程中的作用"则要求汉语教师掌握汉语音的显性知识，也即"知其所以然"。母语者并非都能做到上述要求，大部分未经专业训练的汉语母语者只能做到正确发音，而无法做到听音辨音，更不用说纠音正音了。

有两个实践案例可以清楚地说明上述问题，一个是母语为汉语的人在学习韩语语音时的案例，韩语教师来自韩国，第一语言就是韩语；另一个是汉语为母语的汉语志愿者教师在教授斯里兰卡留学生轻声词的案例①。

案例一：

韩语教师在黑板上写下了一个韩语音节"박"，然后示范发音"pak"，让学习者跟读。学习者读的结果是"pa"。韩语教师让学习者一个一个读，结果每个学习者都读的是"pa"。每听一个学习者的发音，韩语老师就说：不是"pa"是"pak"，但是学习者丝毫没有听出这两个音的差异。后来，有一个学习者的发音被老师略微地肯定了，大家纷纷用中文问怎么发的这个音。这名学习者表示自己也不知道怎么发的，可能是声调不同吧。当韩语老师说不是"pa"的时候，她发的是第一声，然后说正确的应该是"pak"的时候，是第四声。其他学生也纷纷表示不解，韩语又不是声调语言，怎么可能是声调问题呢？但是学生们也都将信将疑，试着用第四声发"pa"，结果韩语老师还是说不对。就这样，大家慢慢放弃了，老师也妥协了，让大家先发成"pa"。

案例一中的韩语教师就是母语者，她具备母语标准音的示范发音能力，也能听出学习者的错误发音，但由于缺少必要的语音系统知识，无法准确辨别出学习者的错误所在。韩语中"박"含一个辅音收音"K"，只有成阻动作，却不爆破，故不发声。而汉语普通话中没有这样的音节结构，因此，学习者无法听出教师示范的准确音素，按照汉语的发音习

_____

① 案例一发生在 2006 年，地点为四川大学，案例二发生在国家汉语国际推广师资培训基地（重庆），2016 年的赴泰志愿者培训试讲课堂中。

惯直接读为开音节了。倘若这位韩语教师能清楚地知道汉语和韩语在这方面的差异，利用显性语音知识教学，一定可以事半功倍，也不至于最后降低标准，甚至放弃标准。

案例二：

在对斯里兰卡学生（母语为僧伽罗语，志愿者不会）的试讲课程中，这名志愿者教师所教的是该课的生词。第一步进行的是生词的语音领读、学生齐读和单独读。其中有两个生词都是轻声词："名字"和"朋友"。在教这两个生词的发音时，学习者总是难以读对。于是，志愿者教师通过反复示范，并加以强调轻声词后字音节的特点。这名志愿者教师将"名"夸张地读的很长，然后"字"读的相对较短，但音强增加了，其结果类似"míng——zì"，学习者跟读的结果也是对的。但每当学习者自己单独朗读时就变成了"míng—zì‐"，轻声音节"字"的确相较于非轻声音节"名"短了一些，但一点儿都不轻。单就这个词来说，勉强还能接受，但"朋友"也是这种教法，学生习得的结果变成"péng—yòu‐"，这个词则与轻声的实际发音差距较大，但是这名志愿者教师再也没有更好的方法来纠正了，只好作罢。

案例二的志愿者教师虽然知道汉语中轻声词的发音特点，但由于不了解学习者母语的发音特点，无法利用语音对比将轻声词的知识转化为学习者习得的结果。

上述两个真实的案例都是母语者在语音教学中存在的问题。而本土汉语教师则具备学习者母语的语音知识，也通过显性知识学习了汉语语音知识，并具备汉语语音发音技能，从这点上说，本土汉语教师是理想的汉语语音教师。除此之外，本土汉语教师具有在课堂管理、课堂活动设计等方面更熟悉本国国情、教育制度、学生特点等优势。

对学习者第一语言和汉语的语音知识，无论是显性的还是隐性的，都能够帮助本土汉语教师制定更有效的课堂策略，处理学习者的语音问题。尤其是，本土汉语教师可以利用发音过程和发音器官来演示汉语轻声词的产生过程，而这一过程是建立在第一语言基础之上的。在面向汉语国际教育的轻声词教学中，他们所习得的变体只是学习者所在区域的变体，不再是普通话的变体（尽管有些表现形式一样），如果学习者处于多语环境中，本土教师可以使用语音对比为学习者提供更多的轻声词国际变体感知机会，从而提高学习者对轻声词的国际理解度。

（二）可理解度标准优势

可理解度标准是指我们之前讨论的面向汉语国际教育的轻声词可理解度标准，将《国际汉语教学通用课程大纲》中 HSK 一级到六级所包括的 280 个轻声词分为 11 个层级，每级较上一级都是增加数量。第一级为零级，要求发成普通话标准轻声词的数量为 0，只要发成本调，就算是合格标准。第十一级为十级，要求 280 个轻声词全部发成普通话标准，此为高级标准。第二级到第九级的都是中级标准。

这些从汉语作为第二语言交际的角度提出的轻声词可理解度标准，对国际间理解至关重要，尤其是对于汉语二语者之间的交际，而不是汉语母语者和二语者的交际。对于本土教师而言，他们对学习者的第一语言非常了解，在识别学习者第一语言语音系统中哪些特征已经处在轻声词可理解度的核心要素中，哪些不在其中，以及哪些特征是没有必要教的等都具有优势。此外，本土汉语教师很有可能有汉语作为国际性语言交际（与其他汉语二语者）的经验，这意味着他们很清楚他们的第一语言中哪些语音特征对其他第一语言的汉语二语者来说，是难以理解的。这些经验可以帮助本土汉语教师强化轻声词的国际核心变体教学。另一方面，汉语母语者教师，即使是双语者（bilingual），也远不能将自己置身于汉语作为第二语言学习者的位置，评估不同的第二语言习得者发音特征对可理解度的影响。他们只能从自身的角度来衡量可理解度，这会导致母语者教师对轻声词的任何一个特征都非常重视，认为这些对于可理解度都非常重要，对母语者重要，对二语者也同样重要。

汉语为母语的普通话使用者听到某些习惯读轻声的词被读成了非轻声会感觉到"别扭"①，难以理解，因为在他们耳中，已经习惯了那个词的轻声韵律（鲁允中，2001）。这是因为母语者对第一语言的语音系统有情感，他们为此付出过"习得"的努力，这种口音代表了他们的身份。然而，这种情况却不会发生在第二语言学习者身上，他们不会感觉某些轻声词发成非轻声词后的不自然，也不代表他们的身份。如果二语习得者感觉某些轻声词发成非轻声而难以理解，那才是真正的不可理解，需要通过其他方式补救。

对于坚持以普通话标准进行国际汉语教学的母语者教师来说，"大华语"标准显然没有吸引力，他们不愿意从二语习得者角度看待轻声词发音和教学。然而对于本土汉语教师来说，他们和普通话标准没有情感上的联系，因此会更愿意使用"大华语"标准来处理面向汉语国际教育的轻声词问题。

（三）发音模型优势

在之前的讨论中，我们引用 Dalton 和 Seidlhofer 提出的"模型"和"规范"两个不同的概念②。他们认为对于国际性语言来说，母语者标准是不适合作为模型的，但同时也指出母语者标准可以给课堂教学提供参照，以防止学生在语音上偏离标准太远。但是，如果我们只认定母语者才能作为发音示范的"模型"，那么汉语的国际化可能需要难以企及

---

① 普通人从听感上能觉察到的不同之处，不一定能准确描述出差异何在。

② 详见 Dalton, C., Seidlhofer, B., *Is Pronunciation Teaching Desirable? Is It Feasible?*, Proceedings of the 4th International NELLE Conference, S. Sebbage, Hamburg: NELLE, 1994。

的时间才能实现了。汉语母语者中，掌握标准的普通话且有资格教授汉语的人相对于世界范围内的汉语学习者数量，可以说是寥寥无几。即使是目前大规模地选派汉语母语者教师和汉语志愿者教师，海外汉语师资缺口仍高达 500 万之多①。这意味着将来会有越来越多的本土汉语教师加入，而他们在成为发音模型方面，也不会存在问题，反倒具有一定优势。

我们认为，汉语作为国际性语言的语音模型可以由流利使用汉语的双语者来承担，本土汉语教师通常是这样的人。他们的发音虽然不比母语者更标准，但比母语者更现实，也更合适，因为他们的发音模型对可理解度没有任何影响。汉语流利的本土汉语教师的双语模型包含了汉语语音的核心特征，因此具有国际可理解性。对于同一第一语言背景的学习者来说，他们的发音模型还包含了许多第一语言特征，因此更现实，也即，学习者更容易学会。

从社会语言学和社会心理学的角度看，本土汉语教师作为发音模型也是有优势的。在"大华语"视域下，我们承认那些无损于可理解度的变体是合格的，也是规范的，这就意味着没有哪种变体比另一种变体更优秀，因此也不能在课堂上将各种变体分等划级。如果在国际环境下（如，母语为英语的汉语老师在第一语言背景为法语的环境下），学习者与汉语教师的第一语言不同，无法利用教师的发音模型中第一语言的有益成分，也比直接以标准普通话发音模型更合适。这一点，我们已经阐述过了，简单地说，就是学习者有机会接触感知更多的轻声词国际可理解性的变体。

随着汉语国际化的发展，本土汉语教师的加入，以及汉语作为国际

---

① 这个数据暂时没有看到官方版本，本书的数据来源于各大门户网站的新闻资讯，详见 http：//www.sohu.com/a/234225224_113683，发表时间：2018 年 6 月 6 日，引用时间：2018 年 6 月 7 日。

性语言交际范围的拓展，本土汉语教师的信心必然越来越强，其优势也会越来越明显。

三　增加对母语者轻声词教学的内容

回顾我们在本章开始时介绍的汉语使用者的三个同心圆，汉语即使已经是国际性语言，"外圈"和"扩展圈"的人数远远超过"内圈"的人，也始终存在汉语二语者和汉语母语者的区分，那么与汉语母语者的交际也将一直存在。而且，作为国际性语言的教学，我们在讨论"可理解度"的概念和国际间可理解性时，总是把"听者"和"说者"放在一起，因为交际总是离不开二者。考虑到与汉语母语者交际时，我们不可能要求汉语母语者放弃标准的轻声词普通话变体，所以，我们认为有必要在对汉语母语者的轻声词教学中增加一些内容，以适应国际范围内的汉语交际。

首先需要改变的是母语者对二语者口音的态度。由于国际范围内的"大华语"规范尚未形成，我们无法用已有的事实来阐释，但是从国内的普通话与方言的关系可窥见一斑。根据李宇明对汉语层级的变化所做的论述，"大华语"是在普通话之上的，也就是说，普通话是"大华语"的一种标准变体①。北京语音是普通话语音的基础和标准，则在普通话之下的层级，可以理解为普通话的一种标准变体。我们在国内推广普通话时，并非要求所有人模仿北京语音，而是所有人都向普通话标准语音靠近。当普通话使用者和北京话使用者交际时，需要北京话使用者向普通话趋同，而非相反。于轻声词而言，北京话有 4000 多个轻声词（张洵如、陈刚，1956），普通话要求的仅有 780 多个（见《普通话水平测试用普通话词语表》），那么北京话使用者和普通话使用者交际时，

---

① 李宇明：《汉语的层级变化》，《中国语文》2014 年第 6 期。

必然出现普通话使用者在一些北京话使用者认为必读轻声词而未读的情况，这时北京话使用者显然不能对普通话使用者有口音歧视。同样的道理，汉语国际标准是全球的汉语使用者共同的规范标准，虽然以普通话为基础，但绝不可能要求所有使用者都达到普通话标准，那么母语者对国际变体的口音也要一视同仁，承认其合法地位才行。

其次是增加母语者对轻声词的国际变体的接触感知机会。母语者作为"说者"显然不存在问题，能确保自己的发音在可理解范围，但作为"听者"不一定合格。母语者对轻声词的各项特征都十分在意，认为轻声词的音高、音强、时长，甚至轻声音节中元音央化等都影响轻声词的可理解度，而且母语者还习惯认为二语者也应该具备这些特征。因此，在交际时，由于母语者的"期望"听到的是轻声词的全部特征，而二语者却没有达到这样的"期望"，从而造成交际障碍。所以，我们认为，在对母语者的轻声词教学中，也应该增加一些国际变体口音的感知教学。当然，这个建议很难操作，毕竟目前的普通话教学是以满足国内交际需要而进行的。但是，对于汉语国际教师，对于需要和汉语二语者交际的人来说，这种需求已经迫在眉睫了。

最后需要增加的是调节适应策略。调节适应策略在二语者之间的交际的作用已在前文做了详细论述，在汉语作为国际交际语言中，母语者同样需要使用这一策略。对于汉语母语者来说，其主要作用在于作为"听者"的趋同意愿。汉语母语者需要有理解二语者的动机，在接触感知过其他不同第一语言的轻声词变体口音基础之上，能够在理解困难时给予对话者反馈，以促进对话者使用相应的交际策略完成交际。

第四节　小结

本书在第二章论述了面向汉语国际教育的轻声词标准拟订的必要

性，第三章论述了可行性，第四章则从内容和操作的角度提出我们的观点，本章在以上基础上论述了面向汉语国际教育的轻声词教学，因为国际汉语教学实践才是汉语国际推广的第一线和主要阵地，也是汉语国际化的主要动力。

本章内容共分为三大部分，第一部分从一般性的国际汉语教学角度对轻声词教学的模式、程序、技巧等作出说明，并以具体的案例来阐述这一过程。教学模式主要有三种：第一种模式是改编现有的教学材料；第二种模式是利用合格的"大华语"使用者编写教学材料；第三种模式是依靠国际汉语教师，包括母语非汉语的教师。教学技巧相对更具体，主要是针对国际汉语课堂教学中提高轻声词的国际可理解度而阐述的，具体包括学生和学生之间的互相听写，设置合理的交际活动，以及与单语者协同等。在教学程序上，我们直接借鉴了 Jenkins 的五个阶段。首先加强学习者对"大华语"轻声词标准的核心要素的产出性和接受性的训练；其次扩大"大华语"轻声词变体口音的感知范围；再次，增加调节技能；又次，补充非核心要素；最后，补充汉语母语者轻声词变体特征。这五个阶段是按照重要顺序排列的，只有第一个阶段是必须实施的，其他四个阶段则需视具体的情境决定。在具体的轻声词教学案例中，我们将 Jenkins 的五个阶段融合为三个阶段，每个阶段分别在调节技能和轻声词层级上提出了具体的内容，以供教学参考。

第二部分是汉语作为国际交际语言不同于一般性教学的地方，专门论述了调节适应策略的教学。国际性语言交际中，一方面，说者要根据自己所处的交际环境来调节自己的发音。他们需要能够评估当时的对话者的发音可理解度，并且保证自己的可理解度较高。另一方面，听者需要培养对语音变体更大的容忍度以及在特定的交际环境下调整他们的期望以适应对话者的语音特征。这种需求在语言调节适应理论的框架下得到了较好的解释。该理论对语音变异解释的三种策略：趋同、分化和语言保持，以及上述三种策略的三个动机：获得对话者的认同、提高交际效率和保持身份认同，尤其适用于轻声词出现的国际变体现象。而外国式语言又为汉语母语者使用调节适应策略提供了有力的佐证。因此，汉语母语者和汉语二语者有意愿也有能力在一定条件下，通过趋同策略来调节自己的发音以适应轻声词的国际变体发音。趋同行为发生的"一定条件"可以分为两类，一类是交际者因素，一类是情境因素。交际者因素包括说者的语音水平以及对听者理解可能产生困难的意识，还包括听者对其他第二语言的熟悉程度、对中介语错误的态度以及面对无法理解的地方的反应。情境因素则包括提高说者的理解动机、提高听者的理解动机、减少说者的干扰因素等一系列情境条件。

第三部分则对未来轻声词的教学提出了建议，建议提出的背景就是汉语逐步国际化，使用汉语的人和使用汉语交际的环境已经开始改变了。这样的社会语言学现实的改变将促进"大华语"视域下的轻声词研究和面向汉语国际教育的轻声词教学的转变。这些转变包括四个方面：第一，国际汉语教师的培训培养问题；第二，"大华语"标准下的测试评估；第三，本土汉语教师的语音问题；第四，汉语母语者的语音意识问题。本章重点论述了三个问题。对于所有的国际汉语教师来说，首先要做到的就是变革理念。对于本土汉语教师来说，要建立他们的信心和汉语语音权威，发挥其优势，本书从语音知识系统、可理解度标准和发音模型三个方面论述了本土汉语教师的优势。对于母语者来说，我们也提出了对其增加轻声词教学内容的建议，如，改变母语者对二语者口音的态度、增加母语者对轻声词的国际变体的接触感知机会，以及增加调节适应策略教学等。

面向汉语国际教育的轻声词标准及其应用的研究最终目的还是为了加速汉语国际化的进程，我们将在下一章以面向汉语国际教育的轻声词标准的研究为起点，讨论其对汉语国际化的启示。

第六章　对汉语国际化的启示

　　至此，我们有必要回顾一下本书第二章到第五章所作的讨论和主要结论。在第二章，我们分析了从"对外汉语教学"到"汉语国际教育"的时代背景转变，汉语逐渐成为一门国际性语言，汉语国际化的趋势越来越明显。即，全球范围内非目的语环境下以汉语作为第二语言的学习者和使用者已经超过目的语环境下的人数。正如王路江分析的，过去[①]我们更多看到的是语言源于民族文化的一面，忽略了语言还有跨文化、跨国界传播等更有价值的一面，没有发现汉语在非本土传播文化的强大生命力。在世界经济全球化的推动下，语言超越目的语国范围为其他国家所用成为事实。汉语的国际化趋势随之呈现出了可能的图景。在此背景下，以普通话标准为中心"对外"的汉语教学已经难以适用了，促使我们思考是否有必要拟订面向汉语国际教育的标准。而轻声词在第一语言和第二语言中普遍存在的变体，为这一转变提供了必要性。

　　在第三章，我们仍以轻声词为对象，考察了轻声词变体在国际范围内交际的可理解度，结果发现，目前普遍存在的第一语言和第二语言中轻声词变体可理解度非常高，不影响交际。这个发现为我们接下来拟订

　　[①]　根据作者原文，"过去"是指"对外汉语教学阶段"。参见王路江《从对外汉语教学到国际汉语教学——全球化时代的汉语传播趋势》，《世界汉语教学》2003 年第 3 期。

面向汉语国际教育的轻声词标准提供了可能性。但是，不以母语者的"普通话标准"为依据，实行宽松、弹性的"国际汉语标准"也遭到了一些质疑，诸如，降低了标准，可能会导致变体之间无法交际，造成语言分化现象更严重等。

因此，在第四章我们回应了一些学者对宽松标准的质疑，论述了实行"大华语"视域下汉语标准的优势。第四章还以问卷调查的方式考察了"大华语"视域下汉语使用者对轻声词变体和标准的态度，结果为拟订面向汉语国际教育的轻声词标准内容奠定了基础。我们构建了一个多元标准体系，将"大华语"视域下轻声词标准分为理论标准、应用标准和评估标准。理论标准分为理想标准和合格标准，应用标准分为教学标准和交际标准，评估标准分为形成性评估标准和终结性评估标准。我们认为，"大华语"的弹性标准包含了普通话标准，二者并不是相互冲突的关系。

第五章以前述研究为基础，以面向汉语国际教育的轻声词教学为题，进行了应用研究。我们提出了分层、分级、分阶段等教学模式和技巧，尤其是在汉语国际化的背景之下，我们建议增加调节适应策略的教学，从交际双方共同努力的角度下实现成功的汉语交际。最后，从教学的角度对本土汉语教师和母语者的轻声词教学方面提出了一些建议。

回到本书的起点，我们以面向汉语国际教育的轻声词标准研究为题，是因为轻声词数量上容易确定，类别单一，方便作为切入口做实验，收集数据等，但其最终目的是为了讨论如何从汉语国际教育的专业角度加速汉语国际化进程。

本章则以面向汉语国际教育的轻声词标准研究的结果为起点，讨论其对汉语国际化的启示。汉语国际化涉及多个学科、多个领域，即使是在汉语国际教育学科范围，也有诸多待解决的问题。我们仅从本研究相关的几个角度分析对汉语国际化背景下的"大华语"与国际汉语标准的启示，国际汉语标准对汉语国际教育的启示，以及"大华语"标准之于本土汉语教师的意义。

第一节　加速汉语国际化的语言学途径

虽然，诚如吴英成（2017）对汉语使用者的"内圈"、"外圈"和"扩展圈"描述的那样，汉语在全球的使用者已经呈现出国际化的趋势，但是与英语相比，汉语还远远算不上一门国际通用语（Lingua Franca）。以英语为母语的使用者在世界范围内的分布要远比以汉语为母语使用者的分布广泛许多。汉语使用者主要是民族和文化的统一体，在世界范围内的分布有限。将汉语作为官方语言的国家和地区的数量仍然不足，与以英语作为官方语言的国家数量相差较多。将英语作为第一外语的国家达100多个，欧洲、亚洲和美洲多以英语作为第一外语。不仅如此，以汉语为母语学习英语的人远多于以英语为母语学习汉语的人。因此，英语国际化的过程或许有些值得我们参考借鉴。

高增霞分析过英语国际化的进程和特点，她认为英语的国际化是"伴随着英语母国国力扩张的语言传播过程"[1]。英语国际化第一阶段以英国为主体的推广阶段是以国力为后盾，以军事为途径；第二阶段以美国为主体，是以国力为后盾，以技术和文化为途径。无论是军事还是技术文化，其背后都是雄厚的国力在推动着英语国际化进程。除此，她认为英语不断国际化的过程实际上也是英语自身持续演化的过程。其演化的表现在于英语一方面变得越来越简单易学，另一方面对世界范围内的变体包容性越来越强，这是人们愿意接受它成为全球性交际工具的一个重要原因。我们认为，高增霞所说的两个方面，实则是一个方面。英语

---

[1]　高增霞：《英语国际化的进程、特点及启示》，《北京行政学院学报》2009年第4期。

变得简单易学正是因为它对世界范围的变体有一定的宽容度。这也印证了她在文中提出的第三个英语国际化特点：英语的本土化。所谓本土化，是指英语在各个国家或区域由于长期使用形成了稳定的变体，诸如印度英语、新加坡英语等本土化英语。这种本土化结果不但没有削弱英语作为国际通用语的发展势头，反而为其进一步国际化提供了强大的生命力。因为，随着英语的本土化，英语使用者的"外圈"和"扩展圈"都在不断扩大。

由此，我们认为汉语国际化处在一个充满机遇的时代，中国国力的持续发展，在世界上的影响力越来越大，都为汉语国际化提供了宽阔的舞台。现在面临的是汉语走向世界过程中的开放性与规范性的矛盾问题和包容性问题，这正是语言学研究、汉语研究以及汉语国际教育研究要突破的地方。

一 立足大华语视野

汉语国际化是中国软实力的体现，也是中国梦的一部分。关于语言国际化的动因，不同学科都有其独特的阐释。语言学领域，尤其是应用语言学和社会语言学领域[①]，也有诸多分析。

李宇明在"世界汉语教育丛书"的序言中谈及汉语国际传播的动因，提出语言传播的根本动因在于价值[②]。只有有价值的语言，才可能被他族、他国学习和使用。语言的传播价值体现在社会生活的各个方面，如外交、贸易、学习、求职、旅游等，这些价值总体可分为交际价值和文化价值。语言的传播价值往往不在语言自身，首先取决于语言领

---

① 广义的应用语言学包括了社会语言学，但在我国国家哲学社会科学规划基金项目中，应用语言学和社会语言学被列为两个方向。

② 李宇明：《探索语言传播规律——世界汉语教育丛书序》，《世界汉语教育丛书》，外语教学与研究出版社2008年版。

有者的社会及历史地位。人们对某种语言的"偏爱",很大程度上取决于人们对这种语言习得的感知和期待,而感知和期待程度的高低与语言价值成正比。历史发展的经验告诉我们,中国历史上的国力曾几度雄踞世界榜首,汉语也的确在中国国力昌盛之时,远播重洋。然而,汉语从未像今天的英语一样,成为大量国家的官方语言或第一外语,作为国际通用语。所以,我们不能等待中国国力再次引领世界,雄踞世界之巅时被动地让汉语国际化。

郭熙从社会语言学角度分析了影响语言市场价值的三个因素:一是对某种语言和语言使用者的供求关系,二是使用某种语言的国家或地区的经济实力,三是学会某种语言后可获得的经济利益①。这三点都是从市场价值的角度提出的,从这三点看,经济实力和经济利益是一种语言被他人学习的重要动因。然则现实并不完全支持,中国经济综合实力已然是世界第二,然而目前的情况是,外资企业在中国需要会外语的人才,中资企业在海外还是需要会外语的人才。显然,不可否认经济实力和经济利益是影响人们选择学习并使用一种语言的重要因素,但纯粹的经济利益吸引力并不能促使一种语言走向国际。

邹嘉彦、游汝杰认为,一种语言的综合竞争力可由五项指标看出:第一,政治竞争力,主要指政府和国际组织的语言计划和语言政策是否对某种语言有利以及有利的程度;第二,文化竞争力,主要指语言所依托的文化是强势还是弱势;第三,经济竞争力,主要指语言所依存的语言社区的经济发展水平和经济实力;第四,人口竞争力,指使用和学习该语言人口的多少;第五,文字竞争力,指某种语言有无文字系统及其文字系统的完备和发达程度②。虽然,这五项指标是从事实结果的层面加以衡量评估的,不能作为一种语言国际化的动因,但这五项指标至少

---

① 郭熙:《中国社会语言学》,浙江大学出版社 2004 年版。
② 邹嘉彦、游汝杰:《汉语与华人社会》,复旦大学出版社 2001 年版。

可以成为汉语国际化过程中的参照。除了第五项指标"文字竞争力"以外，这与 Weber 在分析全球十大最具影响力的语言时使用的 6 个衡量语言影响力的因素有类似之处。Weber 的 6 个因素按照每个因素所占的权重降序为：该语言背后的经济实力、该语言使用的主要领域、该语言使用的国家范围和人口数量、以该语言作为第二语言的人口数量、以该语言为母语的人口数量、该语言的社会文化地位[①]。

不同学者虽对语言国际化的动因有不同的分析，但都强调了经济、文化因素以及学习并使用该语言的人数因素。陈保亚将诸多因素统一为一个概念"语势"，并从增加翻译文化和原创文本的角度提出提升语势的策略。我们认为，翻译文本和原创文本都是从语言的文化因素加速汉语国际化的途径，它与其他学者所提的建议并不冲突。正如陈保亚所言"语言的国际化本质上是语言在国际上的通用性问题。从语言层面看，要使汉语走向国际化，可以从提升通用性和提升语势两个方面入手"。[②]提升语言通用性的途径之一便是推广汉语教学，主要是指国际汉语教学，增加汉语作为第二语言使用的人口数量。

由此，我们可以看出，汉语国际化的途径之一是由国家的综合实力决定的，这部分并非一朝一夕之功，而且我国现在的综合实力已经处在较高的地位，已经为汉语国际化提供了良好的外部环境；另一条途径则是语言学途径，语言学领域如何通过语言研究、汉语研究、汉语国际教育研究等加速汉语国际化成为主要的问题。

目前可见的研究，无论是语言学研究还是汉语本体研究，或者是汉语国际教育方面的研究，在加速汉语国际化方面主要集中在国际汉语教学（对外汉语教学）方面，大量研究都以如何更好更快地教会汉语二

---

① Weber, George, "Top Languages: The World's 10 Most Influential Languages", *Language Today*, 1997, 7 (1).

② 陈保亚：《语势：汉语国际化的语言条件——语言接触中的通用语形成过程分析》，《语言战略研究》2016 年第 2 期。

语者习得汉语为目标。可喜的是，我们在这方面已经取得了相当丰硕的成果。孙德金（2009）对1950年至2006年期间，对外汉语教学研究的论著成果进行过统计，见表6－1"1950—2006年对外汉语教学研究论著成果数量"。

表6－1　　　　1950—2006年对外汉语教学研究论著成果数量　　　单位：篇

类别	1950—1959年	1960—1969年	1970—1979年	1980—1989年	1990—1999年	2000—2006年
对外汉语教学总论	7	1	8	124	401	543
汉语本体研究	11	2	33	122	359	381
汉外对比研究	0	1	15	29	149	132
课程与教学研究	0	2	18	143	603	805
对外汉语文化教学研究	0	0	0	8	152	125
对外汉语教材研究	0	0	1	44	111	165
对外汉语教学史研究	0	0	0	3	22	35
对外汉语习得研究	0	0	1	15	136	346
对外汉语测试研究	0	0	0	3	101	123
现代教育技术与对外汉语教学研究	0	0	0	5	44	110
对外汉语教学专著	77					
对外汉语教学文集	182					
总计	18	6	76	496	2078	2765

数据来源：孙德金，2009：代前言。

从表6－1可以看出，对外汉语学科的总体框架已经建立了，研究成果数量增长迅猛，尤其是改革开放以后，对外汉语专业设立以来，对外汉语教学方面的研究成果极速增长。然而，在这50余年间的5000余篇（本）论著中，汉语本体研究中关于语音研究的仅58篇，汉外语音对比研究的22篇，对外汉语课程与教学研究中关于语音教学的研究成果仅127篇，语音习得研究的54篇。整个研究范围已经较广，但从成果数量的分布来看，语音研究是一个薄弱的领域。然而，语音在汉语作为第二语言习得过程中占有重要地位，是语言能力评价中一个重要的侧面，在基础理论和实践教学研究方面，多年来都没有得到足够的重视。孙德金认为，汉语语言学本体研究也面临同样的问题，而无论何种原因都会影响对外汉语语音教学、习得和研究的深入。

看到取得如此可喜的成果的同时，我们也发现，目前大多数关于国际汉语教学的研究都是以普通话为中心"向外"推广。这是一种单向的传播，换个视角，如果将海内外华人使用的"汉语"视为一个统一体，促使这些"汉语"向着一个统一的方向发展演化，最终形成一个用于国际交际的共同的汉语，则会事半功倍。学界并非没有看到这一点，陆俭明 2005 年倡议建立"大华语"概念之后，学界对此的讨论开始热烈起来。

由此可见，加速汉语国际化的语言学研究，主要有两条路径：一是以"对外汉语"研究为主，重点关注汉语本体并以普通话、汉语母语者为核心向外传播；一是以"国际汉语"研究为主，侧重海内外"大华语"和国际范围内的本土汉语教师研究。

二　构建"大华语"标准

从"华语"专名逐步发展出"大华语"概念，是中国语言界的创举。学界虽然对这一概念的真正意义还没有做出最终结论，但越来越多的人将视野放宽至全球，开始关注汉语（华语）在世界各地的变体，尤其是海外华人所使用的汉语。而对海外汉语变体的研究最初被以普通话为研究主体的大陆学者忽视，目前，随着构建人类命运共同体的政治诉求的发展，海内外学者共同参与、共同关注、共同研究海外汉语变体的现象越加频发。并且，大陆学者逐渐在发挥关键作用，这也是我们作为最大群体的汉语母语者不可推脱的责任和义务（卢德平，2017）。

　　贾益民认为，从语言学的角度看，"大华语"应该包括三个层次：其一是"作为母语的华语"，主要范围是以普通话为标准的中国大陆；其二是"作为民族语言的华语"，范围扩大至海内外使用汉语的华人、华侨等；三是"作为世界语言的华语"，这一范围则包括全球范围内的汉语使用者①。

　　在"大华语"视域下，不少学者都提到了面向国际化的汉语研究，应该具有全球视野，也即，要将全球范围内的汉语使用者，无论是"外圈"还是"扩展圈"，以及全球范围内的"汉语"，无论是以普通话为核心的汉语还是海外华语，都要容纳进来。学者们认为，汉语国际教育的时代背景会影响到社会经济的各个层面，投射到语言研究领域的变化。语言学者的关注对象开始由国内扩展到了国际，汉语具有了真正意义上的"全球格局"，因此，汉语从未像现在这般，需要一个"大华语"的概念来统摄。"大华语"在命名视角和定位上又与"全球华语""国际华语""世界华语"等有区别。"全球华语""国际华语""世界华语"等主要展现的是范围拓展，是一种不同空间方位范围内"汉语"量上的统计，而"大华语"有语言上"趋同"的需求和可能。这与"World Englishes"等概念相类似，其核心是为了突出全球视角和全球意识，提出一种更高战略层次的语言观念（施春宏，2017；刁晏斌，2017；姚敏，2017）。

　　大华语概念提出的背景之一是，"汉语"自身也在不断地国际化。国际化是一个动态的过程，也是一个双向的互动过程。很明显，随着经济的持续繁荣，中国参与全球事务的方方面面的国际化程度都越来越高。同此一起国际化的还有其文化和语言，汉语所记录和承载的内容在国际化过程中也不断地"输出"和"输入"。语言之间的接触促进了语

---

① 贾益民：《"大华语"的三个层次和"大华语战略"》，《语言战略研究》2017 年第 4 期。

言成分的渗透与融合，如：英语词典不断增加的汉语词汇则是目前汉语国际化的表现。当然，语言的国际化从来都不是一种语言单向地走向世界，而是该语言与其他各种语言多向互动的过程。汉语国际化也必然要经过与其他各国语言接触、同化或异化的过程，也必然会形成带有各国地方特色的汉语，这些"汉语"共同构成了"大华语"。我们不应被动地等到"大华语"随着汉语国际化的进程而逐步形成，应该主动利用"大华语"来加速汉语国际化（曾广煜，2018a）。

　　汉语的国际化需要树立"大华语"观念决定了"大华语"视域下的国际汉语标准与我们现在所说的汉语普通话标准有所不同。事实上，"大华语"概念提出之初就与面向国际的汉语标准相关，陆俭明在倡议建立"大华语"概念时提到"汉语要走向世界，有一个问题要解决好，那就是汉语教学的标准问题"。① 在同一篇文章里，陆俭明对"大华语"的界定便是以普通话为基础，而在语音、词汇和语法上可以有一定弹性、有一定宽容度的汉民族共同语。十余年过去了，对大华语的范围的探讨早已超出"汉民族共同语"的范围，如李宇明（2017a）将其扩大至"全球华人的共同语"。而根据《语言战略研究》2017 年的专题讨论，大华语范围已然扩展至"全球范围内的汉语"，当然，全球范围内的汉语不仅仅是共时层面的共存，而是趋向一个统一规范的"国际汉语"。

　　对"大华语"范围的讨论无论怎么变化，其在语言标准上的弹性和宽容度都是大家一致认同的。因此，面向全球的汉语标准建设，面向处于国际化进程初级阶段的汉语标准建设，面向汉语国际教育的标准建设是当前汉语国际教育领域亟待研究的问题。王建勤提出"标准的建立

---

　　① 陆俭明在论述这个问题时建议建立"大华语"概念，可见文中所说的"汉语要走向世界，有一个问题要解决好，那就是汉语教学的标准问题"。也即，目前的普通话标准难以支撑汉语走向世界。详见陆俭明《关于建立"大华语"概念的建议》，《汉语教学学刊》第一辑，北京大学出版社 2005 年版。其后，陆俭明又有多篇文章论及此问题，如《对于汉语教学要用"世界的眼光"来思考》，《世界汉语教学》2014 年第 4 期；《"华语"的标准：弹性和宽容》，《语言战略研究》2017 年第 1 期。

就意味着标准竞争"①，在全球化背景下，建立面向全球的汉语学习、教学与评估标准的兼容机制和竞争机制是我们责无旁贷的责任，否则我们就要被欧美国家的标准牵着走。汉语教学与评估等标准体系的研究和建设严重滞后致使汉语国际推广处于非常被动的局面。建立自己的标准才是汉语国际推广的长久之计。汉语要走向世界，实现国际化，这一标准必须要有全球视野，面向国际，符合世界范围的汉语学习者情况，也符合世界各国汉语教学的事实，全球汉语教学公认的标准。王建勤甚至认为目前在关于汉语师资的"资格"问题，海内外的专家学者在什么是"合格"的汉语教师问题上观点颇为不同，在教学观念上和教学实践中也各执一词。而这些争议产生的一个重要原因就是缺少一个大家普遍认同的汉语教学与评估标准。

那么，在汉语国际化背景之下的国际汉语教学究竟应该以普通话标准还是以"大华语"标准为依据进行呢？

三　在"大华语"标准下实施汉语教学

关于面向国际的汉语教学是否应该突破以普通话为标准的限制，使用有一定弹性和一定宽容度的"大华语"标准的争议，主要在于弹性标准是否会导致全球范围内的汉语变体之间无法顺利交际，也即，各个变体之间的可理解度能否满足汉语作为国际通用语的交际需求问题。Thomas S. C. 和 Sonia Martin 在讨论世界范围的英语教学应当教标准英语还是世界英语时提出了三点建议②，以平衡这两种争议：

（1）教师需要仔细考量所处的教学环境；

---

① 王建勤：《汉语国际推广的语言标准建设与竞争策略》，《语言教学与研究》2008 年第1 期。

② Thomas, S. C., Sonia, M., "To Teach Standard English or World Englishes? A Balanced Approach to Instruction", *English Teaching Forum*, 2009（2）.

（2）根据所处的教学环境选择教学目标，教师还应该重视学习者目前使用的语言变体；

（3）教师需要让学习者为国际通用语的交际做好准备，让学习者接触其他变体，并教给学习者与使用其他变体人士交际时的调节适应策略。

以上三点同样适用于汉语国际化进程中"国际汉语"教学的建议。

（一）考量汉语教学环境

普通话标准与"大华语"标准的核心区别在于看待世界范围内汉语变体的态度，普通话标准将其他变体视为"不规范"，而"大华语"标准将所有变体纳入视野，普通话标准只是多个变体中的"核心变体"①。因此，面向国际的汉语教学关键是对教授和使用汉语语境的多样性保持敏感，在意识上认知到汉语可能存在的变体，各个变体之间可能的差异。强调汉语的多样性应该基于教学环境，教师的教学能力和教学风格，以及学习者的教育和文化需求。

面向国际的汉语教学中，教师可能会或可能不会选择普通话标准。例如，在汉语的目的语环境下，教师选择普通话标准是适合的，因为学习者学习汉语以后，要使用汉语与汉语母语者交际，这时候显然不可能以某种地域普通话为标准，只能以普通话为标准，而且目的语环境下的汉语教师也几乎都是使用普通话的汉语母语者，所以在目的语环境下以普通话为标准是合适的。然而，在非目的语环境下，汉语国际教师很可能是来自与学习者共同第一语言背景的本土教师，也有可能是以汉语作为第二语言的国际汉语教师。学习者在这种环境下交际对象则多为汉语二语使用者，此时要求学习者以普通话为标准，则势必造成学习负担过重，教学负荷过大的问题，于实际交际效率而言，也有一定程度的浪费。另一个不容忽视的问题便是，在非目的语环境下，本土汉语教师自

---

① 参见王若江《关于"大华语"的教学思考》，《第九届国际汉语教学研讨会论文集》，2013 年。类似概念见李宇明所提的"普通话"可视为"大华语"的标准变体。

身的汉语水平相对于普通话标准来说是否"合格"都是问题，倘若以普通话为标准，可能会导致大量本土汉语教师缺少职业认同，无法建立教学权威，也不利于他们的职业发展。即使都处在汉语目的语环境下，不同区域的汉语教学也不可能严格按照普通话标准进行。比如，词汇上的"外婆"和"姥姥"在中国南北地区使用频率各有不同，意思均为"外祖母"，然而《现代汉语词典》（第 7 版）中"姥姥"属于普通话词汇，"外婆"标注为方言词汇①。以普通话为标准则要求统一使用"姥姥"，但在很多南方地区，日常生活中"外婆"使用得更广泛些。学习者若只知"姥姥"不知"外婆"反倒会对交际产生影响。这两个词在国内第一语言教学时，也曾产生过争议，引起广泛关注，最后以"姥姥""外婆"共存结束②。

　　在选择教学目标时需要考虑很多变量，重要的是要意识到没有一种绝对正确的选择可以适用于任何环境。选择在目的语环境下教普通话标准与选择在非目的语环境下教大华语标准一样合适，关键是教师可以根据学习环境、交际环境和学习者的需求进行选择。

（二）重视学习者的汉语变体

　　在普通话标准和"大华语"标准之间寻求教学上的平衡路径，第二个方面则是意识到所教授的汉语变体只是多样性变体的一种，并且要让学习者意识到自己的汉语虽然可能与汉语母语者的有所不同，但也很有价值。教师可以鼓励学习者参考他们自己语言的独特表达，并用充满异国情调和诗意的元素丰富汉语的交际变体。作为第二语言教学，教师提供母语者的语法和语用模型，控制性输入和练习，然而国际性语言学习者可能不需要完全掌握母语者的语法项目和语用行为，尤其是在国际

---

① 中国社会科学院语言研究所词典编辑室：《现代汉语词典》第 7 版，商务印书馆 2016 年版。"姥姥"见第 786 页，"外婆"见第 1344 页。

② 《党报谈姥姥外婆之争：推广普通话不是消灭禁止方言》，光明网，http://imgmib. gmw. cn/politics/2018－06/28/content_ 29519522. htm，引用时间：2018 年 6 月 28 日。

交际时。例如，汉语作为第二语言学习时，学习者使用汉语回应称赞时需要表达谦虚，这种谦虚多以否定形式出现，学习者要想在语用上表达合理，就要使用汉语母语者的表达习惯。理想中的对话应该是这样的：

> 汉语母语者：你今天穿的衣服真漂亮！
> 汉语二语者：哪里哪里，随便在网上买的而已。你的衣服才漂亮呢！
> 汉语母语者：没有啊，我也是在网上买的，很便宜的。

但当学习者是与别的二语者之间进行交际时，他完全可以使用自己的方式，如通过表示感谢的方式回应称赞，而对话者也不会感到文化冲突，也就不存在所谓的语用偏误。二语者之间的对话可能是这样的：

> 汉语二语者甲：你今天穿的衣服真漂亮！
> 汉语二语者乙：谢谢，我也觉得很漂亮。你的衣服也很漂亮啊！
> 汉语二语者甲：谢谢，我是在网上买的，既便宜又漂亮。

虽然这个表达不是标准汉语母语人士使用的表达方式，但汉语二语使用者可以清楚地了解这一说法，因此无须更正说话者的表达，也无须在此背景下提供替代汉语表达。这种观点的改变可能会对学习者获得目标语言的能力产生积极的影响，因为这会增加他们对汉语交流的信心和愿望。

当然，重视学习者所使用的汉语变体并不等于放任变体自由发展，各种变体要朝着"大华语"共同的标准方向趋同，以形成共同的规范。而这些国际变体的共时存在也是事实，在尚未形成"大华语"统一的规范之前，国际汉语教学要做的的是教给学生面对这些变体时能够交际的能力，即，为汉语国际交际做好准备。

（三）提高感知汉语变体的能力

汉语如果成为国际化的语言，那么所有的汉语学习者都需要为将来与不同变体的汉语使用者交际做好准备。Jenkins（2000：210）对此曾建议使用增加感知多种变体的方式逐步实施教学，她提出了五阶段变体口音感知补充方案，其中只有第一个阶段是必须要实施的，其他四个阶段可以根据具体情境选择性使用。对它们的接受程度取决于学习者个体的社会语言学特征。然而，对于教师而言，这五个阶段并不是可有可无的，即使是受过最低限度训练的教师，也需要能在课堂教学中处理一到四个阶段的能力。

于汉语国际交际的准备而言，可以分阶段逐步扩大接触变体的范围，提高感知变体的能力。

（1）加强学习者对"大华语"核心变体的产出性和接受性的训练。第一阶段的训练仅训练"大华语"核心变体，但这要通过分析"大华语"变体交际可理解度的研究，确定"大华语"的核心变体或"大华语"规范后，第一阶段的内容才能确定。在这个阶段，学习者所产出的非核心变体要素都作为学习者母语的身份标记，而非错误。

（2）扩大"大华语"变体的感知范围。在此期间，他们依然会保留着一些非核心变体特征，扩大"大华语"变体的感知范围，是让学习者熟悉哪些变体特征有利于他们在交际中对非核心变体的辨识与理解。

（3）补充非核心变体要素。非核心变体要素于二语习得者之间交际的可理解度并无影响，有些甚至是"不可教"的，但这些对于二语习得者与汉语母语者之间的交际非常有用。

（4）补充汉语母语者普通话变体特征。这一阶段的内容显然没有上面四种那么重要，对于大多数学习者来说，接触到汉语母语者非标准变体（如地方普通话）的可能性非常小。但是，鉴于目的语环境中还存在许多非标准变体，补充这部分变体同样有利于汉语二语学习者感知、辨识，进而有利于汉语的国际交际。

除了让学习者接触不同的汉语变体外，教师还应注重教授调节适应技能和跨文化交际技能，这将有助于学习者调整他们的言语，以便从广泛的学习者第一语言背景中去理解对话者，这其中大多数都不是使用普通话的母语人士。调节适应技能不仅仅是针对学习者的，实际上交际双方，输出方和输入方都需要增加。汉语二语习得者增加调节技能以帮助他们在交际时根据听者的特征选择合适的变体特征，促进听者的理解；听者增加适应技能以帮助他们在交际时根据说者的变体特征识别出哪些是说者独有的变体特征，进而确定交际的内容，完成理解。这些技能是有意识地、明确地使用的，包括放慢语速、重复或等待对方的反应。

跨文化交际技能是帮助对话者克服社会文化差异的技能（Alptekin，2002）。学习者应该能够谈论他们自己文化的社会文化规范，以便在任一临时组成的汉语国际交际言语社团（如，在机场遇到的不同第一语言背景的汉语使用者在使用汉语交际时所形成的言语社团）内可以进行意义协商，促进文化融合。允许学生维持和解释他们的文化差异将减少误解，因为它将促进对人类文化独特性的更大容忍。教授这种元语用意识技能将有助于学习者为国际范围内可能发生的跨文化交际做好准备（Jenkins，2007）。

第二节　面向汉语国际教育的语音教学亟待研究

如上所述，汉语国际化的语言学途径之一是从"大华语"角度入手，在国际范围内以"大华语"标准推广汉语教学，但"大华语"标准的弹性和宽容的程度难以量化确定。王若江以七段外国人的讲话为材料，调查了两组共 24 人（其中一组为 12 名汉语二语者，汉语水平为中级；另一组 12 名汉语使用者，有母语者，也有高级水平汉语二语者）对其的容忍度。结果发现，交际中，汉语母语者和高级水平汉语学习者对汉语国际变体的容忍度更高，能够在无法理解时根据语境作出推测，而水平较低的汉语学习者容忍度也比较低。据此，王若江认为，教学中一定需要标准，学习者追求"标准"，交际者只要求理解，在交际中允许弹性，允许宽容①。

这与我们之前构建的面向汉语国际教育的轻声词多元标准体系一致。学习者追求的"标准"其实是一种"规范"。如果我们以普通话为标准，相当于将"普通话标准"等同于"规范"，学习者习得的汉语变体在"普通话标准"之外的话，就相当于"不规范"。然而，以弹性和宽容的"大华语"为标准，学习者追求的"标准"则可以满足。多元标准体系中除了教学标准还有交际标准，"大华语"的弹性与宽容就体现在交际中。对面向汉语国际教育的轻声词标准的研究只是以轻声词为切入点，为面向汉语国际教育的语音教学，乃至汉语教学都有一定启示。

一   国际汉语语音教学范式需要转变

作为语音教学的一部分，面向汉语国际教育的轻声标准与教学研究，给国际化进程中的汉语语音教学也带来一些启示。冯胜利曾提出"汉语教学的道理千条万绪，归根到底就是一句话：语音标准"。② 侍建国、卓琼妍从语言交际的实际需求出发，认为标准语和通用语是两个概

---

① 王若江：《关于"大华语"的教学思考》，《第九届国际汉语教学研讨会论文集》，2013 年。

② 冯胜利于 2007 年在全美汉语学会年会上的发言，未见原文讲稿。转引自王若江《关于"大华语"的教学思考》，《第九届国际汉语教学研讨会论文集》，2013 年，第 144 页。

念，用于交际的通用语可以和标准音脱钩。① 对于国际汉语教师而言，要充分考虑到汉语国际变体的社会语言学事实。

面向国际的汉语语音教学与汉语作为外语教学、汉语作为第二语言教学的语音教学关键区别在于观念上的不同，而非教学技巧方面的差异，即，将汉语二语习得者的"口音"视为社会语言学中的变体而非错误。我们目前的汉语语音教学似乎（虽然事实并不如此）是为了教会学习者汉语母语者发音，能够与汉语母语者顺利交际，获得汉语母语者的认同，成为汉语母语者言语社区的一员。所以，任何满足母语者与二语者之间交际的二语学习都可以看作外语学习，在此背景下，母语者和二语者之间的发音差异都可以归因为二语者的错误，二语者的语音学习任务之一就是要摆脱这种错误。"大华语"视域下，汉语二语使用者都是"国际汉语"言语社区的成员，二语使用者的语音变体也不被视为错误。

另一方面，我们需要区分汉语语音习得的过程和汉语语音习得的结果。对于处在早期阶段的学习者来说，他们尚未充分掌握目的语，不能使用目的语自由表达自己的目的，这时候目的语对于学习者来说就是"外语"。但是，当学习者达到一定的熟练程度以后，能够使用目的语成功交际时，目的语就成为他们个人语言库的一部分，成为他们日常交际中的选择之一。此时，汉语在二语者之间就不再是所谓的"外语"了，相反，汉语成为国际性语言，汉语语音也具有了社会语言学意义。结合之前对轻声词的讨论，我们对国际汉语语音变异的认识如下：

（1）语音变异是普遍存在的现象；

（2）考虑到语音迁移的影响，学习者第一语言的语音习惯必然会迁移到汉语语音中来；

（3）根据以上两点，虽然与汉语标准语音不相符，但第二语言语

---

① 侍建国、卓琼妍：《关于国家语言的新思考》，《语言教学与研究》2013 年第 1 期。

音不存在本质上的错误；

（4）语音在非核心区域的变体，也即，不影响可理解度的情况下，就不算错误；

（5）在这种情况下，第二语言语音变体就相当于第二语言的地域口音，与汉语地域方言的口音一样，地位平等；

（6）由于汉语作为国际通用语交际时，汉语二语者有地域口音，因此，理想的汉语语音教师应该由流利的双语者本土教师担任；

（7）汉语二语者的语音可能比母语者语音在国际交际中的可理解度更高；

（8）广泛接触不同第一语言背景的汉语语音变体是面向国际的汉语语音教学的重要部分。

Crystal 指出，"对可懂度的需求和对身份的需求经常会使人们和国家走向不同的方向。前者激发了作为国际性语言的传播，后者促进了民族语言和文化的推广"。① 对于国际汉语教师来说，他们需要处理的重要问题之一就是第一语言的身份在第二语言语音变体中的作用。随着汉语在全球范围内不断扩大的交际环境中使用，维持第一语言身份的手段之一就是保留越来越多的第一语言口音。然而，在第二语言中过多保留第一语言语音要素可能对国际间交际的可理解度带来影响。"大华语"间交际的可理解度不需要类似汉语母语者的语音，学习者不需要尽可能地消除将其标记为来自某一第一语言的语音特征。

因此，面向汉语国际教育的语音教学，要确立的观念是：学习汉语语音不是逐步消除或减少学习者第一语言（母语）语音的影响，不是逐步变得像汉语母语者发音一样；而是逐步增加或获得接近汉语语音标准的过程，强调的是"增加"。这更符合汉语作为第二语言"习得"的概念，通过学习不断"获得"汉语语音的知识和技能，最终运用于汉

---

① Crystal, D., "The Future of Englishes", *English Today*, 1999, 58 (15).

语国际交际中。

最终决定面向汉语国际教育的语音教学模式的还是国际汉语教师，无论是母语者教师还是本土汉语教师。教师往往对课堂实践的变化保持谨慎态度，尤其是要转换观念、转变教学范式时，大部分教师都会持观望态度。另一个问题，正如我们在上一章讨论的，缺少合适的教学材料。尽管有些国际汉语教师在理论上认同"大华语"标准，使用"增加"而非"减少"的手段，在语音教学上逐步让学生"习得"，但在实践教学中，往往因缺乏合适的教学材料而继续沿用目前的教学范式。

二　国际汉语语音教学展望

经济的全球化和文化的多元化促使国际间交流需要一种国际性语言，中国经济的发展和全球影响力的提升将汉语国际化推向了历史舞台。除了英语之外，汉语很有可能也成为一种国际通用语。汉语能否作为通用语，在国际交际中发挥价值，取决于汉语是否能满足国际之间的交际，增进各变体之间的可理解度，取得"外圈"和"扩展圈"汉语使用者的认同。传统意义上的汉语语音严格标准可能会限制汉语在国际范围内的通行程度，影响二语者对汉语的认同。过于宽松的标准则又会造成彼此间可理解度的降低，最终造成无法交际。

因此，面向汉语国际教育的语音教学未来应该关注世界范围内汉语的变体之间的可理解度，尤其是汉语作为二语使用者之间的可理解度，还要关注汉语作为二语使用者的身份认同问题，研究如何让汉语二语使用者自身形成一个"国际汉语"言语社区。本课题提出的面向汉语国际教育的多元标准体系，拟在国际可理解度和保持身份认同方面寻找一个平衡点，也即，"大华语"标准，既要保证"大华语"之间交际的可理解度，又对保持汉语使用者身份的变体元素有一定弹性和宽容度。

　　然而，遗憾的是，目前的对外汉语语音教学依然基于普通话的严格标准，旨在训练学习者达到母语者标准，与母语者交流。对外汉语语音教学所用的教学材料也只关注汉语二语者如何让母语者"理解"。以我们的陋见，暂时还未看见以二语者交际的可理解度为目标的教材，也未从"听者"和"说者"两方面进行教学的意图，更不用说有涵盖调节适应策略教学内容的教材了。对国际汉语语音水平的评估自然也是以母语者标准为依据，评判学习者在多大程度"偏离"了普通话标准语音，存在多少"错误"。因此，面向汉语国际教育的语音教学，观念上的改变是第一步也是至关重要的一步。

　　值得注意的是，已经有海内外的学者开始注意到这个问题了。宏观上，正如前文所述，"大华语"的概念自提出至今已有十余年，不少学者都赞同国际汉语教学突破以普通话为标准的限制，在"大华语"标准的弹性和宽容度内实施国际汉语教学（王路江，2003；陆俭明，2005；郭熙，2008；王建勤，2008；高增霞，2009；王若江，2013；赵金铭，2014；李泉，2015；邵敬敏，2016；李宇明，2017b）。

　　具体到国际汉语语音教学，也有不少学者呼吁放宽语音标准，号召国内外汉语国际教育研究应多考虑汉语使用者的变化以及汉语使用环境的变化，尽快建立一套面向汉语国际教育的语音标准（赵金铭，1985；王汉卫，2002；冯胜利，2007；彭俊，2012；侍建国、卓琼妍，2013）。

　　可以预见的是，面向汉语国际教育的语音标准和教学研究仍然有很大的空间。而且，国际汉语语音标准和教学研究应该是汉语国际化的必经之路，也是最有价值的研究部分。

第三节　增强本土汉语教师的语言与身份认同

　　随着世界范围内的汉语学习者增多，师资问题成了新的挑战，不少学者认识到培养本土汉语教师是解决全球汉语师资短缺的途径之一（许嘉璐、石锓，2011；李晓琪，2014；李东伟，2014；吴应辉，2016）。国别本土汉语教师的培养方面的研究几乎涵盖了全球范围，其中以汉字文化圈和美国为主，非洲和西亚偏少。本土汉语教师培训涉及教材、教法、培训模式、汉语知识等方面（吴应辉，2013；徐丽华，2014）。另有一些与本土汉语教师职业发展相关的研究。乔莹莹（2011）和陈坤源（2012）的学位论文分别以俄罗斯和泰国的本土汉语教师为对象，研究其职业发展中的问题和对策。贾益民（2013）曾在台北"华语文教学与研究国际学术研讨会"上宣读过海外华语文教师专业发展方面的研究成果。王添淼等（2014）考察了美国二语教师专业发展的途径，总结了对国际汉语教师专业发展的启示。

大力培养和培训本土汉语教师，是加速汉语国际化的重要手段，也是汉语成为世界性语言的一个重要标志。本土汉语师资才是汉语国际推广的主要力量，甚至是内生力量。当世界范围内有大量的本土汉语教师，将汉语视为专业、汉语教学作为职业、汉语推广作为事业，他们的职业诉求与事业追求会对所在国家或当地教育部门汉语政策的制定和实施产生积极影响。所以说，本土汉语教师是汉语国际化进程中的不可缺少的重要资源保障（李泉，2014）。

不少学者在汉语国际化方面的研究都表明了本土汉语教师的重要性，也在培养和培训本土汉语教师方面做了相关研究。我们认为，本土汉语教师面临的挑战主要有语言焦虑、教学权威方面的问题，进而影响了本土汉语教师的职业认同和职业发展，而"大华语"在支持本土汉语教师职业认同、构建教学权威和缓解语言焦虑方面都有积极作用。

一　缓解本土汉语教师的语言焦虑

在国际汉语教学实践中，本土汉语教师的重要性已无须赘述，然而对本土汉语教师的"资格"却仍然有很多争议。尽管本土汉语教师为汉语国际教育带来了多样性的可能，但他们的作用仅被用来作为补充母语者师资，这是低估了他们的价值。母语者教师在国际汉语教学实践中缺少一定的宽容度，可能是造成本土汉语教师对自身的汉语产生焦虑的原因之一。至少在概念上，我们将国际汉语教师划分为"母语者汉语教师"和"本土汉语教师"就是始终在提醒那些本土汉语教师他们的非专业性。学习者对母语者的"盲目"相信和偏好，追求母语者标准也会影响本土汉语教师的自我评价。他们会觉得自己的汉语还不够好，缺乏一定的自信，尤其是在汉语语音上，有些本土汉语教师觉得自己在语法、词汇上积累到一定程度了，可以胜任汉语教学工作，但对自己的语音仍不满意。

Braine 认为语言焦虑"可能是本土教师面临的最大的内在挑战"[1]，而且在与母语者教师共同工作的环境下，最容易产生这些焦虑。因此，本土汉语教师必须不断建立自己的可信度，以便被视为专业人士。"大华语"概念在缓解本土汉语教师的语言焦虑方面或许提供了一种解决途径。

本土汉语教师的语言焦虑来自母语者的压力，也即，母语者标准的压力。在之前的讨论中，我们分析了母语者标准是理想的标准，但二语者很难达到。然而，"汉语"属于"汉语母语者"，国际汉语教学中应该以"母语者标准"为参照这种认识深深地影响了本土汉语教师、母语者教师和汉语学习者，促使他们认为只有母语者才是语言教学的权威。我们在目前的条件下[2]，以 15 名有可能成为本土汉语教师（均来自某所高校汉语国际教育硕士一年级学生）为被试，调查了他们对"大华语"概念的理解以及普及"大华语"概念后他们得到的启示。这

---

[1]　Braine, G. , *Nonnative Speaker English Teachers*: *Research*, *Pedagogy*, *and Professional Growth*, New York: Routledge, 2010.

[2]　在教学环境下，并非严格意义上的调查。

部分调查直接以回答问题的方式进行。

（1）你知道国际上有多少汉语变体？请说出变体名称。

（2）你自己使用的汉语是否是一种变体或者属于哪一种变体？

（3）哪一种汉语变体是"正确的"或者"合适的"？

然后，我们提供了有 12 种汉语变体口音的视频①，要求被试看完视频后再回答以下问题。

（4）哪一种汉语变体最容易理解？哪一种最难理解？

（5）哪一种汉语变体你觉得最有意思或者觉得好笑？

（6）你愿意学习哪一种汉语变体？

结合被试的回答，我们给 15 名未来本土汉语教师普及了"大华语"概念。首先需要明确的是，"大华语"并不是和汉语相对的概念，正如汉语也不是一个单一静态的语言系统一样，"大华语"也有很多"汉语"存在形态，这些相对于普通话来说，可能存在不少"错误"或者"例外"的元素。然而，语言很容易和国家联系起来，有时候同一种语言可能因为国家不同或通行的地域不同而使用了不同的名称，如荷兰的荷兰语（Dutch）和比利时的弗兰德语（Flemish）。其次，汉语在中国不同地域也是不同的，甚至还有不同的名称，如，客家话、粤方言、湘方言等，海外华人使用的汉语也不同于普通话，他们实则都是汉语，现如今我们使用"大华语"概念统摄。然而，人们却普遍以为其他地方使用的"汉语"都是错误的，不标准的，所以接受度很低。最后，二语习得者的汉语也是"大华语"的一种变体，与汉语方言、海外华语一样，带有一定的地域或第一语言特色。认识到"大华语"有诸多变体对我们日后的国际汉语教学非常重要。

通过普及"大华语"概念，15 名未来的本土汉语教师能够接受其

---

① 视频内容为"Mike 隋模仿 12 种汉语口音"，网址为 http://baishi.baidu.com/watch/3324748840563142862.html，使用日期：2017 年 11 月 26 日。

语言变体的缺点事实,"大华语"概念使这些本土汉语教师自身具有了"国际汉语"言语社区的身份,而不再是等待汉语母语者"确认"他们的身份。尤其是在教学中客观分析本土汉语教师的优势和劣势后,"大华语"概念能够让本土汉语教师更有信心"合格"地进行国际汉语教学实践,缓解了他们的语言焦虑。

二 应对本土汉语教师面临的身份挑战

在第四章中,我们调查了汉语学习者对"标准"与"变体"的态度(调查问题详见附录),结果表明,学习者对汉语母语者教师更为信任,来自中国的汉语母语者教师更具有权威性。汉语母语者的发音和语感是促使汉语学习者信从的因素之一。学生普遍认为汉语母语者的汉语更流利,凭借语感就能确保产出正确的汉语,在汉语教学中也更多使用汉语而不是学生的母语。学习者的目标自然是想达到汉语母语者的发音那样流利、自然。而这是本土汉语教师所不具备的,学生的期望与本土汉语教师的实际能力不相符,给本土汉语教师的权威性带来了挑战。而且,学习者通常简单地将教师的地域身份等同于语言权威。

汉语标准是本土汉语教师面临的另一个挑战。标准汉语或汉语的标准显然是由汉语母语者产出或制定的,而本土汉语教师只是按照标准汉语进行学习,学习的结果并不代表达到了标准。即使本土汉语教师达到了合格标准,也不是理想的标准。学习者的信念是按照理想标准来学习的,而理想标准仅存在于母语者教师身上。我们姑且不论学生的信念是否可靠,但学生对语言权威的期望与教师的权威性身份密切相关,从这一点上看,本土汉语教师需要使用各种策略来化解这一矛盾,成功建构自己的权威性身份。

我们通过对一位意大利籍的本土汉语教师的课堂教学和访谈的个案

研究发现，本土教师利用了多种策略来实现其身份的权威性。其中，凸显自身的汉语知识并将自己置于已有权威之上，塑造语言学家形象是最主要的策略，而普及"大华语"概念并实施大华语标准是另一条可能的路径。

（一）建立教学权威

汉语母语者教师通常依靠自己的母语优势和普遍认知上的优势构建自己的权威，而汉语本土教师更多依靠自己是目的语的成功习得者这一优势，同时也凭借更多的专业资料来建构自己的权威身份。我们观察的对象孙老师就是在学生面前建立一种自己也是一种汉语学习资源的概念，甚至是超越学生参考的权威资料之上的形象。例如，在讲解生词词义时，孙老师的课堂语言如下：

> 请不要查阅词典，我希望大家不要使用手机，一直不要使用，当我说可以使用的时候，你们再使用。……你们觉得它是什么意思？……不知道的话，你们可以问我，就像问别的问题一样。

孙老师坚持不让学生查字典，而是让学生问他，实则是将自己与词典视为等同的权威来源。除此之外，对教材这样的学生眼中的权威资料，孙老师也会明确指出不足之处。如：

> 这个空可以填 A，也可以填 D，一般来说，汉语使用 A。但是教材的练习题可能没有注意到两个答案都可以，有一些不清楚。课本当然也没有错，但它只是希望你练习这一课的语法……

从上面转写的孙老师的教学语言可以看出，孙老师明确指出教材中的问题，甚至可以说是教材的讹误，而指出不当之处就是降低教材权威的一种方法。孙老师此时则将自己置于权威材料之上，让自己成为汉语课堂中最值得信赖的知识来源。对教材的讲解提出疑问，也是孙老师常用的教学策略，如：

> 你们很多人看到书上写了"了"表示已经完成的动作或发生的事情，可是〔板书〕这个句子，你们告诉我它是完成的动作吗? 是发生的事情吗? ……它不是。……

前引内容是孙老师假设学生根据教材中语法注释来理解，而这种理解通常有误。孙老师作为汉语习得者，同时又是本土汉语教师，他的话语让学生觉得他比教材更可靠、更权威。

通过与学生公认的已有权威建立关联，孙老师成功地让学生将他视为可靠的汉语资源之一，然后通过对已有权威的解构和分析，孙老师成功地让学生将他置于已有权威之上。这是教学策略，也是构建自己权威性身份的有效策略。

（二）利用显性教学方法

显性教学（Explicit Instruction）和隐性教学（Implicit Instruction）都是语言教学的手段和方法，不同的是，显性教学是有目的地将注意资源引导到目标结构，常使用元语言解释，对语法知识的讲解明显；而隐性教学则尽量不解释规则，将学习者注意力引导至目标成分上（靳洪刚，2016）。对外汉语教学发展至今，教学方法更迭不断，但大家比较认同的是少讲语法规则，通过精讲多练的手段，以提升实际交际能力为目标。甚至于在非目的语环境下，沉浸式教学方法反而较为流行（崔永华，2017）。换言之，隐性教学是目前的主流教学方式。而本土汉语教师时常通过有意识地讲解汉语语法规则和知识来促进学习者的汉语学习，这种显性教学方法同时也是证明或显示自己权威性的策略。我们所观察的课堂，孙老师常通过讲解汉语语法知识，有时甚至从普通语言学的角度解释不止一种语言的共性，某种程度上证明了自己是个语言学家。例如，关于课堂为什么花那么多时间讲解汉语知识的访谈，孙老师回答道：

> 作为老师，……很大程度上，我们的知识和技能，……，我必须展现给学生，尤其是跟班里学生有关系时，能够调动他们。如果我说我懂汉语，那不够。我必须证明这个，让学生自己觉得我很懂汉语。……，如果我只是讲汉语语法，他们可能只是认为我看了书，在中国学的而已。所以，我也讲意大利语语法，有时候是英语的，这些语言他们都会，但是也不懂为什么是这样的。……，这样可以提高学生对我的尊重，对我所掌握的知识的尊重。

由访谈资料可知，作为本土汉语教师，孙老师是刻意使用显性教学的方法来间接地宣告自己是语言学家这一权威身份。虽然显性教学也是辅助学生理解汉语的手段之一，但是本土汉语教师则更倾向于将其视为确立权威的策略，以获得学习者的信任。本土汉语教师的双重身份，既是语言教师又是成功的汉语习得者，使得他们不仅通过积极展示自己在母语和其他语言上的知识，来证明自己成功习得语言的经验是值得学习者借鉴的，更是利用自己所掌握的汉语知识来证明自己在汉语教学上的权威。这种策略让学习者形成这样一种观念：我们的老师是语言学习和语言教学方面的权威，而汉语也只是其中一种语言而已，他具有语言教师的权威身份，自然具有汉语教师的权威身份。

（三）突出本土教师优势

大力发展本土师资并不仅仅是为了解决师资短缺的替代性方案，还因为本土教师有其自身的优势，这是母语者教师所不能替代的。比如，本土教师在目的语系统知识上比母语者可能更丰富，对交际可懂性的把握也更清晰，课堂教学中也更能注意到学习者的偏误，能够有效利用母语和目的语的对比促进教学等（Jenkins，2007：221）。在教学方法上和课堂文化等方面，本土汉语教师也比汉语母语者教师更有优势。他们熟悉本地学生的身心特点、认知模式和课堂氛围，不用花过多的时间处理课堂管理以及跨文化交际问题，因此课堂的有效时间更多。在访谈中，孙老师也说过：

> 我当然知道汉语母语者的权威性，我自己学习语言的经历让我明白，学习者更相信母语者，而不是本土教师。……，在意大利，目前负责教语音的还是来自中国的老师，我们意大利的老师是不能去教的，只能是助教。……，我们在语法上有优势，因为我很清楚学生在哪些地方可能犯错，我也知道他们为什么会错。……，我有时候教汉语就使用意大利语跟汉语对比，让他们看清楚汉语和意大利语的不同。……，我认为我们也有我们的优势，可能是我的汉语，学生觉得挺好……我在中国学了很多年，在中国，我知道有很多人说的汉语也不一样。……我在教汉语课时很自信，也主动利用我们的优势……这样，学生会更加相信我教的。

从访谈结果我们知道，本土汉语教师很清楚自己的优势与劣势，他们会主动利用自己的优势来增强教师身份的权威性。这种策略实则是从改善教师权威性的外部条件来实现的，随着外部条件的改善，作为教师这个职业身份的权威性得以确认和增强。这种策略通过放大本土汉语教师身份中"教师"的属性，淡化"本土"和"汉语"的属性来实现"本土汉语教师"这个整体概念的权威性身份。

（四）普及"大华语"及其标准

通过对本土汉语教师的个案观察，我们发现他们自身会有效地利用多种策略来构建自己的身份权威，以解决教育教学实际问题。目前我们可以确定的是，本土汉语教师主要是将自己塑造成一个语言学家、成功的汉语习得者这两个身份，将自己等同甚至置于学生信从的权威之上，进而构建自己的身份权威。然而，正如前文所述，他们面临的身份权威挑战还有一个因素，即，汉语标准。母语者的汉语标准权威性体现在制定教学大纲、编写教学材料、评估汉语水平等多个方面。学者们十余年来致力于建立的"大华语"框架对本土汉语教师身份权威的构建有积极作用。第二语言习得的研究表明，母语的影响和学习对象的年龄等要素制约了学习者掌握目的语的程度，可能永远无法达到母语者水平。因此，以普通话为标准的汉语在走向世界的过程中，必然会让大量本土汉语教师的权威性遭到质疑。这与本书前述的"大量培养本土汉语教师是解决世界范围内汉语师资短缺的途径"相悖，一方面我们需要大量的本土汉语教师，另一方面却无法让他们获得汉语教学上合法的权威身份。

"大华语"则将普通话作为基础，同时也作为汉语标准分层分级，在理想标准之外，还存在合格标准，汉语教学立足于标准，但不迷信和神话标准（李泉，2015）。对汉语标准观念的转变，影响着汉语教学、汉语国际推广、本土汉语教师培训等方方面面。其中，本土汉语教师的权威身份所面临的挑战也会因此得到缓解。"大华语"视域下的汉语标准不再将本土汉语教师的汉语视为"未达到汉语标准"的水平，而是在一定程度上予以承认其"汉语"的标准地位。比如，本土汉语教师在轻声、儿化等方面的问题，在"大华语"标准下可能就不算是偏误，而是合格的。本土汉语教师所面临的身份权威挑战之一就是学习者怀疑其语言的标准程度，甚至是教师自己担心、怀疑其语言标准程度。如果在本土汉语教师培养或培训过程中普及"大华语"概念，则能帮助他们树立信心，消除其对语言身份的焦虑。当本土汉语教师在汉语标准上取得与汉语母语者一样的合法地位时，他们的汉语教师身份权威性自然就能够得到确认。

除了本土汉语教师以外，汉语学习者也需要了解"大华语"概念，并知晓"大华语"视域下的汉语标准是什么样的。否则，本土汉语教师的身份权威性就只是镜花水月，仅存在于本土汉语教师自己的认知中。让学习者意识到汉语存在诸多变体，普通话标准是汉语的理想标准，世界范围内的"大华语"都是汉语的一部分，能够使学生重新看待本土汉语教师的语言身份，进而确认他们的权威身份。这种观念上的转变并不仅仅是认知上的改变，因为"大华语"在汉语标准上的的确确赋予了汉语学习者的语言身份，也赋予了本土汉语教师身份的权威性。除了本土汉语教师自身的努力以外，作为汉语母语者，我们也应该帮助其确立构建权威身份，以促进汉语的国际化。用"大华语"标准重新审视他们的语言身份，从而帮助他们构建权威身份，这也是我们汉语母语者义不容辞的责任。

三 建立本土汉语教师的职业认同

教师的职业认同与教师的教学理念、教学方法以及专业发展密切相关。相较于母语者教师而言，本土教师在教学过程中所面临的困难和挑战更大，他们的职业认同建构也因此更加复杂。对语言教师的职业认同研究主要集中在三个方面，第一个方面涉及的是教师身份与教学方法之间的关系（Morgan，2004）。Morgan 解释了教师身份的变革潜力是由语言教学中特定地点的教学和互动过程决定的，教师的身份随着时间和地点的变化而变化。第二个方面，重点是教师的职业身份与他们自己的定位之间的关系（Pavlenko，2009）。Pavlenko 认为，对教学和教师职业身份的全面理解需要关注"实践中的身份"。实践中的身份是一个描述以行动为导向的理解身份的方法的术语，强调需要将身份建构通过具体实践和任务实施的问题基础上进行调查。第三个方面涉及的研究重点是教师"外国"身份的构建问题（Trend，2010）。对于那些教师，"外国"与他们如何识别自己身份并从而产生归属感密切相关。

鉴于上述各方面，我们看到，一些研究人员从教育学的角度关注教师职业身份与教学方法之间的关系，另一些人则从社会角度关注教师职业身份与实践相关的重要性，并且从发展的角度构建职业认同。我们侧重从"大华语"角度衡量本土汉语教师如何构建职业身份与认同。

余波通过对 40 名斯里兰卡本土汉语教师的调查和访谈考察了他们的职业身份认同与构建①。本土汉语教师们很清楚自己的优势与劣势，优势在于他们熟悉学习者的母语和目的语，具有一定的语言对比基础，在教授语法等项目时可以更清楚地让学生理解；而劣势在于自身的语音面貌始终达不到母语者标准。当然，这与学习者追求"完美的母语者发音"这一诉求有关。一个可能的解释是，学习者既然选择学习某一种语言，必然想获得与该语言母语者相同的身份认同，而"口音歧视"让众多学习者拒绝接受外国式口音。另外，汉语母语者教师和本土汉语教师均需得到资格认证，这使得汉语教师作为一个职业，具有了竞争意识。然而，本土汉语教师在就业市场中处于不利的地位，本土汉语教师在构建自身职业形象和身份认同时，在当地的语境中是较为困难的。本土汉语教师普遍认为成为汉语教学专业人士的信念也面临着来自学校、汉语教学机构以及社会偏见的挑战，这一挑战最大的来源便是社会群体过分强调汉语教师的母语背景，对汉语母语者的"偏执"与对本土汉语教师汉语水平的"怀疑"是本土汉语教师构建职业认同最大的障碍。

综合起来，影响本土汉语教师职业认同的主要因素有以下几点：

（1）对自身的汉语水平缺乏自信，尤其是语音表现；

---

① 余波：《"他者镜像"视角下的非本族语汉语教师职业身份认同构建》，《广东技术师范学院学报》2018 年第 39 卷第 1 期。

（2）社会及学习者对母语者的偏好以及对本土汉语教师"资格"的怀疑；

（3）作为本土教师的其他优势无法展示，其专业教师的身份认同因汉语水平受阻。

"大华语"是本土汉语教师构建职业认同的有利条件之一。首先，"大华语"不再以严格的普通话为标准，将普通话标准视为理想标准，而本土汉语教师的"汉语"都在"大华语"标准之内，都属于"规范"的汉语，这可以消除本土汉语教师对自身汉语水平的不自信。其次，向学习者及汉语使用者普及"大华语"概念，消除社会对母语者及母语者标准的"绝对"相信，建立本土汉语教师对自身具有"资格"的语言条件。最后，在"大华语"视域下，发挥本土汉语教师的优势，在国际汉语教学实践中不断发展自己的职业认同。

第四节　小结

本章首先回顾了前面几章以面向汉语国际教育的轻声词标准及教学的研究，以此为起点继续探讨大华语和面向汉语国际教育的"国际标准"对汉语国际化的启示。

汉语国际化需要经济、文化等综合国力作为后盾，也需要语言学和汉语国际教育领域作出积极的努力。加速汉语国际化的语言学研究，主要有两个路径。一是以"对外汉语"研究为主，重点关注汉语本体并以普通话、汉语母语者为核心向外传播；一是以"国际汉语"研究为主，侧重海内外"大华语"和国际范围内的本土汉语教师研究。目前，第一个途径的研究成果已经较为丰富，为汉语国际化奠定了良好的基础。现在主要面临的是汉语走向世界过程中的开放性与规范性的矛盾问题和包容性问题。因此，面向全球的汉语标准建设，面向处于国际化进程初级阶段的汉语标准建设，面向汉语国际教育的标准建设是当前汉语国际教育领域亟待研究的问题。

近十年来，学界提出的"大华语"概念以及对"大华语"的热烈讨论给汉语国际化带来了启示。对"大华语"的讨论形成了较为一致的意见，在语言标准上的弹性和宽容度都是大家一致认同的。"大华语"概念在讨论中，已扩展至"全球范围内的汉语"，当然，全球范围内的汉语不仅仅是共时层面的共存，而是趋向一个统一规范的"国际汉语"。于国际汉语教学实践而言，"大华语"及"大华语"标准的启示则有：（1）教师需要仔细考量所处的教学环境；（2）根据所处的教学环境选择教学目标，教师还应该重视学习者目前使用的语言变体；（3）教师需要让学习者为国际通用语的交际做好准备，让学习者接触其他变体，并教给学习者与使用其他变体人士交际时的调节适应策略。

本书以轻声词为典型案例，探讨了面向汉语国际教育的汉语标准与教学，对面向汉语国际教育的语音教学有一定的有益启示。面向汉语国际教育的语音教学，最重要的是转换观念：学习汉语语音不是逐步消除或减少学习者第一语言（母语）语音的影响，不是逐步变得像汉语母语者发音一样；而是逐步增加或获得接近汉语语音标准的过程，强调的是"增加"。这更符合汉语作为第二语言"习得"的概念，通过学习不断"获得"汉语语音的知识和技能，最终运用于汉语国际交际中。可以预见的是，面向汉语国际教育的语音标准和教学研究仍然有很大的空间。而且，国际汉语语音标准和教学研究应该是汉语国际化的必经之路，也是最有价值的研究部分。

最后，本章还讨论了"大华语"之于本土汉语教师的价值，本土汉语教师是加速汉语国际化的生力军，在未来会是汉语国际推广的主力。建立稳定、大量的本土汉语教师师资队伍是发展国际汉语教学、推进和深化汉语国际化的重要措施，也是汉语走向世界的一个重要标志。

然而，目前本土汉语教师还面临着一系列的挑战，如，语言焦虑、教学权威、职业认同和职业发展等问题。"大华语"和"大华语"标准在缓解本土汉语教师的语言焦虑、构建教学权威身份、促进职业认同和发展方面都有积极的作用。

第七章　汉语国际教育语音标准

　　本书以汉语水平考试一级至六级词汇中的 281 条轻声词和国际范围内的轻声词习得变体为对象，探讨了面向汉语国际教育的标准及教学应用问题，进而讨论了"大华语"和"大华语"标准对汉语国际化的启示。

　　让汉语成为国际性语言，加速汉语国际化进程，是基于我国经济实力发展的预期，也是实现中华民族伟大复兴的中国梦的一部分。汉语国际化需要经济、文化等综合国力作为后盾，也需要语言学和汉语国际教育领域作出积极的努力。本研究亦立足于这一宏观背景，从海内外汉语学习者轻声词习得的现实出发，探讨加速汉语国际化进程的一种语言学路径。加速汉语国际化的语言学研究，主要有两个路径：一是以"对外汉语"研究为主，重点关注汉语本体并以普通话、汉语母语者为核心向外传播；一是以"国际汉语"研究为主，侧重海内外"大华语"和国际范围内的本土汉语教师研究。目前，第一个途径的研究成果已经较为丰富，为汉语国际化奠定了良好的基础。现在主要面临的是汉语走向世界过程中的开放性与规范性的矛盾问题和包容性问题。

　　本研究建立在前人关于本课题的相关研究的基础之上，对轻声词本体研究，轻声词的教学研究和习得研究，"大华语"研究和轻声词的规范标准研究，以及相关的国外研究进行了整理述评，进而建立了本书的研究起点。

　　轻声词的本体研究成果丰富，在轻声的本质、声学性质方面描写得相当详细，前人分别在语音学和音系学领域取得了一定的成果，但本体研究的成果转化为汉语国际教育的实践的理论支撑时，还没有取得显著的效果。轻声词的教学研究，尤其是汉语作为第二语言教学中的轻声词教学研究，基本上根据轻声词本体研究的成果，遵循第一语言教学的模式，按照轻声词规律的分类进行教学，没有突破"以普通话为中心"的视野。有鉴于此，我们也查阅了近年来"大华语"和有关英语国际化进程中"世界英语"方面的相关研究，尤其关注了"大华语"的语音方面研究。其中，关于面向国际的汉语标准应该有一定的弹性和适度的宽容是首要前提，而"大华语"视域下的轻声词标准很可能是可以率先实现的。如果面向汉语国际教育的轻声词标准能够研究透彻，它必将为面向汉语国际教育的汉语语音，甚至整个汉语体系带来启示，最终促进汉语加速走向世界，实现汉语国际化的目标。在此基础之上，本书重点回答了以下四个问题。

　　研究问题之一：是否有必要构建不同于普通话标准的汉语国际教育轻声词标准体系？

　　本书考察了轻声词在第一语言和第二语言中普遍存在的变体，认为第一语言中轻声词的变体发展趋势是不断减少，多为接受性的变体；第二语言中轻声词的变体也普遍存在，但多为产出性的变体。这些变体给我们的启示是：国际性语言的教学要求我们转变观念，将视野扩展至国际范围，关注国际范围内的语言变体。也要求我们重新审视教学主体和教学对象的变化，教学主体应该以本土汉语教师为主，教学对象也变成了为了国际交流而学习汉语的人。因此，教学内容"汉语"也要随之改变，向"大华语"转变，即：面向汉语国际教育的轻声词标准有必要不同于普通话标准。

　　以普通话为标准在国际范围内推广汉语，会带来教学主体（主要是本土汉语教师）的职业认同与发展困境，学习者也难以习得的问题；不以普通话为标准，则可能造成多个变体之间交际障碍的问题。因此，很有必要构建一套面向汉语国际教育的轻声词标准。

　　研究问题之二：是否有可能构建不同于普通话标准的汉语国际教育轻声词标准体系？

　　作为国际性语言，保证各个变体之间交际无障碍最重要的因素是各个变体之间的"可理解度"。本书认为，"可理解度"不仅仅是二语者被母语者理解的单项过程，也包括二语者之间的可理解度；不仅仅是"说者"向"听者"作出努力的单项过程，应该包括双方的共同努力。对"可理解度"的讨论是为拟订面向汉语国际教育的轻声词标准奠定基础，研究结果表明，语音迁移是一个根深蒂固的现象，它对学习者有一定的益处，因此不会轻易地被学习者放弃，除非影响到了交际效果。第二语言语音习得的困难是普遍存在的，或者是语音发展过程中必然出现的，那么作为国际通用交际语的语音教学就可能会有一些不可教的项目，因为，即使教了也不会出现理想的习得效果。在这种情况下，一方面想让学习者彻底摆脱其母语或第一语言的迁移是不现实的，另一方面想将所有的二语习得者教会像母语者发音那样也是不现实的。因此，我们通过三项测试，对12名被试的轻声词可理解度进行了实验。实验结果表明，作为国际交际语言的汉语，轻声词的语音变体基本不影响交际的可理解度，对其影响的因素限于词汇和句法因素。也即，有可能构建一套面向汉语国际教育的轻声词标准。

　　对问题一和问题二的回答表明，面向汉语国际教育的轻声词标准不仅有必要纳入"大华语"视域下，放宽标准，实行弹性标准，而且也完全有可能实现不同于普通话的标准。然而，放宽标准之后会不会造成没有标准，最终导致各变体之间无法交际，二语习得者不愿意习得"非标准"的轻声词等问题也需要解决。

研究问题之三：面向汉语国际教育的轻声词标准内容是什么？

本书详尽考察了汉语水平考试一级至六级的 281 条轻声词，依据"可理解度"对其进行了分层分级。在此基础之上，我们回应了一些关于"大华语"宽松标准的质疑。质疑之一是不以普通话的语音标准为标准，可能会导致无参照标准。对此，我们的回应是"面向汉语国际教育的标准不是没有参照标准，而是多元标准"。质疑之二是如果教学中承认了"大华语"轻声词变体是标准的，无形之中等于降低了标准要求。对此，我们的回应是"我们所讨论的面向汉语国际教育的轻声词标准，并非在普通话标准的基础上简单、直接降低要求。我们要构建的是一个标准连续体，普通话标准仍然是汉语标准，但语言文字标准或语音标准有理论标准，也有应用标准，还有评估标准，并非唯一一个适用于任何情况的标准"。质疑之三是难以实施教学，因为教师更倾向于教授母语者标准口音，教学过程中，没有教师愿意教授非标准的口音；学习者也更想拥有母语者标准口音，而非一种变体；而且，教一种无人拥有的语音变体是不现实的。对此，我们的回应是"需要教师和学习者转换观念。我们拟订的面向汉语国际教育的轻声词是一个多元体系，包括这种理想的标准在内。而对习得结果的评估和态度则是应用层面的标准"。

针对以上质疑观点，我们设计了"大华语"视域下汉语使用者对轻声词变体的态度调查，调查结果表明：（1）轻声词在第一语言和第二语言中的变体是普遍存在的，这种情况是自然的、正常的，学习者不应为此感到焦虑；（2）各种轻声词变体之间没有优劣之分，不存在也不应该存在口音歧视现象，这与汉语作为第一语言的方言歧视完全不同；（3）作为国际通用交际语，尤其是适用于汉语二语者之间交际的轻声词教学应该培养宽容度和可理解度；（4）适应世界范围内各国汉语学习者的本土汉语教师也是理想的轻声词教学者。

在此基础上，我们构建了一个面向汉语国际教育的轻声词标准体系，包括理论标准、应用标准和评估标准。理论标准分级分类，以普通话标准为基础，兼顾"大华语"视野，分为理想标准，即普通话标准；合格标准，即"大华语"标准；"大华语"标准实则包含了普通话标准。应用标准则包括教学标准、交际标准，不同于普通话标准的是，普通话标准是从"说者"角度描述"说者"应该达到的程度，而"大华语"视域下的轻声词标准还从"听者"的角度描述应达到的要求。为此，我们拟订了一个汉语国际教育轻声词层级数量，将 HSK 一级到六级的 281 个轻声词分为 11 个层级；评估标准同样包括对"说者"的评估和"听者"的评估，发展性评估标准和终结性评估标准。

在日趋成熟的对外汉语教学体系中，本书所构建的"大华语"标准，虽在理论上可行，但在实践中如何革新现有的教学理念和教学模式，应用于国际汉语教学实践成为汉语国际化进程中最现实的问题。

研究问题之四：如何实施面向汉语国际教育的轻声词标准体系？

针对如何在国际汉语教学实践中实施本研究所提倡的"大华语"标准，本书分三个部分提出了具体的教学建议。第一部分从一般性的国际汉语教学角度对轻声词教学的模式、程序、技巧等作出说明，并以具体的案例来阐述这一过程。第二部分专门论述了调节适应策略的教学。该理论对语音变异解释的三种策略：趋同、分化和语言保持，以及上述三种策略的三个动机：获得对话者的认同、提高交际效率和保持身份认同，尤其适用于轻声词出现的国际变体现象。而外国式语言又为汉语母语者使用调节适应策略提供了有力的佐证。因此，汉语母语者和汉语二语者有意愿也有能力在一定条件下，通过趋同策略来调节自己的发音以适应轻声词的国际变体发音。第三部分建议提出的背景就是汉语逐步国际化，使用汉语的人和使用汉语交际的环境已经开始改变了。对于所有的国际汉语教师来说，首先要做到的就是变革理念。对于本土汉语教师来说，要建立他们的信心和汉语语音权威，发挥其优势，本书从语音知识系统、可理解度标准和发音模型三个方面论述了本土汉语教师的优势。对于母语者来说，我们也提出了对其增加轻声词教学内容的建议，如，改变母语者对二语者口音的态度、增加母语者对轻声词的国际变体的接触感知机会，以及增加调节适应策略教学等。

结合本研究的结论和局限，我们认为本课题在以下方面值得进一步研究。

第一，在面向汉语国际教育的轻声词方面继续深化研究，扩大轻声词在第一语言变体间可理解度的测量范围，也即，在"内圈"和"外圈"范围测量汉语各方言之间、普通话与方言之间，轻声词变体是否影响交际，轻声词的哪些特征影响可理解度。另外，扩大轻声词在第二语言（扩展圈）使用者之间的可理解度试验范围，考察"大华语"视域下轻声词的变体特征，研究轻声词的国际变体之间的可理解度。

第二，以面向汉语国际教育的轻声词研究为基础，研究"辅音""元音"或者声母、韵母、声调等汉语语音单位的国际变体，研究"儿化"等语流音变的国际变体，考察其国际间可理解度，为进一步制定大华语语音标准奠定基础。

关于可理解度的研究，仍有许多变量值得检验。如，与可理解度相关的说者和听者的汉语水平关系如何？与话题的难度的关系如何？交际环境的影响如何？交际双方的熟悉程度有何影响？

第三，构建面向汉语国际教育的语音标准，研究国际汉语语音标准在国际汉语教学实践中如何实施，以及如何测试评估等问题。进一步研究面向国际的汉语标准，最终建立起一套国际认可的汉语标准，掌握国际汉语教学的话语权。

第四，加强"大华语"研究以及"大华语"视域下的本土汉语教师研究。"大华语"方面应该开展全球范围内的汉语运用生活状况调查，比如，海外华侨华人社会的汉语运用生活状况，各国主流社会汉语使用状况，现有的汉语应用程度与水平，汉语的应用景观状况，汉语应用的人员、民族、阶层、文化背景等分布状况，汉语国际教学和推广状况等。"大华语"视域下的本土汉语教师研究方面，值得探讨的问题诸如，"大华语"在支持本土汉语教师职业认同与发展方面有何价值？本土汉语教师与母语者教师的教学信念有何差异？

以上问题若能得以深入研究，汉语作为国际通用语的语言学基础则会完善，最终会促使汉语成为国际领域的重要语言，实现汉语国际化的中国梦。

参考文献

一　学术论著

［1］北京大学中国语言文学系语言学研究室：《汉语方言词汇》，文字改革出版社 1964 年版。

［2］陈保亚：《20 世纪中国语言方法论》，山东教育出版社 1999 年版。

［3］陈松岑：《语言变异研究》，广东教育出版社 1999 年版。

［4］陈原：《社会语言学》，商务印书馆 2003 年版。

［5］陈章太：《语言规划研究》，商务印书馆 2005 年版。

［6］刁晏斌：《海峡两岸及港澳地区现代汉语差异与融合研究》，商务印书馆 2015 年版。

［7］郭熙：《华语研究录》，商务印书馆 2011 年版。

［8］郭熙：《中国社会语言学》，浙江大学出版社 2004 年版。

［9］黄伯荣、廖序东：《现代汉语（增订 5 版）》，高等教育出版社 2012 年版。

［10］教育部语言文字信息管理司：《汉语口语水平等级标准及测试大纲》，语文出版社 2010 年版。

［11］教育部语言文字信息管理司：《语言文字规范标准手册》，商务印

书馆 2015 年版。

[12] 劲松:《现代汉语轻声动态研究》,民族出版社 2002 年版。

[13] 孔子学院总部、国家汉办:《国际汉语教师标准》,华语教学与研究出版社 2012 年版。

[14] 孔子学院总部、国家汉办:《国际汉语教学通用课程大纲》,北京语言大学出版社 2014 年版。

[15] [美] 拉波夫:《拉波夫自选集》,北京语言文化大学出版社 2001 年版。

[16] 李宇明:《全球华语大词典》,商务印书馆 2016 年版。

[17] 李宇明:《中国语言规划论》,商务印书馆 2010 年版。

[18] 林焘:《声韵学》,台北三民书局 1997 年版。

[19] 刘兴策:《语言规范精要》,华中师范大学出版社 1999 年版。

[20] 鲁允中:《普通话的轻声和儿化》,商务印书馆 1995 年版。

[21] 鲁允中:《轻声和儿化》,商务印书馆 2001 年版。

[22] 毛世桢:《对外汉语语音教学》,华东师范大学出版社 2008 年版。

[23] 钱曾怡:《山东方言研究》,齐鲁书社 2001 年版。

[24] 宋海燕:《国际汉语语音与语音教学》,高等教育出版社 2013 年版。

[25] 孙德金:《对外汉语教学研究论著索引》,商务印书馆 2009 年版。

[26] 王力:《汉语史稿》,中华书局 2004 年版。

[27] 王理嘉:《音系学基础》,语文出版社 1991 年版。

[28] 吴为善:《汉语"重轻型"韵律模式的辨义功能及其系统价值》,学林出版社 2015 年版。

[29] 吴应辉:《汉语国际传播研究理论与方法》,中央民族大学出版社 2013 年版。

[30] 徐大明:《语言变异与变化》,上海教育出版社 2006 年版。

[31] 徐世荣:《普通话语音知识》,文字改革出版社 1980 年版。

[32] 徐子亮:《汉语作为外语的学习研究:认知模式与策略》,北京大学出版社 2010 年版。

[33] 游汝杰、邹嘉彦:《社会语言学教程》,复旦大学出版社 2004 年版。

[34] 赵杰:《北京话的满语底层和"轻声""儿化"探源》,北京燕山出版社 1996 年版。

[35] 赵元任:《赵元任语言学论文集》,商务印书馆 2002 年版。

[36] 朱楚宏:《汉语规范化中介现象论》,清华大学出版社 2015 年版。

[37] 祝畹瑾:《社会语言学概论》,湖南教育出版社 1992 年版。

[38] 邹嘉彦、游汝杰:《汉语与华人社会》,复旦大学出版社 2001 年版。

[39] Arthur, B., "The Register of Impersonal Discourse to Foreigners: Verbal Adjustments to Foreign Accent", in D. Larsen-Freeman, *Discourse Analysis in Second Language Research*, Massachusetts: Newbury House, 1980.

[40] Brown, G., *Listening to Spoken English* (2nd Edition), London: Longman, 1990.

[41] Jenkins, J., *The Phonology of English as an International Language: New Models, New Norms, New Goals*, Oxford: Oxford University Press, 2000.

[42] Lynch, T., *Communication in the Language Classroom*, Oxford: Oxford University Press, 1996.

[43] Braine, G., *Nonnative Speaker English Teachers: Research, Pedagogy, and Professional Growth*, New York: Routledge, 2010.

[44] Cook, Vivian, *Linguisitic and Second Language Acqusition*, Basingstoke: Macmillan, 1993.

[45] Crystal, D., *A History of the English Language*, Cambridge: Cambridge University Press, 2006.

[46] Ellis, Rod, *The Study of Second Language Acquisition*, Oxford: Oxford University Press, 1994.

[47] Giles, H. , "The Dynamics of Speech Accommodation", *International Journal of the Sociology of Language*, Amsterdam: Mouton, 1984.

[48] Grice, H. P. , *Syntax and Semantic 3: Speech Act*, New York: Acdemic Press, 1975.

[49] Hymes, D. , *Sociolinguistics*, Harmondsworth: Penguin, 1972.

[50] Jakobson, R. , *Child Language, Aphasia, and Phonological Universals*, The Hague: Mouton, 1968.

[51] James, C. , *Errors in Language Learning and Use*, London: Longman, 1998.

[52] Jenkins, J. , *English as a Lingua Franca: Attitude and Identity*, Oxford: Oxford University Press, 2007.

[53] Jenkins, J. , *English as a Lingua Franca: Interpretations and Attitudes*, World Englishes, 2010, 28 (2) .

[54] Krashen, S. , *Second Language Acquisition and Second Language Learning*, Oxford: Pergamon Press, 1981.

[55] Labov, William, *The Social Stratification of English in New York City: The Study of Language in Its Social Context*, Anglo Americans, 2006 (1) .

[56] Lado, R. , *Linguisitic Across Cultures*, Ann Arbor: University of Michigan Press, 1957.

[57] McArthur, T. , *The Oxford Guide to World English*, Oxford: Oxford University Press, 2002.

[58] Mufwene, Salikoko S. , *Globalization, Global English, and World English (es): Myths and Facts, The Handbook of Language and Glo-*

balization, Wiley Blackwell, 2010.

[59] Pinker, S., *The Language Instinct*, London: Penguin, 1994.

[60] Selinker, L., *Rediscovering Interlanguage*, London: Longman, 1992.

[61] Tarone, E., *Variation in Interanguage*, London: Edward Arnold, 1988.

[62] Walker, R., *Oxford Handbooks for Language Teachers: Teaching the Pronunciation of English As a Lingua Franca*, Oxford: Oxford University Press, 2010.

[63] Walker, R., Zoghbor, W., *The Pronunciation of English as a Lingua Franca*, *The Handbook of English Pronunciation*, John Wiley & Sons, Inc., 2010.

[64] Yeng-Seng Goh, *Teaching Chinese as an International Language: A Singapore Perspective*, Cambridge: Cambridge University Press, 2017.

二 期刊论文

[1] 巴维尔:《北京话正常话语里的轻声》,《中国语文》1987 年第 1 期。

[2] 白乐桑、张丽:《〈欧洲语言共同参考框架〉新理念对汉语教学的启示与推动——处于抉择关头的汉语教学》,《世界汉语教学》2008 年第 3 期。

[3] 蔡新中、汪化云:《普通话轻声规范的原则》,《浙江学刊》2005 年第 1 期。

[4] 曹德和:《巴里坤话的轻音词》,《新疆大学学报》(哲学·人文社会科学汉文版) 1987 年第 3 期。

[5] 曹建芬:《普通话轻声音节特性分析》,《应用声学》1986 年第 4 期。

[6] 曹志耘:《敦煌方言的声调》,《语文研究》1998 年第 1 期。

［7］陈保亚：《语势：汉语国际化的语言条件——语言接触中的通用语形成过程分析》，《语言战略研究》2016 年第 2 期。

［8］［匈牙利］陈国：《汉语轻音的历史探讨》，《中国语文》1960 年第3 期。

［9］陈满华：《惠特尼和叶斯柏森的语言经济思想——兼谈语言经济原则的产生及其发展》，《中国人民大学学报》2013 年第 27 卷第 4 期。

［10］陈荣岚：《两岸四地语言文字使用现状与汉语国际推广》，《海外华文教育》2006 年第 4 期。

［11］陈小燕：《论轻声词界定的必要性、一致性原则——现代汉语词典轻声词的计量研究》，《语言文字应用》2004 年第 1 期。

［12］承融：《念轻声的规律》，《文字改革》1959 年第 2 期。

［13］崔言：《新 HSK 大纲轻声与教学研究》，《现代语文》（语言研究版）2014 年第 10 期。

［14］崔希亮：《汉语国际教育的若干问题》，《语言教学与研究》2018 年第 1 期。

［15］崔永华：《美国小学汉语沉浸式教学的发展、特点和问题》，《世界汉语教学》2017 年第 1 期。

［16］戴昭铭：《汉语国际教育中的规范冲突问题——与郭熙先生商榷》，《求是学刊》2014 年第 2 期。

［17］戴昭铭：《全球汉语时代的文化问题和规范问题》，《南开语言学刊》2009 年第 1 期。

［18］刁晏斌：《全球华语的历时研究与"全球华语史"》，《语言战略研究》2017 年第 4 期。

［19］杜秦还：《谈谈现代汉语声调教学》，《语言教学与研究》1992 年第 1 期。

［20］范丹丹：《汕头人在学习普通话过程中轻声问题的偏误分析》，《东

京文学》2010 年第 7 期。

[21] 冯丽萍：《从普遍语法到浮现理论——从习得顺序研究谈第二语言习得研究视角的发展》，《社会科学家》2011 年第 1 期。

[22] 冯胜利：《北京话的轻声及其韵律变量的语法功能》，《语言科学》2012 年第 6 期。

[23] 高景成：《由许多词汇里看轻声衰颓的趋势》，《语文建设》1959 年第 2 期。

[24] 高玉振：《北京话的轻声问题》，《语言教学与研究》1980 年第 2 期。

[25] 高增霞：《简论汉语国际化》，《中国社会科学院研究生院学报》2007 年第 6 期。

[26] 高增霞：《英语国际化的进程、特点及启示》，《北京行政学院学报》2009 年第 4 期。

[27] 郭熙：《关于华文教学当地化的若干问题》，《世界汉语教学》2008 年第 2 期。

[28] 郭熙：《域内外汉语协调问题刍议》，《语言文字应用》2002 年第 3 期。

[29] 郭振伟：《谈汉语轻声词的类后缀》，《江西财经大学学报》2005 年第 1 期。

[30] 海洋：《应当重视汉语教学中的轻声问题》，《中南民族大学学报》（人文社会科学版）1993 年第 6 期。

[31] 侯精一：《关于儿化词使用情况的考察》，《第二届国际汉语教学讨论会论文选》，北京语言学院出版社 1987 年版。

[32] 华宏仪：《试说"轻声"》，《语文教学》1996 年第 1 期。

[33] 贾晓玲：《浅析蒙汉双语生普通话语音中的中介语特征》，《民族教育研究》2010 年第 6 期。

［34］贾益民：《"大华语"的三个层次和"大华语战略"》，《语言战略研究》2017 年第 4 期。

［35］贾益民：《关于海外华语文教师专业发展研究的思考》，《华语文教学与研究国际学术研讨会论文集》，台北，2013 年。

［36］江海燕：《迁西方言的轻声与轻声前字的变调》，《南开语言学刊》2004 年第 3 期。

［37］蒋维崧、殷焕：《轻声词的教学》，《语文教学》1957 年第 4 期。

［38］金立鑫：《试论汉语国际推广的国家策略和学科策略》，《华东师范大学学报》（哲学社会科学版）2006 年第 4 期。

［39］金跃刚、李宁：《PSC 轻声评判策略》，《语言科学》2006 年第 3 期。

［40］劲松：《语言规范的现实性、动态性和前瞻性——评〈现代汉语规范词典〉轻声和儿化词的规范》，《语言文字应用》2004 年第 2 期。

［41］靳洪刚、侯晓明：《汉语作为第二语言实证研究纵观：显性与隐性学习、知识、教学》，《世界汉语教学》2016 年第 3 期。

［42］李泉、关蕾：《普通话在国际汉语教学中的核心地位》，《汉语学习》2009 年第 2 期。

［43］李泉、张海涛：《汉语国际化的内涵、趋势与对策》，《语言文字应用》2014 年第 2 期。

［44］李泉：《国际汉语教学的语言文字标准问题》，《语言文字应用》2015 年第 5 期。

［45］李荣：《旧小说里的轻音字例释》，《中国语文》1987 年第 6 期。

［46］李莎：《轻声的宏观历史发展》，《福建师范大学学报》（哲学社会科学版）2006 年第 2 期。

［47］李爱军：《普通话不同信息结构中轻声的语音特性》，《当代语言学》2017 年第 3 期。

［48］李东伟：《大力培养本土汉语教师是解决世界各国汉语师资短缺

问题的重要战略》，《民族教育研究》2014 年第 5 期。

[49] 李思敬：《现代北京话的轻音和儿化音溯源》，《语文研究》2000 年第 3 期。

[50] 李文中：《中国英语与中国式英语》，《外语教学与研究》1993 年第 4 期。

[51] 李小凡：《汉语方言的轻声变调》，《中国方言学报》2006 年第 1 期。

[52] 李晓琪：《汉语国际教育事业的发展与展望——纪念孔子学院成立十周年》，《华南师范大学学报》（社会科学版）2014 年第 5 期。

[53] 李宇明：《大华语：全球华人的共同语》，《语言文字应用》2017 年第 1 期。

[54] 李宇明：《汉语的层级变化》，《中国语文》2014 年第 6 期。

[55] 李宇明：《汉语是中国的，也是世界的》，《辽宁师范大学学报》（社会科学版）2017 年第 3 期。

[56] 李宇明：《强国的语言与语言强国》，《光明日报》2004 年 7 月 28 日第 B1 版。

[57] 李宇明：《探索语言传播规律——世界汉语教育丛书序》，《世界汉语教育丛书》，外语教学与研究出版社 2008 年版。

[58] 李宇明：《信息时代的语言文字标准化工作》，《语言文字应用》2009 年第 2 期。

[59] 厉为民：《试论轻声和重音》，《中国语文》1981 年第 1 期。

[60] 梁磊：《汉语轻声的历史层次初探》，《南开语言学刊》2007 年第 2 期。

[61] 林茂灿、颜景助：《普通话轻声与轻重音》，《语言教学与研究》1990 年第 3 期。

[62] 刘丹青：《描写记录规范——谈〈现汉〉收字母词》，《中国社会语言学》2012 年第 2 期。

［63］刘富华：《轻声的“调位”及相关问题》，《汉语学习》2010 年第 5 期。

［64］刘英林、马箭飞：《研制〈音节和汉字词汇等级划分〉探寻汉语国际教育新思维》，《世界汉语教学》2010 年第 1 期。

［65］卢德平：《“大华语”多人谈》，《语言战略研究》2017 年第 4 期。

［66］鲁健骥：《中介语理论与外国人学习汉语的语音偏误分析》，《语言教学与研究》1984 年第 3 期。

［67］陆俭明：《“华语”的标准：弹性和宽容》，《语言战略研究》2017 年第 1 期。

［68］陆俭明：《对于汉语教学要用“世界的眼光”来思考》，《世界汉语教学》2014 年第 4 期。

［69］陆俭明：《关于建立“大华语”概念的建议》，《汉语教学学刊》第一辑，北京大学出版社 2005 年版。

［70］陆俭明：《汉语国际传播中的几个问题》，《华文教学与研究》2013 年第 3 期。

［71］路继伦：《关于轻声的界定》，《当代语言学》2005 年第 2 期。

［72］马名权、徐桃发：《语言习得的“内在大纲”与外语教学》，《外语学刊》1989 年第 2 期。

［73］马庆株：《〈汉语拼音方案〉的来源和进一步完善》，《语言文字应用》2008 年第 3 期。

［74］米青：《普通话轻声教学刍议》，《语言教学与研究》1986 年第 2 期。

［75］彭俊：《汉语国际化与推广普通话》，《语言文字应用》2012 年第 1 期。

［76］齐沪扬：《就“方言普通话”答客问》，《当代修辞学》1999 年第 4 期。

[77] 钱学烈：《谈谈〈汉语词汇等级大纲〉（试行）中的轻声词和儿化词》，《深圳大学学报》（人文社会科学版）1991 年第 1 期。

[78] 邵宜：《普通话双音节词语轻声化的诱发机制》，《广州教育学院学报》2004 年第 4 期。

[79] 邵敬敏：《两岸汉语轻声词异同比较研究》，《语言文字应用》2016 年第 1 期。

[80] 施春宏：《"大华语"和"全球华语"》，《语言战略研究》2017 年第 4 期。

[81] 施春宏：《语言调节与语言变异》（上），《语文建设》1999 年第 4 期。

[82] 石锋、施向东：《普通话审音工作的初步研究和体会》，《南开语言学刊》2012 年第 1 期。

[83] 石佩雯：《轻声和轻声教学》，《文字改革》1984 年第 5 期。

[84] 侍建国、卓琼妍：《关于国家语言的新思考》，《语言教学与研究》2013 年第 1 期。

[85] 宋欣桥：《略论现代汉语语音规范的确立与发展——构建普通话语音标准立体框架的设想》，《语言文字应用》2014 年第 3 期。

[86] 宋欣桥：《普通话轻声词规范的语音依据》，《语文建设》1990 年第 5 期。

[87] 孙海娜：《略论〈普通话水平测试实施纲要〉中的可轻读词语》，《语言文字应用》2007 年第 2 期。

[88] 孙景涛：《连读变调与轻声产生的年代》，《方言》2005 年第 4 期。

[89] 孙晓明：《汉语国际传播与语言标准研究》，《民族教育研究》2013 年第 3 期。

[90] 孙晓明：《汉语国际推广背景下的词汇等级标准研究》，《民族教育研究》2011 年第 6 期。

［91］ 汤平：《日本高级汉语学习者汉语轻声韵律习得偏误分析》，《华文教学与研究》2014 年第 4 期。

［92］ 万茹、曹炜：《〈现代汉语词典〉第 5 版用例修订计量考察——兼论〈现代汉语词典〉第 5 版用例修订的特点》，《语言研究》2009 年第 2 期。

［93］ 汪化云：《自主的轻声和非自主的轻声》，《语文研究》2003 年第 1 期。

［94］ 王功平、周小兵等：《留学生普通话双音节轻声音高偏误实验》，《语言文字应用》2009 年第 4 期。

［95］ 王汉卫：《"标准"与"基础"——基础阶段对外汉语语音教学的新思考》，《暨南大学华文学院学报》2002 年第 2 期。

［96］ 王洪君：《汉语的韵律词与韵律短语》，《中国语文》2000 年第 6 期。

［97］ 王嘉龄：《汉语方言轻声音高的几种类型》，《南开语言学刊》2006 年第 1 期。

［98］ 王嘉龄：《优选论和天津话的连读变调及轻声》，《中国语文》2002 年第 4 期。

［99］ 王建勤：《汉语国际推广的语言标准建设与竞争策略》，《语言教学与研究》2008 年第 1 期。

［100］ 王路江：《从对外汉语教学到国际汉语教学——全球化时代的汉语传播趋势》，《世界汉语教学》2003 年第 3 期。

［101］ 王若江：《关于"大华语"的教学思考》，《第九届国际汉语教学研讨会论文集》，2013 年。

［102］ 王添淼：《国际汉语教师专业发展现状及其对策》，《东北师范大学学报》（哲学社会科学版）2015 年第 2 期。

［103］ 王晓梅：《全球华语国外研究综述》，《语言战略研究》2017 年

第 1 期。

[104] 王韫佳：《海安话轻声与非轻声关系初探》，《方言》1998 年第
　　　3 期。

[105] 魏钢强：《北京话的轻声和轻音及普通话汉语拼音的注音》，《中
　　　国语文》2005 年第 6 期。

[106] 文秋芳、俞希：《英语的国际化与本土化》，《国外外语教学》2003
　　　年第 3 期。

[107] 吴术燕：《韵律认知角度下普通话学习的难点分析——以广西区
　　　普通话教学实践为例》，《小说评论》2012 年第 S2 期。

[108] 吴应辉：《汉语国际教育面临的若干理论与实践问题》，《云南师
　　　范大学学报》（对外汉语教学与研究版）2016 年第 1 期。

[109] 吴应辉：《让汉语成为一门全球性语言——全球性语言特征探讨
　　　与汉语国际传播的远景目标》，《汉语国际传播研究》2014 年第
　　　2 期。

[110] 邢向东：《神木方言的两字组连读变调和轻声》，《语言研究》1999
　　　年第 2 期。

[111] 徐杰、董思聪：《汉民族共同语的语音标准应微调为"以北京语
　　　音为基础音"》，《语言科学》2013 年第 5 期。

[112] 徐丽华：《论非洲本土汉语教师培养模式》，《汉语应用语言学研
　　　究》2014 年第 1 期。

[113] 许嘉璐、石锓：《关于汉语国际教育热点问题的访谈》，《湖北大
　　　学学报》（哲学社会科学版）2011 年第 1 期。

[114] 杨惠元：《从对外汉语教学谈汉语拼音的分词连写》，《语言教学
　　　与研究》1984 年第 1 期。

[115] 杨丽姣：《美国外语教学语言交际能力培养标准的分析和思考》，
　　　《语言文字应用》2006 年第 S1 期。

［116］姚敏：《共同语海外推广历史及"大华语"的现实意义》，《语言战略研究》2017 年第 4 期。

［117］姚喜双：《大力推广和规范使用国家通用语言文字》，《语言文字应用》2012 年第 2 期。

［118］余波：《"他者镜像"视角下的非本族语汉语教师职业身份认同构建》，《广东技术师范学院学报》2018 年第 1 期。

［119］曾广煜：《汉语国际化需要树立"大华语"观》，《中国社会科学报》（语言学版）2018 年 1 月 2 日。

［120］曾广煜：《汉语国际教育教材中的轻声词注音问题》，《教育教学论坛》2018 年第 8 期。

［121］曾毅平：《汉语国际化略论》，《世界华文教育》2013 年第 2 期。

［122］张和生：《机遇与挑战——从对外汉语教学到汉语国际推广》，《云南师范大学学报》（对外汉语教学与研究版）2007 年第 5 卷第 6 期。

［123］张树铮：《蒲松龄〈聊斋俚曲集〉所反映的轻声及其他声调现象》，《中国语文》2003 年第 3 期。

［124］张晓勤：《普通话轻声词规律探析》，《广西民族学院学报》（哲学社会科学版）2003 年第 6 期。

［125］张洵如：《北京话轻声的功用》，《中国语文》1956 年第 5 期。

［126］张燕来：《对外汉语的轻声教学探讨》，《语言教学与研究》2009 年第 6 期。

［127］赵新、马贝加：《试论普通话的轻声词》，《语文研究》2005 年第 2 期。

［128］赵金铭：《国际汉语教育的本旨是汉语教学》，《汉语应用语言学研究》2013 年第 1 期。

［129］赵金铭：《何为国际汉语教育"国际化""本土化"》，《云南师

范大学学报》（对外汉语教学与研究版）2014 年第 2 期。

［130］赵金铭：《简化对外汉语音系教学的可能与依据》，《语言教学与研究》1985 年第 3 期。

［131］赵金铭：《让我们的母语走向世界》，《语言文字应用》2005 年第 3 期。

［132］郑秀芝：《谈谈对外汉语课的轻声教学问题》，《外语与外语教学》1996 年第 S1 期。

［133］周奕：《海外本土汉语教师有效语音培训的基本策略和主要方法》，《云南师范大学学报》（对外汉语教学与研究版）2014 年第 3 期。

［134］周晨萌：《80 年代北京日常口语中轻声音节的变异》，《语言教学与研究》2008 年第 2 期。

［135］周清海：《"大华语"的研究和发展趋势》，《汉语学报》2016 年第 1 期。

［136］周清海：《"大华语"与语言研究"》，《汉语学报》2017 年第 2 期。

［137］周清海：《论全球化环境下华语的规范问题》，《语言教学与研究》2007 年第 4 期。

［138］朱宏一：《〈现代汉语词典〉第 5 版轻声处理评析》，《中国语文》2008 年第 6 期。

［139］朱宏一：《轻声的特征和轻声词的规范原则》，《语言文字应用》2009 年第 2 期。

［140］朱志平、伏学凤等：《汉语二语教学标准制定的几个问题——谈非汉语环境下中小学汉语教学》，《北京师范大学学报》（社会科学版）2016 年第 2 期。

［141］朱志平、赵宏勃：《汉语教学的国际化进程》，《北京师范大学学报》（社会科学版）2013 年第 2 期。

［142］祝晓宏、周同燕：《全球华语国内研究综述》，《语言战略研究》
　　　　2017 年第 1 期。

［143］Alptekin, C. , "Towards Intercultural Communicative Competence in
　　　　ELT", *English Language Teaching Journal*, 2002, 56（1）.

［144］Blackshire-Belay, C. , "The Role of the First Language in Foreign
　　　　Language Learning", *Language*, 1987, 66（3）.

［145］Guangyu Zeng, *The Function Transition of Confucius Institute in the
　　　　Internationalization of Chinese*, *2017 4th International Conference on
　　　　Literature*, Linguistics and Arts, UK: Francis Academic Press,
　　　　2017.

［146］Hecht, B. F. , Mulford, R. , "The Acquisition of a Second Lan-
　　　　guage Phonology: Interaction of Transfer and Development Factors",
　　　　Applied Psycholinguistics, 1982, 3（4）.

［147］Jeffrey Gil, "A Comparison of the Global Status of English and Chinese:
　　　　towards a New Global Language?", *English Today*, 2011, 27（1）.

［148］Morgan, "Teacher Identity as Pedagogy: Towards a Field-Internal Con-
　　　　ceptualization in Bilingual and Second Language Education", *Interna-
　　　　tional Journal of Bilingual Education and Bilingualism*, 2004, 7（2）.

［149］Smith, L. E. and C. Nelson, "International Intelligibility of English:
　　　　Directions and Resources", *World Englishes*, 1985, 4（3）.

［150］Tarone, E. , "Systematicity and Attention in Interlanguage", *Lan-
　　　　guage Learning*, 1982（32）.

［151］Anderson-Hsieh, J. , Koehler, K. , "The Effect of Foreign Accent
　　　　and Speaking Rate on Native Speaker Comprehension", *Language
　　　　Learning*, 1988, 38（4）.

［152］Bamgbose, A. , "Torn between the Norms: Innovations in World

Englishes", *World Englishes*, 1998, 17 (1).

[153] Bell, A., "Language Style as Audience Design", *Language in Society*, 1984 (13).

[154] Bent, T., Bradlow, A. R., "The Interlanguage Speech Intelligibility Benefit", *Journal of the Acoustical Society of America*, 1987, 114 (3).

[155] Broselow, E., "An Investigation of Transfer in Second Language Phonology", *International Review of Applied Linguistics in Language Teaching*, 1984, 22 (4).

[156] Crystal, D., "The Future of Englishes", *English Today*, 1999, 58 (15).

[157] Dalton, C., Seidlhofer, B., *Is Pronunciation Teaching Desirable? Is It Feasible?* Proceedings of the 4th International NELLE Conference, S. Sebbage, Hamburg: NELLE, 1994.

[158] Derwing, T. M., Munro, M. J., Thomson, R. I., "A Longitudinal Study of ESL Learners Fluency and Comprehensibility Development", *Applied Linguistics*, 2008, 29 (3).

[159] Edwards, D., "Language Attitudes and Their Implications among English Speakers", in E. B. Ryan and H. Giles, *Attitudes towards Language Variation*, London: Edward Arnold, 1982.

[160] Ferguson, C., "Absence of Copula and the Notion of Simplicity: a Study of Normal Speech, Baby Talk, Foreign Talk and Pidgins", in D. Hymes. *Pidginization and Creolization in Language*, Cambridge: Cambridge University Press, 1971.

[161] Kachru, B. B., "Standards, Codification and Sociolinguistic Realism: The English Language in the Outer Circle", in R. Quirk &

H. Widdowson （eds. ）, *English in the World: Teaching and Learn-ing the Language and Literature*, Cambridge: Cambridge University Press, 1985.

[162] Kachru, B. B. , "World Englishes: Approaches, Issues, and Re-sources", *Language Teaching*, 1992, 25 （1） .

[163] Kanavillil Rajagopalan, "The Concept of 'World English' and Its Implications for ELT", *ELT Journal*, 2004, 58 （2） .

[164] Kirkpatrick, A. , "English as an ASEAN lingua franca: Implica-tions for Research and Language Teaching", *Asian Englishes*, 2004 （6） .

[165] McArthur, T. , "World English and World Englishes: Trends, Tensions, Varieties, and Standards", *Language Teaching*, 2001, 34 （1） .

[166] Munro, M. J. , Derwing, T. M. , Morton, S. L. , "The Mutual In-telligibility of L2 Speech", *Studies in Second Language Acquisition*, 2006, 28 （1） .

[167] Pavlenko, A. , "I Never Knew I Was Bilingual: Reimagining Teacher Identities in TESOL", *Journal of Language, Identity and Education*, 2009 （2） .

[168] Smith, L. E. , Rafiqzad, K. , "English for Cross-Cultural Commu-nication: The Question of Intelligibility", *TESOL Quarterly*, 1979, 13 （3） .

[169] Takahashi, T. , "The Infulence of the Listener of L2 Speech", *Var-iation in Second Language Acquisition: Discurse and Pragmatics*, 1989 （1） .

[170] Tarone, E. , "Communication Strategies, Foreigner Talk, and Re-

pair in Interlanguage", *Language Learning*, 1980, 30 (2).

[171] Tarone, E., "On the Variability of Interlanguage Systems", *Applied Linguistics*, 1983, 2 (2).

[172] Taylor, D., "Intonation and Accent in English: What Teachers Need to Know", *International Review of Applied Linguistics in Language Teaching*, 1993, 31 (1).

[173] Teixeira, Annalisa, Pozzi, Rebecca, "Introducing English As an International Language in the Inner-Circle Classroom: Exploring World Englishes", *CATESOL Journal*, 2014, 26 (1).

[174] Thomas, S. C., Sonia, M., "To Teach Standard English or World Englishes? A Balanced Approach to Instruction", *English Teaching Forum*, 2009 (2).

[175] Trend, J., "From Rigid Dichotomy to Measured Contingency: Hong Kong Preservice Teachers' Discursive Construction of Identity", *Teaching and Teacher Education*, 2010 (26).

[176] Varonis, E. M., Gass, S., "The Comprehensibility of Non-native Speech", *Studies in Second Language Acquisition*, 1982, 4 (2).

[177] Weber, George, "Top Languages: The World's 10 Most Influential Languages", *Language Today*, 1997, 7 (1).

[178] Widdowson, H. G., "The Ownership of English", *TESOL Quarterly*, 1994, 28 (2).

三 学位论文

[1] 毕婧:《对外汉语综合教材中的轻声词处理研究》, 硕士学位论文, 北京外国语大学, 2015 年。

［2］陈茜：《台湾国语推行现状与国语推广方略研究》，博士学位论文，南开大学，2013 年。

［3］陈洪倩：《新 HSK 三级词汇中轻声词习得偏误研究》，硕士学位论文，西北师范大学，2016 年。

［4］陈坤源：《泰国中小学本土汉语教师专业发展中的问题与对策研究》，博士学位论文，中央民族大学，2012 年。

［5］陈一娜：《轻声规范问题学术史述评》，硕士学位论文，福建师范大学，2014 年。

［6］范珊珊：《普通话婴儿的两字组轻声词感知》，博士学位论文，中国社会科学院研究生院，2016 年。

［7］黄麒：《泰国留学生汉语轻声实验研究》，硕士学位论文，云南大学，2013 年。

［8］霍冀娇：《〈发展汉语〉（第二版）综合、口语、听力系列教材中的轻声词研究》，硕士学位论文，吉林大学，2014 年。

［9］李乐乐：《日本留学生双音节轻声实验研究》，硕士学位论文，山西大学，2016 年。

［10］李艳婷：《苏丹留学生的双音节轻声词实验数据及结果分析研究——以西北师范大学通过 HSK 四级考试的苏丹男性留学生为例》，硕士学位论文，西北师范大学，2016 年。

［11］刘潇：《中级汉语水平越南留学生汉语声韵调时长及轻声时长的实验研究》，硕士学位论文，广西师范大学，2011 年。

［12］刘健梅：《〈现代汉语词典〉轻声、非轻声同形词条研究》，硕士学位论文，青岛大学，2010 年。

［13］刘世民：《普通话双音节轻声儿化词的韵律特征》，硕士学位论文，北京语言大学，2008 年。

［14］吕虎：《泰留学生汉语双音节轻声分辨度感知研究》，硕士学位论

文，河南师范大学，2014年。

［15］裴培：《现代汉语轻声词及相关问题研究》，硕士学位论文，上海师范大学，2008年。

［16］乔莹莹：《俄罗斯本土汉语教师专业发展现状、问题及对策研究》，博士学位论文，上海师范大学，2011年。

［17］王璐：《印尼非华裔汉语学习者声调习得实验研究》，硕士学位论文，华中师范大学，2015年。

［18］王敏：《对外汉语轻声词教学研究》，硕士学位论文，中国海洋大学，2010年。

［19］张卿：《维吾尔族大学生汉语普通话轻声的产出实验研究》，硕士学位论文，新疆师范大学，2008年。

［20］周高丽：《俄罗斯留学生汉语轻声实验研究》，硕士学位论文，黑龙江大学，2015年。

［21］Karen Huang, *A Study of Neutral-Tone Syllables in Taiwan Mandarin*, University of Hawaii Ph. D., Dissertation，2012.

四　工具书

［1］中国社会科学院语言研究所词典编辑室：《现代汉语词典》（第3版），商务印书馆1996年版。

［2］中国社会科学院语言研究所词典编辑室：《现代汉语词典》（第5版），商务印书馆2005年版。

［3］中国社会科学院语言研究所词典编辑室：《现代汉语词典》（第7版），商务印书馆2016年版。

外文术语索引

A

Accent Discrimination, 145

accommodate, 159

Accommodation, 42

Accommodation Theory, 159

appropriate, 72

approximate, 132

Artificial Language, 64

avoidance, 83

B

Basil Bernstein, 116

Behaviorism, 85

bilingual, 183

bottom-up, 45, 73

Brahmī alphabet, 14

Built-in Syllabus, 79

C

CAT, 160

Cause Attribution, 161

Chinese as a Foreign Language, 41

Chinese as a Second language, 41

Chinese as an International Language, 41

Communication Accommodation Theory, 45, 67, 149, 159

communicativity, 70

comprehensibility, 70

Contrastive Analysis Hypothesis, 78

converge, 159

Convergence, 45

Cooperative Principle, 86

creole, 29

D

Developmental Process, 81

Divergence, 45

E

English as Lingua Franca, 29

Expanding Circle, 134

F

feasible, 71

Foreigner Talk, 75, 165

fossilization, 44

Free Variation, 47

G

Global English, 29

Grice Maxims, 86

H

hearer, 100

Hymes, 71

I

imitate, 132

Information Gap, 173

Inner Circle, 134

Intelligibility, 42, 67

Intergroup Distinctiveness, 161

Interlanguage, 44

International English, 29

K

Krashen, 162

Kumārajīva, 14

L

Lado, 78

Language Maintenance, 161

Language Variety, 47

Learning Strategy, 85

Lingua Franca, 37, 192

M

misunderstanding, 71

Model, 124

Modern Language Association, 38

monitor, 162

Monitor Hypothesis, 162

N

Natural Language, 64

negotiation, 72

Norm, 124

O

Out Circle, 134

output, 69

P

performed, 72

Phonetics, 13

Phonology, 19

possible, 71

productive, 45

R

receptive, 45

Register-shifting, 64

S

Selinker, 85

Similarity Attraction Theory, 160

Social Exchange Theory, 160

speaker, 100

Speech Accommodation Theory, 160

Stereotyped Image, 43

Style-shifting, 64

Systematic Variation, 47

T

teachability, 87

Teaching Chinese as a Foreign Language, 150

Teaching Chinese as a Second Language, 150

top-down, 45, 73

U

Universal Process, 78

V

Visual Fixation, 57

W

William Labov, 46

World English, 29

World Englishes, 29, 198

后　记

2005 年我初入四川大学攻读语言学及应用语言学硕士研究生专业对外汉语教学方向时，只是一个刚学习了四年汉语言文学的本科毕业生。如果说跟"对外汉语教学"有关系的话，那就是作为学习汉语专业的我跟外国人说过汉语而已。

在四川大学读书期间，幸得诸多老师教诲，在一年级暑假时，第一次站在三个美国学生面前，真正从事对外汉语教学。自那时算起，我从事对外汉语教学或者说汉语国际教育已有近 15 年了。在这期间，我曾作为首位公派教师赴卢旺达从事汉语国际教育教学工作，作为访问学者赴美国特洛伊大学研修，作为重庆师范大学和重庆大学留学生的兼职教师一直在前线实践，作为国家汉办志愿者培训的教师传授经验，可谓从未退居二线。然而，多年的实践与教学似乎掏空了我的储备，除了教学经验之外，我似乎也无法将自己多年的实践形成系统。

2015 年，在妻子的督促下，我才不情愿地报考了博士研究生。幸运的是，四川大学自主设置了汉语国际教育科学学位博士的专业。又经过四年，我才完成了毕业论文的写作。本书即是在博士学位论文的基础上修改而出版的。本书的写作离不开我的博士导师杨文全教授的指导和我的硕士导师雷莉教授的帮助。同时，本书的写作也得到了本人所主持的教育部人文社会科学项目的支持，后期得以出版离不开重庆师范大学文学院及其领导和汉语国际教育系领导及同人的支持和帮助。中国社会科学出版社的郭晓鸿编辑和出版社的其他工作人员，也为本书付出了诸多努力，在此一并表示谢意。

曾广煜

2021 年 6 月 5 日